D1349567

# LA CUISINE FRANÇAISE

# LA CUISINE FRANÇAISE

CAROLE CLEMENT • ELIZABETH WOLF-COHEN

Photographies de AMANDA HEYWOOD

Traduit de l'anglais par Jacques Bosser

*REMERCIEMENTS*

L'éditeur remercie Sopexa UK pour les photograhies publiées aux pages 1, 6, 7, 8, 9, 11, 37, 65, 87, 117, 151, 187, 215.

Texte de Carole Clements et Elizabeth Wolf-Cohen
Photographies de Amanda Heywood
Traduit de l'anglais par Jacques Bosser

Édition originale 1995 par Lorenz Books
sous le titre original *The French Recipe Cookbook*



ISBN : 2-84-198000-6
Dépôt légal : mars 1996

**Distribué par**
**Sélection Champagne Inc.**
**Montréal, Québec**
**(514) 595-3279**

# Sommaire

# Les Plaisirs de la Table

*Qui a dit : « Il faut manger pour vivre et non pas vivre pour manger » ? Certainement pas un Français. Dans ce pays, les plaisirs de la table tiennent aujourd'hui encore le haut du pavé...*

La table est un sujet de conversation inépuisable, dans le métro, dans les magasins, au bureau ou à la sortie de l'école. Il n'y a d'ailleurs guère que Paris, métropole gagnée par la frénésie internationale, qui s'agite et bourdonne sans interruption. Partout ailleurs en France, vers 13 heures, les rues se vident, boutiques et bureaux ferment : il est l'heure de passer à table.

Nous sommes l'un des peuples de la terre qui attache le plus de valeur à ses repas. Favorisés par un climat tempéré, nous avons rarement manqué de nourriture au cours des siècles, et avons su faire de notre alimentation un art à la fois populaire et élitiste. Manger est un des éléments sur lesquels repose notre façon d'être et de vivre en société, en un mot : notre culture. Un livre de recettes – de surcroît consacré à la cuisine française classique et familiale – est donc beaucoup plus qu'un simple ouvrage pratique, c'est un vade-mecum de convivialité et de plaisir.

Nous sommes fiers de nos grands cuisiniers et nous ne sommes jamais à court de louanges pour tous ceux qui concourent à la réussite de nos menus : bouchers, volaillers, pâtissiers, boulangers. Le succès médiatique de certains chefs au cours des années récentes tient essentiellement au respect et à l'intérêt que nous leur portons. Pour une fois, il ne s'agit pas seulement de notoriété artificielle et organisée, mais de quelque chose de profondément ressenti. Nous savons que nous rendons hommage à de véritables maîtres, détenteurs d'un savoir ancien qui, nous le réalisons inconsciemment, tend un peu à disparaître.

Car, pourquoi nous le cacher, nous commençons aussi à acheter des plats surgelés, des sauces toutes prêtes, des purées et riz en sachets, quand ce n'est pas ces étranges préparations

*Avant tout, choisissez des produits de saison, fraîchement cueillis, ramassés, pêchés. La saveur du produit de base conditionne celle de votre recette.*

sous vide, vidées de leurs saveurs. Le congélateur a bouleversé l'art ancien de la cuisine, pour le meilleur ou pour le pire. Le meilleur étant de conserver certains aliments, la pâte feuilletée, le gibier, un sorbet, le pire étant la tentation d'abandonner les fourneaux pour des délices tout prêts, signés parfois de grands noms de la haute cuisine, mais le plus souvent restés tristement anonymes.

Ceci étant dit, il ne faudrait pas croire que la cuisine française est restée figée. Elle évolue sans cesse et a connu bien des aventures en un siècle. Entre le grand Escoffier qui répétait à ses élèves : « Restez simples ! » et le sublime Bernard Loiseau qui dans son fief bourguignon invente des « jus » d'une pureté suave qui vous entraînent dans un état voisin de l'extase, il avait fallu passer par quelques dizaines d'années de fonds chargés, de sauces farinées, de viandes grasses et de poissons ramollis par une cuisson sans finesse. Puis arriva le célèbre duo Gault et Millau, qui en dépit de partis pris parfois exaspérants, sut remettre le nez des chefs dans leurs casseroles, pour redécouvrir la vérité des mets, la fraîcheur et la saveur extrême des produits.

Aujourd'hui, nous traversons une période faste où les leçons d'Escoffier, de Curnonsky et de ses explorations régionalistes, de Bocuse, Guérard et quelques autres ont été entendues. Mais leurs savantes recettes ne sont pas à la portée de tous. La cuisine est un art et tout le monde n'est pas artiste dans l'âme. D'où l'intérêt de disposer de recettes claires, expliquées à l'aide de textes évitant un jargon trop professionnel.

Cet ouvrage a été écrit par deux Anglaises. *My God !* penseront tout haut certains. En fait, c'est cet œil étranger – mais tellement professionnel, tellement complice – qui fait une grand partie de l'intérêt de ces recettes. *La Cuisine française* apporte en effet un regard différent sur des pratiques qui pour bon nombre de cuisinières et de cuisiniers sont innées, mais qui pour beaucoup d'entre nous commencent à se perdre. Et si l'on n'y prenait garde, la bonne cuisine bourgeoise risquerait fort de disparaître en quelques générations. Bourgeoise avez-vous dit ? Oui « bourgeoise », ou familiale, s'il vous reste encore quelques a priori idéologiques. C'est après tout une garantie de qualité et même d'économie, car dans les bonnes familles bourgeoises, si l'on aimait bien manger, on ne gâchait rien et ne se lançait pas dans les coûteuses extravagances de certains chefs parisiens. Ici, pas de truffes fourrées au Sevruga et garnies de joues d'écrevisses !

Donc, dans ces pages, vous trouverez une foule de conseils, de « trucs » pour réussir de grandes recettes

toutes simples comme une sauce béarnaise, une vichyssoise, un gratin dauphinois, des crêpes Suzette, ou le vrai gâteau au chocolat, bien noir, bien amer, bien moelleux. Vous y découvrirez aussi des plats régionaux (comme le cassoulet toulousain, la ratatouille niçoise, la choucroute garnie, la piperade basque... ou encore la célèbre bouillabaisse qui fait les délices et la fierté des Provençaux !) et même étrangers, car la cuisine française a phagocyté ce

*Les marchés, surtout à la campagne, sont l'endroit idéal pour trouver des produits superbes, des variétés de fruits et de légumes un peu rares... et des prix abordables.*

qu'elle aimait chez ses consœurs, en particulier du Bassin méditerranéen (ainsi, vous vous régalerez sans peine d'un bon tajine d'agneau aux pois chiches...).

Les difficultés ne sont pas éludées, bien au contraire, des photographies éclairent les passages délicats. Le jargon professionnel nécessaire est réduit au minimum, et un glossaire en fin d'ouvrage vous précise certaines définitions importantes sans lesquelles vous risqueriez de mal interpréter certains passages... Laissez-vous prendre par la main, suivez ces recettes point par point, et vous avez toutes les chances de les réussir du premier coup, pour la quasi-totalité d'entre elles.

Au cœur de l'Aubrac, au sud du Massif central, dans un des meilleurs restaurants de France, l'on vous sert avec les plats de viande une sorte de gratin fait de quelques rondelles de pomme de terre à la crème. Il vaut les centaines de virages que vous avez négociés pour arriver jusque là-haut. Ce n'est rien, qu'une pomme un peu charnue, une crème épaisse, une ou deux herbes des champs, un peu de sel de Guérande, mais ces quelques grammes de nature vous mettent en communion avec la terre, vous plongent dans une sensualité heureuse qui débouche sur un bonheur absolu, et ne cède la place qu'à un seul regret, qu'il n'y en ait pas davantage (mais les plaisirs les plus forts ne sont-ils pas les plus brefs... ?). Et si la grande cuisine était justement cette simplicité absolue ?

Tout l'intérêt de cet ouvrage est là. Vous redonner le goût d'une bonne et simple cuisine et, bien entendu, vous montrer comment en réussir les meilleures recettes. A vos fourneaux !

# Soupes et Salades

La soupe a longtemps figuré au repas traditionnel du soir. A la campagne, on en consomme encore à midi, tous le soirs, et même au petit déjeuner. A l'origine, elle consistait en une tranche de pain recouverte d'un bouillon chaud longuement mijoté dans l'âtre. Aujourd'hui, on trouve toutes sortes de soupes, du consommé délicat aux robustes soupes régionales en passant par de succulents veloutés, et la soupe a gagné en raffinement ce qu'elle a perdu en popularité.

Les salades sont tout aussi variées, et évoluent avec les saisons et les régions. Elles vont de la salade verte, relevée de savantes vinaigrettes, à des compositions pleines d'imagination à base de légumes, de feuilles de salades rares, de viande, de volaille et de poissons. Le règne de la salade composée est arrivé.

# GRATINÉE À L'OIGNON

*La fameuse « gratinée » est une soupe conviviale proposée par tant de bistrots en hiver...*

POUR 6 À 8 PERSONNES

*15 g de beurre*
*2 cuillères à soupe d'huile d'olive*
*4 gros oignons en fines lamelles*
*2 à 4 gousses d'ail, hachées fin, plus 1 gousse d'ail entière*
*1 grosse pincée de sucre*
*1 pincée de thym déshydraté*
*20 g de farine*
*12 cl de vin blanc sec*
*2 litres de fond de volaille ou de bœuf*
*3 cl de cognac (facultatif)*
*6 à 8 tranches épaisses de pain grillé*
*350 g de gruyère ou d'emmenthal râpé*

1 ▼ Dans une grosse cocotte émaillée, chauffez le beurre et l'huile à feu moyen. Ajoutez les oignons et faites cuire 10 à 12 minutes jusqu'à ce qu'ils fondent et commencent à dorer. Ajoutez l'ail, le sucre, et le thym. Faites cuire 30 à 35 minutes à feu moyen, jusqu'à ce que les oignons soient bien bruns, en remuant.

2 ▲ Saupoudrez de farine et mélangez-la avec soin. Ajoutez le vin blanc, le bouillon, et portez à ébullition. Écumez la mousse de surface, réduisez la température, et laissez mijoter doucement 45 minutes. Ajoutez le cognac.

3 ▲ Préchauffez le gril. Frottez d'ail chaque tranche de pain. Placez 6 à 8 petites soupières individuelles allant au four, et remplissez-les de soupe aux 3/4.

4 ▲ Placez une tranche de pain dans chaque soupière. Recouvrez-la de fromage râpé, et faites gratiner à 15 cm du gril, pendant 3 à 4 minutes.

# Consommé de canard à l'orientale

*La communauté vietnamienne, très présente en France, a popularisé certaines recettes exotiques, dont ce consommé riche de tous les arômes de l'Asie.*

Pour 4 Personnes

*1 carcasse de canard (crue ou cuite), 2 cuisses, ou tout autre morceau, bien dégraissés*
*1 gros oignon entier*
*2 carottes, en bâtonnets de 5 cm de long*
*1 navet, en bâtonnets de 5 cm*
*1 poireau, en bâtonnets de 5 cm*
*2 à 4 gousses d'ail écrasées*
*1 morceau de gingembre de 2,5 cm, pelé et en lamelles*
*1 cuillère à soupe de poivre noir*
*4 à 6 brins de thym ou 1 grosse pincée de thym déshydraté*
*1 petit bouquet de coriandre, feuilles et tiges séparées*

*Pour la garniture*
*1 petite carotte*
*1 petit poireau, coupé en long*
*4 à 6 champignons shiitake (ou de Paris) en fines lamelles*
*Sauce de soja*
*2 oignons nouveaux, en lamelles*
*Un peu de cresson*
*Poivre noir au moulin*

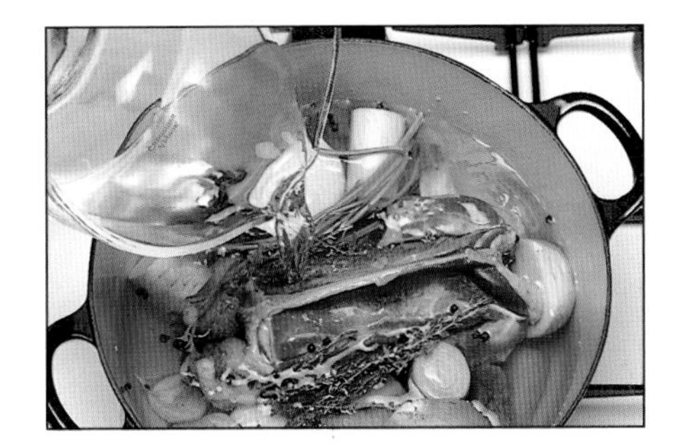

1 ▲ Placez la carcasse, les cuisses, l'oignon, les carottes, le navet, le poireau et l'ail dans une grande cocotte. Ajoutez le gingembre, le poivre, le thym et les tiges de coriandre, couvrez d'eau froide et portez à ébullition à feu moyen, en écumant la mousse de surface.

2 Réduisez la température, et laissez mijoter doucement 1 h 30 à 2 h. Passez au chinois dans un saladier, éliminez les os et les légumes. Laissez refroidir, puis placez au réfrigérateur plusieurs heures ou une nuit. Écumez la graisse figée, et essuyez la surface avec du papier absorbant.

3 ▲ Pour la garniture, coupez les carottes et le poireau en julienne. Jetez-les avec les champignons dans une grande cocotte.

4 ▲ Versez par-dessus le bouillon, quelques traits de sauce de soja et un peu de poivre. Portez à ébullition à feu moyen-fort, en écumant la mousse de surface. Réglez l'assaisonnement. Ajoutez les petits oignons, le cresson. Versez ce consommé dans des bols préchauffés, et saupoudrez de feuilles de coriandre.

# SOUPE AU PISTOU

*Cette merveilleuse soupe sait capter, traduire et transmettre toutes les senteurs de l'été provençal. Le pistou – basilic et purée d'ail – lui donne sa couleur et sa saveur.*

POUR 6 À 8 PERSONNES

*275 g de flageolets verts écossés, ou 175 g de haricots secs, mis à tremper la veille*
*1 bonne pincée d'herbes de Provence*
*2 gousses d'ail, hachées fin*
*1 cuillère à soupe d'huile d'olive*
*1 oignon, haché fin*
*2 petits ou 1 gros poireau, en fines rondelles*
*1 branche de céleri, en fines rondelles*
*2 carottes, en petits dés*
*2 petites pommes de terre, en petits dés*
*120 g de haricots verts*
*1,2 litre d'eau*
*2 petites courgettes, coupées en dés*
*3 tomates, coupées en dés*
*120 g de petits pois frais ou surgelés*
*1 poignée de feuilles d'épinards ciselées*
*Sel et poivre noir au moulin*
*Feuilles de basilic, pour décorer*

*POUR LE PISTOU*
*1 ou 2 gousses d'ail, hachées fin*
*1 bouquet de basilic*
*4 cuillères à soupe de parmesan râpé*
*4 cuillères à soupe d'huile d'olive extra vierge*

1 ▲ Pour préparer le pistou, passez au mixer l'ail, le basilic et le parmesan jusqu'à l'obtention d'un mélange onctueux. Ajoutez lentement l'huile d'olive par la cheminée. Vous pouvez aussi écraser les ingrédients au mortier, et les détendre à l'huile.

2 ▲ Pour la soupe, si vous utilisez des haricots secs, placez-les dans une casserole, recouverts d'eau. Faites bouillir 10 minutes et égouttez-les. Versez-les (directement pour les haricots frais) dans une cocotte avec les herbes de Provence et une gousse d'ail. Couvrez d'eau à 2,5 cm au-dessus des légumes. Portez à ébullition, réduisez la température et laissez mijoter à feu doux 10 minutes (haricots frais) ou 1 heure (haricots secs). Réservez dans le liquide de cuisson.

3 ▲ Chauffez l'huile dans une grande cocotte. Ajoutez oignon et poireau, et cuisez 5 minutes en remuant de temps en temps, jusqu'à ce que l'oignon commence à fondre.

LE CONSEIL DU CHEF

Le pistou et la soupe peuvent être préparés 1 ou 2 jours à l'avance et conservés au froid. Réchauffez très doucement.

4 ▲ Ajoutez le céleri, les carottes, l'autre gousse d'ail, et cuisez 10 minutes à couvert. Remuez.

5 ▲ Ajoutez les pommes de terre, les haricots verts et l'eau. Assaisonnez légèrement. Portez à ébullition ; écumez la mousse de surface ; réduisez la température, couvrez et laissez mijoter 10 minutes à feu doux.

6 ▲ Ajoutez courgettes, tomates, petits pois, les haricots et leur liquide de cuisson, et laissez mijoter 25 à 30 minutes, jusqu'à ce que tous les légumes soient tendres. Ajoutez les épinards, laissez mijoter 5 minutes. Assaisonnez et servez avec une cuillerée de pistou dans chaque assiette et du basilic.

# Vichyssoise

*Servez ce savoureux potage froid avec une cuillerée de crème fraîche, et parsemez-le d'un peu de ciboulette hachée, ou – pour les grandes occasions – d'une cuillère à café de caviar.*

## Pour 6 à 8 Personnes

*450 g de pommes de terre (3 grosses), pelées et détaillées en gros dés*
*1,5 litre de fond de volaille*
*350 g de poireaux, épluchés*
*15 cl de crème fraîche*
*Sel et poivre noir au moulin*
*3 cuillères à soupe de ciboulette hachée*

1 Placez les pommes de terre et le fond de volaille dans une cocotte, et portez à ébullition. Réduisez la température et laissez mijoter 15 à 20 minutes.

2 ▼ Détaillez les poireaux en fines rondelles.

3 ▲ Lorsque les pommes de terre sont presque tendres, ajoutez les poireaux. Assaisonnez et laissez mijoter 10 à 15 minutes jusqu'à ce que les légumes soient cuits, en remuant de temps en temps. Si le potage vous semble trop épais, rajoutez un peu de fond ou d'eau.

4 ▲ Passez au mixer. Pour un potage plus velouté, passez à travers un chinois. Ajoutez presque toute la crème, laissez refroidir, et réfrigérez. Servez dans des bols glacés, et garnissez d'un peu de crème fraîche et de ciboulette.

### Variante

Version légère : préférez de la crème légère à 20 % ou du yaourt brassé. Vous pouvez aussi remplacer la crème par du lait demi-écrémé.

# Potage Saint-Germain

*Il tire son nom de la ville de Saint-Germain-en-Laye où l'on cultivait jadis les petits pois. Hors saison, les petits pois surgelés peuvent tout à fait remplacer les petits pois frais.*

Pour 2 ou 3 Personnes

*30 g de beurre*
*2 ou 3 échalotes, hachées fin*
*400 g de petits pois frais, ou surgelés*
*1/2 litre d'eau*
*4 cuillères à soupe de crème fleurette (facultatif)*
*Sel et poivre noir au moulin*
*Croûtons, ou lardons sautés, pour garnir*

1 ▲ Faites fondre le beurre dans une cocotte. Ajoutez les échalotes, et cuisez 3 minutes, en remuant de temps en temps.

2 ▲ Ajoutez les petits pois, l'eau, le poivre et le sel. Couvrez et laissez mijoter environ 12 minutes pour des petits pois jeunes ou surgelés, et 18 minutes pour des pois plus gros, en remuant de temps en temps.

3 ▲ Lorsque les pois sont tendres, versez-les dans un mixer, avec un peu de liquide de cuisson. Mixez en purée moelleuse.

4 ▼ Versez celle-ci dans une casserole, ajoutez la crème (facultative), et réchauffez sans bouillir. Assaisonnez et servez chaud. Garnissez de croûtons ou de lardons.

# CRÈME ARGENTEUIL AU CRABE

*Argenteuil est le nom d'un village près de Paris (aujourd'hui en banlieue) où l'on cultivait jadis des asperges réputées.*

POUR 6 À 8 PERSONNES

*1,3 kg d'asperges*
*30 g de beurre*
*1,5 litre de fond de volaille*
*2 cuillères à soupe de farine*
*12,5 cl de crème fleurette*
*Sel et poivre noir au moulin*
*175 à 200 g de chair de crabe, pour garnir*

1 Coupez les extrémités terreuses des asperges, et détaillez celles-ci en morceaux de 2,5 cm.

2 ▼ Faites fondre le beurre dans une grande cocotte, à feu moyen. Ajoutez les asperges et laissez cuire 5 à 6 minutes, en remuant fréquemment, jusqu'à ce qu'elles deviennent bien vertes, mais sans dorer.

3 ▲ Ajoutez le fond de volaille et portez à ébullition à feu vif, en écumant la mousse de surface. Laissez mijoter à feu moyen 3 à 5 minutes, jusqu'à ce que les asperges soient tendres, mais craquantes. Réservez 12 à 16 pointes d'asperges pour la garniture. Assaisonnez, couvrez, et continuez à cuire 15 à 20 minutes, jusqu'à ce qu'elles soient tendres.

4 ▲ Passez le tout au mixer, et filtrez fin au chinois, au-dessus de la cocotte. Ramenez à ébullition, à feu moyen. Mélangez la farine avec 3 à 4 cl d'eau froide et incorporez-la à la soupe bouillante pour l'épaissir. Ajoutez la crème et réglez l'assaisonnement.

5 Pour servir, versez la soupe dans chaque assiette, que vous garnissez de crabe et de pointes d'asperges.

# Velouté de champignons sauvages

*Si vous ramassez vous-même vos champignons, il est prudent de les montrer à un pharmacien pour être sûr qu'ils sont bons. En saison, les champignons frais sont bien entendu préférables aux déshydratés, dont la saveur est différente.*

Pour 6 à 8 Personnes

*15 g de champignons sauvages déshydratés (morilles ou cèpes)*
*1,5 litre de fond de volaille*
*30 g de beurre*
*2 oignons, grossièrement hachés*
*2 gousses d'ail, hachées*
*900 g de champignons de Paris, nettoyés, coupés en lamelles*
*1/2 cuillère à soupe de thym déshydraté*
*1 pincée de noix de muscade râpée*
*2 à 3 cuillères à soupe de farine*
*12,5 cl de madère ou de porto sec*
*12,5 cl de crème fraîche*
*Sel et poivre noir au moulin*
*Échalotes hachées, pour garnir*

1 ▲ Placez les champignons déshydratés dans une passoire et rincez-les à l'eau courante froide, en secouant, pour faire tomber le sable. Versez-les dans une casserole avec 25 cl de fond, et portez à ébullition à feu moyen. Réservez loin du feu, et laissez gonfler 30 à 40 minutes.

2 Pendant ce temps, faites fondre le beurre dans une grande cocotte à feu moyen. Ajoutez les oignons et cuisez 5 à 7 minutes jusqu'à ce qu'ils soient tendres et légèrement dorés.

3 ▲ Ajoutez l'ail et les champignons frais. Cuisez 4 à 5 minutes, puis ajoutez le sel et le poivre, le thym et la muscade, et saupoudrez de farine. Faites revenir 3 à 5 minutes, en remuant fréquemment pour mélanger le tout.

4 ▲ Ajoutez le madère, ou le porto, le reste du fond de volaille, les champignons déshydratés et leur liquide de trempage, et cuisez, à couvert, à feu moyen, 30 à 40 minutes jusqu'à ce que les champignons soient très tendres.

5 Passez le tout au mixer en plusieurs fois. Reversez dans la cocotte, en passant la purée au tamis. Incorporez la crème et parsemez de ciboulette hachée, juste avant de servir.

### Le Conseil du Chef

Une petite cuillerée de crème dans l'assiette, au dernier moment, pour le velouté et le coup d'œil.

# SOUPE DE TOMATES FRAÎCHES

*La réussite de cette soupe dépend de la qualité des tomates qui doivent être très mûres et parfumées. C'est donc une soupe à préparer à la belle saison. Également délicieuse servie froide.*

POUR 4 PERSONNES

*1 cuillère à soupe d'huile d'olive*
*1 gros oignon haché*
*1 carotte, hachée grossièrement*
*1 kg de tomates mûres (olivettes par exemple), coupées en 4, centre enlevé*
*2 gousses d'ail, hachées*
*5 brins de thym, ou une pincée de thym séché*
*4 ou 5 brins de marjolaine, ou une pincée de marjolaine séchée*
*1 feuille de laurier*
*3 cuillères à soupe de crème fraîche ou de yaourt, plus un peu pour garnir*
*Sel et poivre noir au moulin*

1 Chauffez l'huile d'olive dans une grande casserole ou cocotte.

2 ▼ Ajoutez l'oignon et la carottes, et cuisez à feu moyen 3 à 4 minutes, en remuant de temps en temps.

VARIANTE

Version froide légère : Supprimez la crème. Laissez refroidir, puis réfrigérez.

3 ▲ Ajoutez les tomates, l'ail et les herbes. Baissez le feu et laissez mijoter 30 minutes, à couvert.

4 Passez la soupe au mixer, puis à travers une passoire. Incorporez la crème ou le yaourt, et assaisonnez. Réchauffez doucement et servez garni d'une cuillerée de crème et d'un brin de marjolaine.

# SOUPE AU POTIRON

*Les énormes potirons – ou citrouilles – annoncent les premières fraîcheurs de l'automne. C'est le moment de penser à ce potage réconfortant.*

POUR 6 À 8 PERSONNES

*30 g de beurre*
*1 gros oignon, haché*
*2 échalotes hachées*
*2 pommes de terre moyennes, pelées, coupées en dés*
*900 g de potiron en dés*
*2 litres de fond de volaille ou de légumes*
*1/2 cuillère à soupe de cumin*
*1 pincée de muscade en poudre*
*Sel et poivre noir au moulin*
*Persil ou ciboulette*

1 Faites fondre le beurre dans une grande cocotte. Ajoutez l'oignon et les échalotes, et faites cuire 4 à 5 minutes.

2 ▲ Ajoutez les pommes de terre, le potiron, le fond de volaille et les épices, et assaisonnez légèrement. Passez à feu doux, et laissez mijoter, à couvert, environ 1 heure, en remuant de temps en temps.

3 ▼ A l'écumoire, transférez les légumes dans un mixer, pour obtenir un mélange onctueux. Reversez cette purée dans la cocotte contenant le liquide de cuisson. Réglez l'assaisonnement et réchauffez doucement. Garnissez d'herbes fraîches.

# SOUPE DE MOULES SAFRANÉE

*Voici l'une des plus délicieuses soupes aux moules que l'on puisse imaginer... Laissez quelques coquilles, pour la décoration.*

POUR 4 À 6 PERSONNES

*40 g de beurre*
*8 échalotes, hachées fin*
*1 bouquet garni*
*1 cuillère à café de poivre noir en grains*
*35 cl de vin blanc sec*
*1 litre de moules, grattées, ébarbées*
*2 poireaux moyens, en fines rondelles*
*1 fenouil haché fin*
*1 carotte hachée fin*
*Filaments de safran*
*1 litre de fumet de poisson ou de fond de volaille*
*3 cuillères à soupe de farine, mélangée à 5 cl d'eau*
*12,5 cl de crème battue*
*1 tomate moyenne, pelée, épépinée et finement hachée*
*3 cl de pastis (facultatif)*
*Sel et poivre noir au moulin*

1 ▲ Dans une grande cocotte, faites fondre la moitié du beurre à feu moyen. Ajoutez la moitié des échalotes et cuisez 1 à 2 minutes pour qu'elles fondent, sans colorer. Ajoutez le bouquet garni, le poivre en grains et le vin blanc, et portez à ébullition. Ajoutez les moules, couvrez bien et chauffez à feu vif 3 à 5 minutes, en secouant de temps en temps la cocotte, jusqu'à ce que les moules s'ouvrent.

2 A l'écumoire, transférez les moules dans un saladier. Passez le liquide de cuisson à travers une mousseline, et réservez.

3 ▲ Lorsque les coquillages sont refroidis, ouvrez-les complètement, prélevez les moules, et reversez le liquide restant dans le saladier. Jetez les moules fermées.

4 Rincez la cocotte, et faites fondre le reste de beurre à feu moyen. Ajoutez les échalotes restantes, et cuisez 1 à 2 minutes. Ajoutez poireaux, fenouil, carotte et safran, et cuisez 3 à 5 minutes, jusqu'à ce que les légumes soient tendres.

5 Versez dans la cocotte le liquide de cuisson des moules, portez à ébullition, et cuisez 5 minutes, jusqu'à ce que les légumes soient bien tendres et le liquide légèrement réduit. Ajoutez le fumet ou le fond, écumez la mousse de surface. Assaisonnez, et cuisez 5 minutes de plus.

6 ▲ Incorporez la farine à la soupe. Laissez mijoter 2 à 3 minutes, jusqu'à ce que la soupe épaississe légèrement, puis ajoutez la crème, les moules et la tomate hachée. Versez le pastis (option), et cuisez 1 à 2 minutes. Servez immédiatement.

# Bisque de crevettes

*Voici une recette simplifiée, pour un résultat tout aussi onctueux...*

Pour 6 à 8 Personnes

*650 g de crevettes fraîches achetées cuites par le poissonnier*
*1,5 cuillère à soupe d'huile d'arachide*
*2 oignons, en rondelles*
*1 grosse carotte, en rondelles*
*2 branches de céleri, en tranches fines*
*2 litres d'eau*
*Quelques gouttes de jus de citron*
*3 cl de concentré de tomate*
*Bouquet garni*
*60 g de beurre*
*60 g de farine*
*5 cl de cognac*
*15 cl de crème battue*
*Sel et poivre blanc*
*Un brin de persil*

1 Supprimez les têtes des crevettes, décortiquez-les ; réservez têtes et carapaces pour le bouillon. Placez les crevettes au réfrigérateur.

2 ▲ Chauffez l'huile dans une grande cocotte, ajoutez les têtes et les carapaces des crevettes, et faites revenir à feu vif. Remuez fréquemment, jusqu'à léger brunissement. Passez à feu moyen, ajoutez les oignons, la carotte et le céleri, et laissez revenir, en remuant de temps en temps, 5 minutes.

3 Ajoutez l'eau, le jus de citron, le concentré de tomate et le bouquet garni. Portez à ébullition, baissez la température, couvrez, et laissez mijoter doucement 25 minutes. Passez à travers une passoire.

4 ▼ Faites fondre à feu moyen le beurre dans une cocotte. Incorporez la farine, et faites légèrement dorer. Ajoutez le cognac, et versez la moitié du bouillon de crevettes. Tournez pour obtenir un mélange onctueux. Ajoutez le reste du liquide. Assaisonnez. Réduisez le feu, couvrez, et laissez mijoter 5 minutes. Remuez fréquemment.

5 ▲ Passez la soupe dans une casserole propre. Ajoutez la crème, un peu de jus de citron, à votre goût, puis la plus grande partie des crevettes, et réchauffez à feu moyen, en remuant souvent. Servez immédiatement, en garnissant de quelques crevettes et d'un brin de persil.

# CRUDITÉS VARIÉES

*Rien n'est plus simple à préparer que des crudités pour une entrée ou un apéritif. Voici néanmoins quatre courtes recettes, simples, fraîches et appétissantes.*

Le terme de crudités peut recouvrir aussi bien un assortiment de salades variées, que différentes présentations de légumes crus accompagnées de ce que les anglo-saxons appellent un dip, qui peut être une mayonnaise, un aïoli, une purée d'avocats épicée (guacamole), un mélange de fromage blanc salé et d'herbes. Chacun prend un bâtonnet de carotte, une branche de céleri, un radis, et les trempe dans cet accompagnement. C'est une formule agréable pour un apéritif au jardin, ou pour un buffet lorsque vos invités sont nombreux.

Ici, la simplicité va de pair avec un certain raffinement. Les légumes doivent être bien parés, et les sauces variées et originales. Pour un apéritif, prévoyez 125 g de légumes par personne environ. N'hésitez pas à ajouter quelques fruits – fraises, groseilles, tranches de kiwis ou de caramboles – aussi bien pour le plaisir de l'œil que celui du palais.

### Aïoli

Placez 4 gousses d'ail (plus ou moins, selon votre goût) dans un bol, avec une pincée de sel, et écrasez-les avec le dos d'une cuillère. Ajoutez 2 jaunes d'œufs, et battez 30 secondes au mixer jusqu'à obtenir une crème. Continuez à battre en ajoutant tout doucement 25 cl d'huile d'olive extra vierge pour que le mélange épaississe. Si l'aïoli est trop épais, vous pouvez le détendre d'un filet de citron. Assaisonnez à votre goût. Vous pouvez le conserver 2 jours au froid. Remuez avant de servir.

### Tapenade

Placez dans un mixer équipé d'une lame en hélice 200 g d'olives noires dénoyautées, 6 filets d'anchois, 2 cuillères à soupe de câpres rincées, 1 ou 2 gousses d'ail, 1 cuillère à café de feuilles de thym, 1 cuillère à soupe de moutarde, le jus d'un 1/2 citron, du poivre noir au moulin, et, éventuellement, 1 cuillère à soupe de cognac. Faites tourner 15 à 30 secondes. Raclez les parois du réservoir à la spatule de caoutchouc. Mixez à nouveau tout en versant doucement 6 à 9 cl d'huile d'olive extra vierge par la cheminée pour obtenir une pâte onctueuse. Conservez dans un conteneur étanche.

### Assiette de crudités

POUR 6 À 8 PERSONNES

*2 poivrons, rouge et vert, coupés en longueur*
*225 g de maïs en boîte blanchi*
*1 endive, bien nettoyée, feuilles séparées*
*200 g d'asperges fines (espagnoles) nettoyées et blanchies 10 minutes dans l'eau bouillante*
*Quelques radis, lavés, feuilles conservées*
*175 g de tomates cerises*
*12 œufs durs de caille (cuits 3 minutes), écalés*
*Aïoli ou tapenade*

### Salade de tomates et concombre

POUR 4 À 6 PERSONNES

*1 concombre moyen, pelé, et en tranches fines*
*2 cuillères à soupe de vinaigre de vin blanc*
*9 cl de crème fraîche*
*2 cuillères à soupe de menthe fraîche hachée*
*4 ou 5 tomates mûres en rondelles*
*Sel et poivre noir au moulin*

Placez le concombre dans un bol, saupoudrez de sel et d'une cuillère à soupe de vinaigre et remuez avec 5 ou 6 glaçons. Placez au réfrigérateur pendant 1 heure, puis rincez, et essuyez. Reversez dans le bol, ajoutez la crème, le poivre et la menthe, et remuez soigneusement. Disposez les tomates en rondelles sur une assiette de service, aspergez d'une cuillère à soupe de vinaigre, et déposez le concombre au centre, à la cuillère.

## Carottes râpées à l'orange

POUR 4 À 6 PERSONNES

*1 gousse d'ail, écrasée*
*Le zeste gratté et le jus d'une orange non traitée*
*2 ou 3 cuillères à soupe d'huile d'arachide*
*1 livre de carottes, râpées finement*
*2 ou 3 cuillères à soupe de persil frais haché*
*Sel et poivre noir au moulin*

Frottez les parois d'un bol avec l'ail, que vous laissez au fond. Ajoutez le zeste et le jus d'orange, le sel et le poivre. Versez l'huile, et remuez le tout, puis prélevez l'ail. Ajoutez les carottes, la moitié du persil, et remuez soigneusement. Garnissez avec le reste de persil.

# SALADE DE MESCLUN

*Le mesclun est une salade originaire de Nice composée de différentes sortes de salades vertes et d'herbes : roquette, trévise, laitue et frisée accompagnées de cerfeuil, de persil et d'estragon frais.*

POUR 4 À 6 PERSONNES

*1 gousse d'ail pelée*
*3 cl de vinaigre de vin rouge ou de xérès*
*1 cuillère à café de moutarde de Dijon (facultatif)*
*7,5 à 12 cl d'huile d'olive extra vierge*
*225 g de diverses salades et herbes*
*Sel et poivre noir au moulin*

VARIANTE

Le mesclun contient souvent quelques feuilles de salade de saveur âcre. En saison, vous pouvez lui ajouter des feuilles de pissenlit.

1 Frottez un grand saladier avec la gousse d'ail ; laissez-la dans le fond.

2 ▼ Ajoutez le vinaigre, le sel, le poivre et la moutarde. Mélangez bien jusqu'à ce que le sel soit dissous, et versez l'huile doucement.

3 ▲ Enlevez la gousse d'ail, et homogénéisez bien la vinaigrette. Ajoutez les feuilles de salade, remuez. Servez immédiatement.

# POMMES ET CÉLERI RÉMOULADE

*Le céleri, malgré son apparence rustique, possède une saveur douce et subtile. Si on le fait souvent blanchir dans de l'eau citronnée, il est ici servi cru, ce qui respecte mieux son goût et sa texture.*

POUR 3 À 4 PERSONNES

*1 boule de céleri-rave, pelée*
*3 cuillères à soupe de jus de citron*
*1 cuillère à café d'huile de noix (facultatif)*
*1 pomme évidée, en quartiers*
*3 cuillères à soupe de mayonnaise*
*2 cuillères à café de moutarde de Dijon*
*1 cuillère à soupe de persil haché*
*Sel et poivre noir au moulin*

1 Au mixer ou à la râpe à fromage, râpez le céleri, où découpez-le en fine julienne. Placez-le dans un bol et arrosez-le de jus de citron et d'huile de noix (facultative). Bien mélanger.

2 ▲ Pelez la pomme, si vous le voulez, coupez-la en 4, enlevez le cœur, puis détaillez-la en fines tranches que vous mêlez au céleri.

3 ▼ Mélangez la mayonnaise, le persil, le sel et le poivre. Versez sur le céleri et la pomme et remuez. Laissez au réfrigérateur plusieurs heures avant de servir.

# Salade niçoise

*On trouve sans doute autant de recettes différentes pour cette salade que de cuisinières en Provence. Servi avec du pain grillé frotté d'ail, ce grand classique est à lui tout seul un repas d'été.*

**Pour 4 à 6 Personnes**

*225 g de haricots verts*
*450 g de pommes de terre nouvelles, pelées et détaillées en rondelles épaisses*
*Vinaigre de vin blanc et huile d'olive*
*1 petite romaine ou laitue, lavée, essuyée et détaillée en morceaux faciles à manger*
*4 tomates olivettes, en quartiers*
*1 petit concombre, pelé, épépiné et coupé en dés*
*1 poivron rouge ou vert, en lamelles fines*
*4 œufs durs, coupés en 4*
*24 olives noires ou niçoises*
*225 g de thon en saumure, égoutté*
*55 g de filets d'anchois à l'huile d'olive, égouttés*
*Feuilles de basilic, pour décorer*
*Croûtons à l'ail*

*Pour la vinaigrette aux anchois*
*1 cuillère à soupe de moutarde de Dijon*
*55 g de filets d'anchois en boîte à l'huile d'olive, égouttés*
*1 gousse d'ail, écrasée*
*4 cuillères à soupe de jus de citron ou de vinaigre de vin blanc*
*12,5 cl d'huile de tournesol*
*12,5 cl d'huile d'olive extra vierge*
*Poivre noir au moulin*

**Le Conseil du Chef**

La recette des croûtons à l'ail : coupez une ficelle en fines tranches ou un gros pain de campagne en cubes de 2,5 cm de côté. Disposez le pain en une seule couche sur une feuille d'aluminium, et faites-le dorer à 180 °C (th 5-6), de 7 à 10 minutes. Frottez chaque croûton avec une gousse d'ail et servez chaud. Vous pouvez aussi les conserver dans une boîte étanche et les servir à la température ambiante.

1 ▲ Pour la vinaigrette aux anchois, placez la moutarde, les anchois et l'ail dans un bol, et mélangez en pressant fortement l'ail et les anchois contre les parois du récipient. Poivrez. Ajoutez le jus de citron ou le vinaigre et battez au petit fouet. Incorporez doucement l'huile de tournesol en fin filet, puis l'huile d'olive, en fouettant jusqu'à ce que votre vinaigrette soit onctueuse et crémeuse.

2 Autre solution : placez tous les ingrédients cités en 1, sauf l'huile, dans un mixer équipé d'une lame en hélice et mixez en faisant couler un fin filet d'huile par la cheminée, jusqu'à ce que la vinaigrette soit épaisse et crémeuse.

3 ▲ Jetez les haricots verts dans une grande casserole d'eau bouillante, et laissez bouillir 3 minutes. Transférez dans une passoire avec une écumoire, rincez à l'eau froide, égouttez, et réservez.

4 ▲ Ajoutez les pommes de terre dans la même eau bouillante, baissez le feu et laissez mijoter 10 à 15 minutes jusqu'à ce qu'elles soient cuites, puis passez. Aspergez de vinaigre, d'huile d'olive et d'une cuillerée de vinaigrette.

5 ▲ Disposez la salade verte sur un plat, puis les tomates et le concombre, poivrez. Ajoutez les haricots et les pommes de terre.

6 ▲ Disposez par-dessus les œufs, les olives, le thon et les anchois, et garnissez de feuilles de basilic. Répartissez le reste de vinaigrette et servez avec des croûtons aillés.

# SAUCISSON POMMES À L'HUILE

*Sous des appellations diverses, cette salade se sert en entrée. Sans le saucisson, froide ou tiède, elle accompagne parfaitement des harengs marinés ou fumés.*

POUR 4 PERSONNES

*500 g de petites pommes de terre ratte ou BF 15*
*3 à 4 cl de vin blanc sec*
*2 échalotes, hachées fin*
*1 cuillère à soupe de persil frais haché*
*1 cuillère à soupe d'estragon frais haché*
*175 g de saucisson à l'ail*
*1 brin de persil, pour le décor*

*POUR LA VINAIGRETTE*
*2 cuillères à café de moutarde de Dijon*
*1 cuillère à soupe de vinaigre d'estragon ou de vin blanc*
*7,5 cl d'huile d'olive extra vierge*
*Sel et poivre noir au moulin*

1 ▼ Dans une casserole moyenne, couvrez les pommes de terre d'eau froide salée et portez à ébullition. Passez à feu moyen, et laissez mijoter 10 à 12 minutes. Égouttez et refroidissez sous un filet d'eau courante.

2 Pelez les pommes de terre si vous le désirez, et détaillez-les en rondelles de 6 mm d'épaisseur. Aspergez avec le vin et les échalotes.

3 ▲ Pour la vinaigrette, mélangez la moutarde et le vinaigre dans un petit bol, puis incorporez l'huile cuillerée par cuillerée. Assaisonnez et versez sur les pommes de terre.

4 ▲ Ajoutez les herbes et mélangez soigneusement.

5 ▲ Découpez le saucisson à l'ail en tranches fines et mélangez-le aux pommes de terre. Assaisonnez à votre goût et servez à la température ambiante, garni d'un brin de persil.

# FRISÉE AUX LARDONS

*Une salade immensément populaire... En saison, vous pouvez remplacer – ou compléter – la frisée par des pissenlits. Un œuf dur haché apporte une note de couleur gaie.*

POUR 4 PERSONNES

*225 g de frisée ou scarole*
*8 cl d'huile d'olive extra vierge*
*175 g de dés de jambon fumé, ou 1 tranche épaisse de lard détaillée en lardons*
*2 grosses tranches de pain blanc, en petits dés*
*1 petite gousse d'ail, hachée fin*
*1 cuillère à soupe de vinaigre de vin*
*2 cuillères à café de moutarde de Dijon*
*Sel et poivre noir au moulin*

1 ▲ Lavez, épluchez et séparez les feuilles de frisée en 3 ou 4.

2 ▲ Chauffez 1 cuillère à soupe d'huile dans une poêle à feu doux, et jetez-y le jambon ou le lard. Laissez griller doucement jusqu'à ce qu'il soit bruni ; remuez de temps en temps. Prélevez à l'écumoire, et égouttez sur papier absorbant.

3 ▼ Ajoutez 2 cuillères à soupe d'huile dans la poêle et faites revenir les dés de pain à feu soutenu, en remuant fréquemment, jusqu'à ce qu'ils soient bien dorés. Égouttez les croûtons sur papier absorbant.

4 ▲ Versez dans la poêle le reste d'huile, le vinaigre et l'ail et réchauffez, en tournant pour bien mélanger. Assaisonnez, puis versez cette vinaigrette sur la salade, sur laquelle vous disposez le jambon, ou le lard, et les croûtons.

# SALADE DE CHAMPIGNONS À LA CRÈME

*Cette salade aussi simple que rafraîchissante est souvent servie avec d'autres crudités. A préparer quelques heures avant de servir pour mieux laisser s'exhaler la saveur des champignons.*

POUR 4 PERSONNES

*175 g de champignons de Paris, pied coupé, grattés*
*Jus et zeste d'un 1/2 citron*
*3 cuillères à soupe de crème fraîche*
*Sel et poivre blanc*
*1 cuillère à soupe de ciboulette*

VARIANTE

Vous pouvez aussi servir ces champignons dans une vinaigrette faite de 4 cuillères à soupe d'huile de noix ou d'olive extra vierge mélangée au jus de citron.

1 ▼ Découpez les champignons en fines lamelles, et placez dans un bol. Ajoutez le zeste et le jus de citron et la crème. Mélangez délicatement, puis assaisonnez.

2 ▲ Laissez reposer au moins une heure, en remuant de temps en temps.

3. Parsemez de ciboulette hachée, juste avant de servir.

# SALADE DE MÂCHE AUX BETTERAVES

*Une entrée colorée qui marie la douceur acidulée de la mâche à la saveur sucrée de la betterave. Quelques cerneaux de noix multiplient les contrastes de goût et de texture.*

POUR 4 PERSONNES

*175 g de mâche bien lavée, et équeutée*
*250 g de betterave rouge, cuite, pelée, coupée en dés*
*2 cuillères à soupe de persil frais haché*

POUR LA VINAIGRETTE
*2 ou 3 cuillères à soupe de vinaigre de vin blanc ou de jus de citron*
*1 bonne cuillère à soupe de moutarde de Dijon*
*2 gousses d'ail hachées fin*
*1/2 cuillère à café de sucre*
*12,5 cl d'huile de tournesol ou de pépins de raisin*
*12,5 cl de crème fraîche*
*Sel et poivre noir au moulin*

1 Commencez par la vinaigrette. Mélangez le vinaigre ou le jus de citron, la moutarde, l'ail, le sucre, le sel et le poivre dans un petit bol, puis incorporez doucement l'huile pour obtenir un mélange épais.

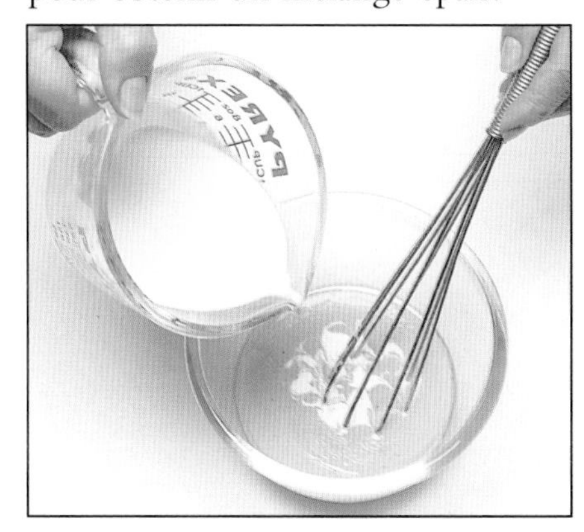

2 ▲ Battez légèrement la crème fraîche pour la détendre et incorporez-la à la vinaigrette.

3 ▲ Remuez la salade avec un peu de vinaigrette, et disposez-la sur un plat ou un saladier.

4 Déposez les betteraves au centre de la mâche avec une cuillère, et nappez du reste de vinaigrette. Parsemez de persil haché et servez immédiatement.

# SALADES COMPOSÉES

*Les salades composées font de parfaites entrées. Légères et colorées, elles se prêtent à d'infinies variations dont les éléments peuvent se préparer à l'avance et être assemblés au dernier moment.*

Les salades composées sont de plus en plus à la mode. Généralement faciles à préparer, leur mélange de couleurs, de textures et de saveurs séduit aussi bien en entrée, qu'en plat principal, pour un souper que pour un déjeuner d'été. Tous les ingrédients peuvent être invités à participer à ce plat presque ludique : légumes crus ou cuits, fruits frais, œufs durs de poule ou de caille, blanc de volaille cuit ou fumé, viandes, poissons, fruits de mer... Composer une salade ne veut pas dire mélanger n'importe quoi. Il est bien entendu fondamental de marier les saveurs avec subtilité et élégance. L'assaisonnement, les sauces et les vinaigrettes jouent un grand rôle à cet égard.

A la différence du mesclun, on préférera généralement associer les différents composants, joliment présentés en cercle, sur un fond de salade par exemple.

Les salades composées, telle la salade niçoise ou celles qui sont présentées sur cette page, se servent en entrée ou en plat principal léger, en été par exemple. Quant à la salade verte, elle se déguste généralement après le plat principal et accompagne délicieusement les fromages.

## Salade de crevettes aux agrumes

POUR 6 PERSONNES

*1 cuillère à soupe de jus de citron frais*
*1 cuillère à soupe de jus de citron vert frais*
*1 cuillère à soupe de miel liquide*
*3 cuillères à soupe d'huile d'olive*
*2 ou 3 cuillères à soupe d'huile de noix*
*2 cuillères à soupe de ciboulette hachée*
*450 g de grosses crevettes décortiquées, déveinées*
*1 avocat, pelé, dénoyauté et coupé en petits dés*
*1 pamplemousse rose, pelé, en quartiers*
*1 grosse orange navel, pelée, en quartiers*
*2 cuillères à soupe de pignons de pin (facultatif)*
*Sel et poivre noir au moulin*

Mélangez les jus de citron et de citron vert, le sel, le poivre et le miel dans un petit bol. Incorporez doucement l'huile d'olive, puis l'huile de noix pour obtenir un mélange crémeux, puis ajoutez la ciboulette.
Disposez les crevettes, les dés d'avocat, les quartiers d'orange et de pamplemousse sur les assiettes. Nappez de vinaigrette et parsemez de pignons de pin (facultatif).

## Salade de saumon fumé à l'aneth

POUR 4 PERSONNES

*225 g de saumon fumé, en tranches fines*
*1 fenouil, en lamelles*
*1 concombre moyen, pépins enlevés, détaillé en julienne*
*2 cuillères à soupe de jus de citron frais*
*12,5 cl d'huile d'olive extra vierge*
*2 cuillères à soupe d'aneth frais haché, plus quelques brins pour le décor*
*Poivre noir*
*Caviar, pour garnir (facultatif)*

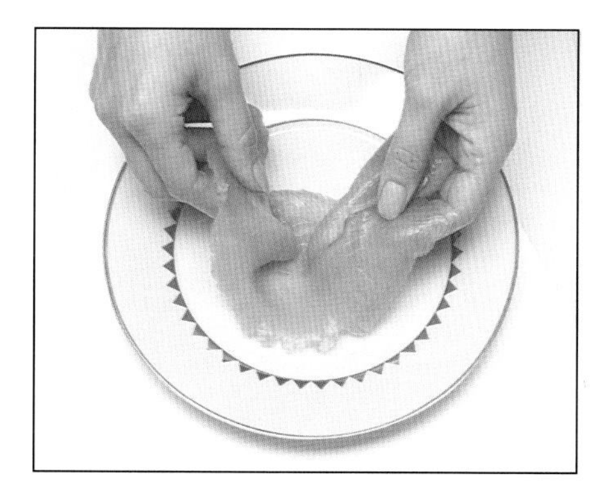

Disposez les tranches de saumon sur 4 assiettes, puis le fenouil sur lequel vous déposez la julienne de concombre. Mélangez le jus de citron et le poivre dans un petit bol. Incorporez doucement l'huile d'olive pour obtenir une vinaigrette crémeuse. Ajoutez l'aneth. Nappez le fenouil et le concombre d'un peu de vinaigrette et versez le reste sur le saumon que vous décorez de brins d'aneth. Chaque salade peut se garnir d'une cuillerée de caviar.

## Salade aux endives et au roquefort

POUR 4 PERSONNES

*2 cuillères à soupe de vinaigre de vin*
*1 cuillère à café de moutarde de Dijon*
*6 cl d'huile de noix*
*2 cuillères à soupe d'huile de tournesol*
*2 endives*
*1 cœur de céleri ou 4 branches de céleri, épluchés et détaillés en julienne*
*85 g de cerneaux de noix, légèrement grillés*
*2 cuillères à soupe de persil frais haché*
*125 g de roquefort*
*Sel et poivre noir au moulin*
*Brins de persil, pour la garniture*

Mélangez ensemble le vinaigre, la moutarde, le sel et le poivre dans un petit bol. Incorporez délicatement l'huile de noix, puis l'huile de tournesol. Disposez les feuilles d'endives sur les assiettes. Disposez dessus le céleri, les noix, le persil, le roquefort en petits dés, et nappez le tout d'un peu de vinaigrette.

# Légumes et Garnitures

Les légumes frais sont la gloire des marchés, et les bons cuisiniers s'attachent à respecter leurs vraies saisons. Ferme et insipide, une tomate calibrée poussée en serre ne remplacera jamais une bonne grosse tomate de juillet, gorgée de soleil et de parfums, et que l'on déguste presque comme un fruit. En France, nous aimons les légumes au point de les servir souvent à part, avec tous les honneurs qui leur sont dus, alors que dans la plupart des pays ils sont servis en accompagnement, juste destinés à mettre en valeur une viande ou un poisson. Voici quelques grandes et simples recettes qui rendent hommage aux légumes de nos jardins.

# ARTICHAUTS VINAIGRETTE

*Voici la manière la plus simple et la plus goûteuse de déguster et de savourer un bon gros artichaut de Bretagne.*

POUR 2 PERSONNES

*2 gros artichauts (environ 250 g chacun)*
*1/2 citron*

*POUR LA VINAIGRETTE*
*1 échalote hachée très fin*
*1/2 cuillère à café de moutarde de Dijon*
*2 cuillères à soupe de jus de citron*
*2 cuillères à soupe d'huile d'olive extra vierge*
*2 cuillères à soupe d'huile d'arachide*
*Sel et poivre noir au moulin*

1 Coupez le haut de l'artichaut sur 4 cm environ. Aux ciseaux, enlevez le haut bruni ou piquant des feuilles. Frottez de citron les parties coupées pour éviter leur oxydation. Coupez le pied à ras.

2 ▼ Enveloppez chaque artichaut dans un film transparent pour micro-ondes, ou placez-les directement sur le plateau tournant. Cuisez à pleine puissance pendant 10 minutes (7 minutes pour un seul) jusqu'à ce que la base soit molle au toucher. Si nécessaire cuisez un peu plus. Laissez reposer 5 minutes. Percez le film pour évacuer la vapeur d'eau et retirez-le.

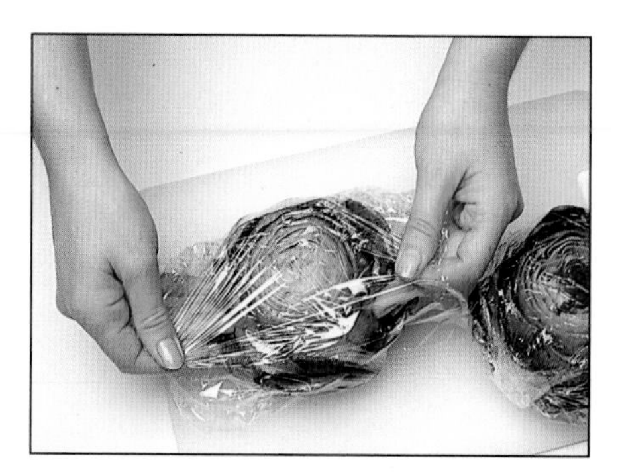

3 ▲ Laissez refroidir légèrement, puis, avec une petite cuillère à bord coupant, dégagez la paille du cœur.

4 ▲ Pour la vinaigrette : placez l'échalote, la moutarde, le jus de citron, le sel et le poivre dans un petit bol et mélangez. Ajoutez l'huile par petites quantités, en battant au fouet jusqu'à ce que le mélange épaississe.

5 Remplissez le cœur de chaque artichaut de vinaigrette, et servez.

LE CONSEIL DU CHEF

Le cuisson au four à micro-ondes est très pratique. Mais vous pouvez aussi cuire vos artichauts dans une grande casserole d'eau bouillante avec quelques cuillerées de vinaigre et de farine. Placez une assiette épaisse résistant à la chaleur au-dessus des artichauts pour bien les maintenir immergés.

# FONDS D'ARTICHAUTS FARCIS

*Cette recette résulte du mariage de deux ingrédients savoureux : les artichauts et les champignons.*

POUR 4 À 6 PERSONNES

*225 g de champignons de Paris*
*15 g de beurre*
*2 échalotes hachées fin*
*55 g de fromage blanc à 20 % ou 40 %*
*2 cuillères à soupe de noix écrasées*
*3 cuillères à soupe de gruyère râpé*
*4 fonds de gros artichauts, ou 6 petits (cuits, feuilles et paille enlevés, ou fonds en conserve ou surgelés)*
*Sel et poivre noir au moulin*
*Brins de persil frais, pour garnir*

1 ▲ Lavez les champignons et essuyez-les. Placez-les dans un mixer à lame en hélice, et hachez-les menu.

2 ▲ Dans une poêle antiadhésive faites fondre les échalotes dans du beurre à feu moyen (2 à 3 minutes). Ajoutez les champignons, poussez un peu le feu, et cuisez 5 à 7 minutes jusqu'à ce qu'ils aient rendu et réabsorbé leur liquide, en remuant fréquemment. Assaisonnez.

3 Préchauffez le four à 200 °C. Graissez légèrement un plat à cuire.

4 ▼ Dans un petit bol, mélangez le fromage blanc et les champignons. Ajoutez les noix et la moitié du gruyère.

5 ▲ Répartissez la duxelles de champignons sur les fonds d'artichauts et disposez-les sur le plat de cuisson. Saupoudrez du reste de gruyère et cuisez 12 à 15 minutes, jusqu'à gratiner le dessus. Servez chaud, garni de brins de persil.

# POIREAUX VINAIGRETTE

*Jadis appelée « asperges du pauvre », de tendres petits poireaux frais constituent une entrée aussi saine que rafraîchissante.*

POUR 6 PERSONNES

*12 petits poireaux (environ 1,3 kg)*
*2 œufs durs*
*1 cuillère à soupe de moutarde de Dijon*
*2 cuillères à soupe de vinaigre de vin blanc ou de jus de citron*
*9 cl d'huile de tournesol*
*9 cl d'huile d'olive extra vierge (ou plus)*
*Sel et poivre noir au moulin*
*2 cuillères à soupe de ciboulette hachée pour garnir*

1 ▼ Dégagez les poireaux de leur première peau, égalisez-les à la même longueur. Supprimez les racines en laissant l'attache des feuilles, puis incisez en 2 le poireau dans sa longueur. Rincez à l'eau courante froide.

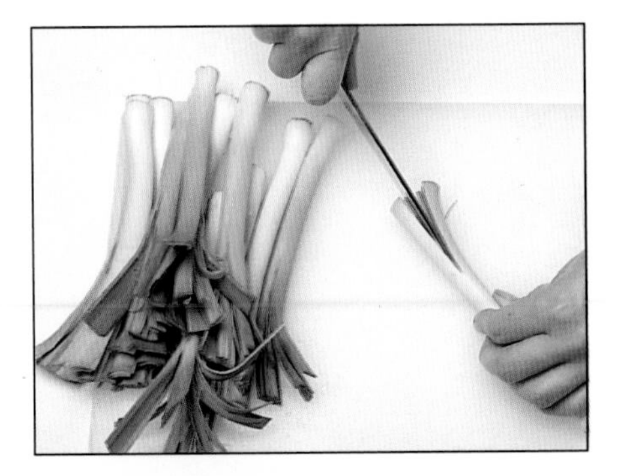

2 ▲ Déposez-les côte à côte dans une grande poêle, recouvrez d'eau bouillante et salez légèrement. Cuisez à bon feu 7 à 10 minutes pour qu'ils soient tendres. Transférez-les délicatement dans une grande passoire pour les égoutter. Étalez-les sur une serviette et pressez-les doucement pour en exprimer tout le liquide.

3 ▲ Dans un bol, mélangez ensemble les jaunes d'œufs et la moutarde pour obtenir une pâte. Assaisonnez, et ajoutez le vinaigre ou le jus de citron en tournant. La pâte devient moelleuse. Incorporez doucement l'huile de tournesol, puis l'huile d'olive pour obtenir une vinaigrette épaisse et crémeuse.

4 Disposez les poireaux encore chauds sur un plat de service, versez dessus la vinaigrette. Hachez les blancs d'œufs et parsemez-en le plat que vous garnirez de ciboulette. Servez tiède ou à la température ambiante.

# Asperges sauce maltaise

*Si les petites asperges vertes font des adeptes, les bonnes grosses asperges blanches restent un mets de choix. La sauce maltaise change agréablement de la classique mayonnaise.*

Pour 6 Personnes

*175 g de beurre, en dés*
*3 jaunes d'œufs*
*1 cuillère à soupe d'eau froide*
*1 cuillère à soupe de jus de citron frais*
*Le zeste gratté et le jus de 1 orange non traitée*
*Sel et poivre de Cayenne*
*30 à 36 asperges*
*Quelques zestes d'orange, pour garnir*

1 ▲ Faites fondre le beurre dans une petite casserole à feu doux. Ne faites pas bouillir. Écumez la mousse et réservez.

2 ▲ Dans un bol en verre résistant à la chaleur et placé au bain-marie (eau à peine frémissante), mélangez les jaunes d'œufs, l'eau, le jus de citron, 1 cuillère à soupe de jus d'orange et le sel. Passez à feu très doux et tournez constamment au fouet jusqu'à ce que le mélange commence à épaissir et que le fouet imprime des traces sur le fond du bol. Éloignez du feu.

3 Mélangez le beurre fondu à cette sauce, au goutte-à-goutte, jusqu'à ce que le tout épaississe, puis versez rapidement le reste. Ajoutez le zeste d'orange et 2 à 4 cuillères à soupe de jus d'orange. Assaisonnez de sel et de poivre de Cayenne, et gardez au chaud, en tournant de temps en temps.

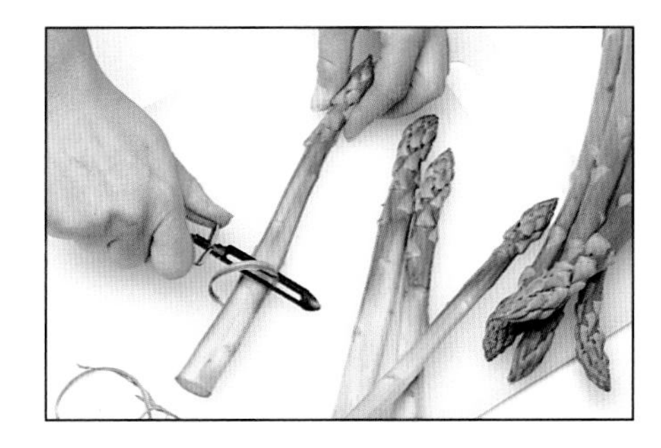

4 ▲ Dégagez la base des asperges, coupez-les à la même longueur. Si vous les pelez, commencez par la tête, et servez-vous d'un couteau économe. Rincez à l'eau froide.

5 Remplissez une grosse poêle à frire de 5 cm d'eau et portez à ébullition. Jetez-y les asperges, attendez que l'ébullition reprenne et laissez mijoter 4 à 7 minutes jusqu'à ce qu'elles soient tendres.

6 Transférez délicatement vos asperges dans une grande passoire. Laissez égoutter, puis étalez-les sur une serviette, et essuyez-les. Disposez sur un plat et recouvrez d'un peu de sauce. Parsemez de zestes d'orange et servez immédiatement.

## Le Conseil du Chef

Cette sauce est une variété de hollandaise et demande quelques précautions. Si le mélange de jaunes d'œufs épaissit trop vite, écartez du feu et plongez le fond de la casserole dans de l'eau froide pour éviter les grumeaux. La sauce peut être conservée au bain-marie chaud pendant 1 heure, mais ne la chauffez pas trop.

# CAROTTES ET NAVETS GLACÉS

*Ici, quelques navets enrichissent de leur saveur douce-amère cette recette à base de carottes et d'oignons.*

POUR 6 PERSONNES

*40 g de beurre*
*450 g de petites carottes, bien grattées ou de carottes moyennes, en rondelles de 2,5 cm*
*450 g de petits navets, pelés et coupés en 4 ou 8*
*225 g de petits oignons pelés*
*12,5 cl de fond de bœuf ou de volaille, ou d'eau*
*2 cuillères à soupe de sucre*
*1 bonne pincée de thym séché*
*2 cuillères à soupe de persil frais haché*

1 Dans une grande poêle, faites fondre 30 g de beurre à feu moyen. Ajoutez les carottes, les navets et les oignons et remuez, puis versez par-dessus le fond ou l'eau, le sucre et le thym.

2 ▲ Portez à ébullition à feu soutenu, puis couvrez et laissez mijoter à feu moyen 8 à 10 minutes, jusqu'à ce que les légumes soient cuits, en remuant de temps en temps pour éviter qu'ils n'attachent. Vérifiez une ou deux fois pendant la cuisson, et ajoutez un peu de liquide si nécessaire.

3 ▼ Découvrez et poussez le feu pour que le liquide s'évapore complètement, en remuant souvent. Les légumes doivent paraître glacés. Ajoutez le reste du beurre et le persil haché, et remuez jusqu'à ce que le beurre soit fondu.

# PURÉE D'ÉPINARDS

*La vraie recette est à la crème fraîche ou à la béchamel, mais voici une façon plus rapide et plus légère.*

POUR 4 PERSONNES

*675 g de feuilles d'épinards, queues coupées*
*120 g de fromage frais (type St Moret ou carré frais)*
*Lait, si nécessaire*
*Noix de muscade râpée*
*Sel et poivre noir au moulin*

1 Rincez les épinards, essorez ou essuyez-les et placez-les dans une poêle à frire en les couvrant à peine d'eau. Cuisez 3 à 4 minutes, à découvert et à feu moyen, jusqu'à ce qu'ils commencent à fondre. Égouttez dans une passoire, en pressant avec le dos d'une cuillère pour en extraire le liquide.

2 ▼ Dans un mixer à lame en hélice, faites une purée avec les épinards et le fromage frais. Transférez dans un bol. Si la purée est trop épaisse, ajoutez un peu de lait, cuillerée par cuillerée.

3 ▲ Assaisonnez avec le sel, le poivre, et la muscade. Transférez dans une poêle et réchauffez à feu doux.

# Charlotte de chou et de pommes de terre

*Une charlotte est en principe un entremets à base de fruits et de biscuits. Ici, c'est une élégante – bien que robuste – préparation aux légumes qui accompagnera de façon originale un gibier.*

Pour 6 Personnes

*450 g de chou*
*30 g de beurre*
*1 oignon moyen, haché*
*550 g de pommes de terre, pelées, coupées en 4*
*1 gros œuf battu*
*2 cuillères à soupe de lait, si nécessaire*
*Sel et poivre noir au moulin*

1 Préchauffez votre four à 190 °C (th 5-6). Beurrez un moule à charlotte de 1,25 litre. Posez un papier sulfurisé dans le fond et beurrez-le également.

2 Portez à ébullition une grande casserole d'eau salée. Prélevez 5 à 6 grandes feuilles de chou que vous faites blanchir dans l'eau bouillante 2 minutes. Une fois bien vertes, retirez-les et passez-les à l'eau froide. Hachez le reste du chou.

3 Faites fondre le beurre dans une poêle à fond épais et cuisez 2 à 3 minutes l'oignon haché. Ajoutez le chou haché et cuisez-le 10 à 15 minutes à couvert et à feu moyen, jusqu'à ce qu'il soit tendre et doré, en remuant fréquemment.

4 ▲ Placez les pommes de terre dans une grande casserole et couvrez d'eau froide. Salez généreusement et portez à ébullition à feu moyen. Cuisez jusqu'à ce que les pommes soient tendres, puis égouttez-les. Écrasez-les avec l'œuf battu et un peu de lait, si nécessaire, pour obtenir un mélange moelleux. Incorporez le chou cuit précédemment. Assaisonnez.

5 ▲ Séchez les feuilles de chou. Éliminez les côtes les plus épaisses. Chemisez le moule, en réservant une feuille pour le dessus. Déposez à la cuillère, bien régulièrement, le mélange de pommes de terre ; recouvrez de la dernière feuille de chou et d'une feuille d'aluminium. Placez le moule sur la lèchefrite dans laquelle vous versez de l'eau bouillante. Faites cuire au bain-marie 40 minutes.

6 Pour servir, enlevez l'aluminium, placez une assiette au-dessus du moule et, en la tenant bien, renversez. La charlotte se détache aisément, et il ne vous reste qu'à ôter le papier du fond.

# CHOU ROUGE BRAISÉ

*La combinaison de vinaigre de vin et de sucre donne à cet accompagnement une saveur aigre-douce, qui convient aussi bien au gibier qu'au canard, au porc, et aux viandes froides.*

POUR 6 À 8 PERSONNES

*2 cuillères à soupe d'huile végétale*
*2 oignons moyens, en fines lamelles*
*2 pommes, pelées, épépinées, en tranches fines*
*1 chou rouge de 900 g environ, lavé, cœur enlevé, coupé en 2, puis en fins rubans*
*4 cuillères à soupe de vinaigre de vin rouge*
*2 cuillères à soupe de sucre*
*4 clous de girofle*
*1 cuillère à café de graines de moutarde*
*60 g de raisins secs*
*12 cl de vin rouge ou d'eau*
*2 cuillères à soupe de gelée de groseilles (facultatif)*
*Sel et poivre noir au moulin*

1 ▲ Dans une grande casserole en acier inox, chauffez l'huile à feu moyen. Ajoutez les oignons et cuisez 7 à 10 minutes jusqu'à ce qu'ils dorent.

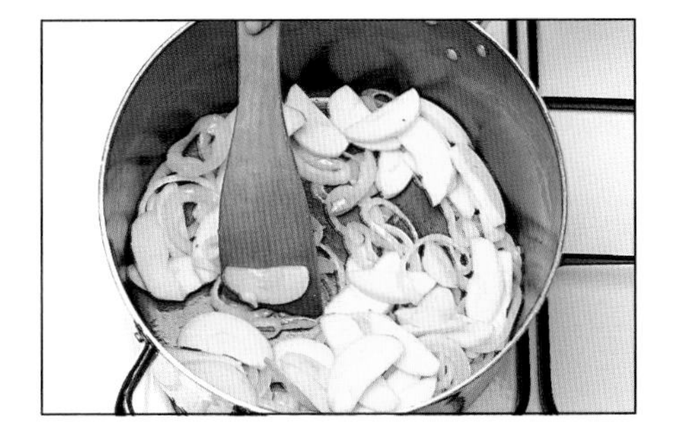

2 ▲ Ajoutez les pommes, et faites-les sauter 2 à 3 minutes jusqu'à ce qu'elles s'attendrissent.

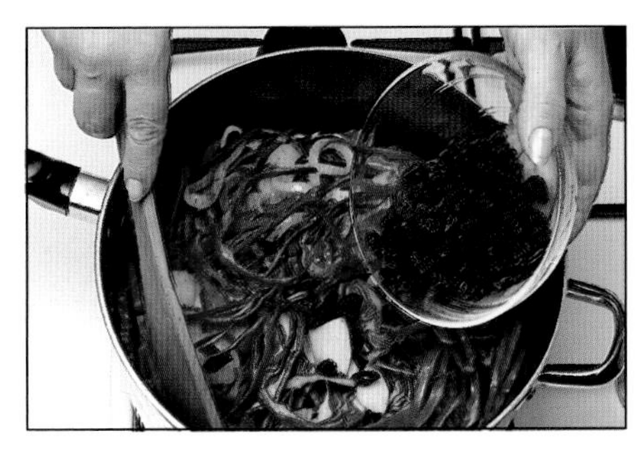

3 ▲ Ajoutez le chou, le vinaigre, le sucre, les clous de girofle, les graines de moutarde, les raisins secs, le vin rouge ou l'eau, le sel et le poivre. Mélangez bien le tout. Portez à ébullition à feu soutenu, en remuant de temps en temps.

4 ▼ Couvrez et cuisez 35 à 40 minutes à feu moyen, jusqu'à ce que le chou soit tendre et le liquide absorbé, en remuant de temps en temps. Ajoutez un peu plus de vin ou d'eau s'il en manque avant que le chou ne soit cuit. Juste avant de servir, incorporez la gelée de groseilles pour sucrer et glacer.

# CHOUX DE BRUXELLES BRAISÉS

*Les choux de Bruxelles se marient agréablement aux châtaignes dans ce plat hivernal.*

POUR 4 À 6 PERSONNES

*225 g de châtaignes*
*12,5 cl de lait*
*500 g de petits choux de Bruxelles*
*30 g de beurre*
*1 échalote hachée fin*
*2 ou 3 cuillères à soupe de vin blanc sec ou d'eau*

## LE CONSEIL DU CHEF

Les châtaignes fraîches sont toujours meilleures, mais à défaut, vous pouvez les prendre en conserve, en suivant le mode d'emploi de la boîte qui vous conseille généralement de bien les laver.

1 De la pointe d'un couteau, incisez une croix à la base de chaque châtaigne. Plongez-les dans une casserole d'eau bouillante à feu vif et laissez cuire 6 à 8 minutes. Éloignez du feu.

2 ▲ A l'écumoire, prélevez quelques châtaignes, en laissant les autres dans l'eau jusqu'à ce que leur peau se détache facilement. Détachez l'écorce puis pelez la peau intérieure.

3 Rincez la casserole, versez-y les châtaignes pelées et ajoutez le lait. Couvrez d'eau. Laissez mijoter 12 à 15 minutes à feu moyen, jusqu'à ce que les châtaignes soient tendres. Égouttez et réservez.

4 Éliminez les feuilles des choux de Bruxelles abîmées ou jaunies. Coupez les pieds, mais sans que les feuilles ne se détachent. Avec un petit couteau, incisez une croix dans chaque pied, pour faciliter la cuisson.

5 ▲ Dans une grande poêle, faites fondre le beurre à feu moyen. Ajoutez l'échalote hachée et cuisez 1 à 2 minutes, puis ajoutez les choux et le vin ou l'eau. Cuisez 6 à 8 minutes, à couvert et à feu moyen, en secouant la poêle et en remuant de temps en temps, en ajoutant un peu d'eau si nécessaire.

6 ▲ Ajoutez les châtaignes pochées et mélangez doucement. Couvrez et laissez mijoter 3 à 5 minutes, jusqu'à ce que le tout soit cuit.

# HARICOTS VERTS À LA PROVENÇALE

*Une préparation qui change des sempiternels haricots verts au beurre, et peut se servir chaude ou froide.*

POUR 4 PERSONNES

*1 livre de tomates mûres*
*1 cuillère à soupe d'huile d'olive*
*1 échalote, hachée fin*
*1 ou 2 gousses d'ail, hachées très fin*
*225 g de haricots verts, coupés en 2 ou 3*
*2 cuillères à soupe de basilic frais*
*Sel et poivre noir au moulin*

1 ▲ Portez à ébullition une grande casserole d'eau. Incisez une croix à la base de chaque tomate, et plongez-les 45 secondes dans l'eau bouillante. Pelez la peau, coupez les tomates en 2 et épépinez-les. Hachez-les grossièrement.

2 ▲ Chauffez l'huile dans une casserole à fond épais, ajoutez l'échalote et l'ail et cuisez 2 à 3 minutes.

3 ▼ Ajoutez les tomates et continuez à cuire 10 minutes jusqu'à ce que tout le liquide soit évaporé et les légumes cuits, en remuant fréquemment. Assaisonnez.

4 ▲ Faites bouillir une grande casserole d'eau salée. Jetez-y les haricots que vous cuisez, sans excès, 4 à 6 minutes. Égouttez et mélangez avec la tomate, puis réchauffez l'ensemble, 1 à 2 minutes. Servez immédiatement ou consommez froid.

# PETITS POIS À LA FRANÇAISE

*Le goût des petits pois varie beaucoup en fonction de leur temps de cuisson. Les pois surgelés prennent moins de temps à cuire, mais ne valent pas les petits pois frais juste cueillis.*

POUR 4 À 6 PERSONNES

*15 g de beurre*
*1 petit oignon, haché fin*
*1 petite laitue*
*450 g de petits pois frais écossés, ou surgelés*
*3 cuillères à soupe d'eau*
*Sel et poivre noir au moulin*

1 Faites fondre le beurre dans une casserole à fond épais. Ajoutez l'oignon que vous ferez cuire 3 minutes à feu moyen, jusqu'à ce qu'il commence à fondre.

2 ▼ Coupez la laitue en 2, puis détaillez-la en fins rubans. Déposez-les sur l'oignon, et ajoutez les petits pois et l'eau. Assaisonnez légèrement.

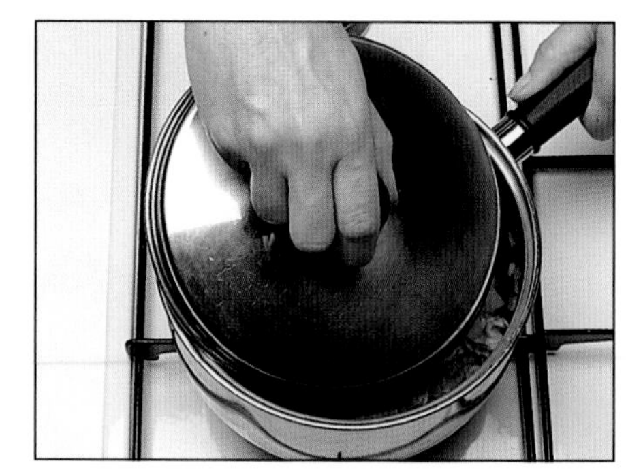

3 ▲ Couvrez hermétiquement et cuisez à feu doux jusqu'à ce que les pois soient tendres (10 à 20 minutes pour des pois frais, 10 minutes pour des surgelés).

# FÈVES À LA CRÈME

*Dans certains régions, les petites fèves fraîches se mangent à la croque au sel. Plus tard en saison, il vaut mieux les cuire et les consommer sans leur peau.*

POUR 4 À 6 PERSONNES

*450 g de fèves vertes écossées*
*10 cl de crème fraîche*
*Sel et poivre noir au moulin*
*Ciboulette hachée fin, pour garnir*

1 ▼ Portez à ébullition une grande casserole d'eau salée à feu vif. Jetez-y les fèves.

2 Laissez l'ébullition revenir, puis passez à feu doux, et cuisez 8 minutes de plus, pour que les fèves soient tendres.

3 ▲ Pour ôter les peaux : pratiquez une fente sur chaque fève de la pointe d'un couteau et appuyez. Le haricot s'expulsera de lui-même.

4 ▲ Versez les haricots dans une casserole avec la crème et l'assaisonnement, couvrez et réchauffez doucement. Parsemez de ciboulette hachée et servez immédiatement.

VARIANTE

Les flageolets frais peuvent se préparer de la même façon.

# LENTILLES BRAISÉES AUX LARDONS

*Les meilleures lentilles viennent incontestablement du Puy, en Auvergne. Vous avez le choix entre trois couleurs, grises, rouges et vertes.*

POUR 6 À 8 PERSONNES

*450 g de lentilles rouges ou vertes, bien rincées et égouttées*
*1 cuillère à soupe d'huile d'olive*
*225 g de lardons*
*1 oignon, haché fin*
*2 gousses d'ail, finement hachées*
*2 tomates, pelées, épépinées, grossièrement hachées*
*1/2 cuillère à café de thym séché*
*1 feuille de laurier*
*35 cl de fond de bœuf ou de volaille*
*3 cuillères à soupe de crème épaisse (facultatif)*
*Sel et poivre noir au moulin*
*2 cuillères à soupe de persil frais haché, pour garnir*

1 ▼ Placez les lentilles dans une grande casserole et couvrez d'eau froide. Portez à ébullition à grand feu et laissez bouillir 15 minutes, doucement. Passez et réservez.

2 Dans une poêle à fond épais, chauffez l'huile à feu moyen. Ajoutez les lardons et cuisez 5 à 7 minutes jusqu'à ce qu'ils soient croustillants. Réservez.

3 ▲ Faites cuire 2 à 3 minutes les oignons dans la graisse de la poêle. Ajoutez l'ail, cuisez 1 minute, incorporez la tomate, le thym, l'assaisonnement, la feuille de laurier et les lentilles.

4 ▲ Ajoutez le fond et couvrez. Cuisez 25 à 45 minutes à feu moyen, jusqu'à ce que les lentilles soient tendres, en remuant de temps en temps. Complétez avec du bouillon ou de l'eau si nécessaire.

5 ▲ Découvrez la poêle et laissez évaporer l'excès de liquide. Ajoutez les lardons et la crème (facultative), puis réchauffez pendant 1 à 2 minutes. Servez chaud, parsemé de persil frais.

# GRATIN DAUPHINOIS

*Le gratin dauphinois donne toujours l'impression agréable de contenir plus de crème que vous n'en avez utilisé... Il se sert avec toutes les viandes.*

POUR 6 PERSONNES

*1 kg de pommes de terre*
*90 cl de lait*
*1 pincée de noix de muscade râpée*
*1 feuille de laurier*
*2 cuillères à soupe de beurre amolli*
*2 ou 3 gousses d'ail, finement hachées*
*3 cuillères à soupe de crème fraîche (facultatif)*
*Sel et poivre noir au moulin*

1 ▲ Préchauffez le four à 180 °C (th 5-6). Détaillez les pommes de terre en rondelles assez fines.

2 ▲ Placez-les dans une grande casserole. Couvrez de lait, en en rajoutant éventuellement. Assaisonnez, et ajoutez la muscade et le laurier. Portez lentement à ébullition à feu moyen et laissez mijoter 15 minutes, jusqu'à ce que les pommes de terre commencent à être cuites, quasiment, et que le lait ait épaissi.

3 ▼ Beurrez généreusement un plat à gratin de 40 cm de long et répartissez l'ail dans le fond.

LE CONSEIL DU CHEF

Préparé d'avance, ce plat peut se conserver au chaud au four pendant une bonne heure. Rajoutez un peu de crème sur le dessus, si nécessaire.

4 ▲ A l'écumoire, transférez les pommes de terre de la casserole dans le plat à gratin. Goûtez le lait, vérifiez l'assaisonnement, puis versez-le pour qu'il arrive juste au niveau des pommes, sans les couvrir. Répandez une fine couche de crème sur le dessus, ou un peu plus de lait.

5 Faites cuire au four 1 heure environ, jusqu'à ce que le lait soit absorbé, et le dessus bien doré.

# POMMES DE TERRE SAUTÉES AU ROMARIN

*Délicieux avec un poulet rôti, ou des côtelettes de porc.*

POUR 6 PERSONNES

*1,3 kg de pommes de terre*
*6 cuillères à soupe d'huile ou de beurre clarifié*
*2 ou 3 brins de romarin frais, feuilles hachées*
*Sel et poivre noir au moulin*

1 Pelez les pommes de terre et coupez-les en morceaux de 2,5 cm. Placez-les dans une saladier, couvrez-les d'eau froide et laissez-les tremper 10 à 15 minutes. Égouttez, rincez, égouttez, puis séchez-les dans un torchon.

2 Dans une grande poêle antiadhésive, chauffez l'huile ou le beurre à feu moyen, jusqu'à ce que la matière grasse soit très chaude, mais sans fumer.

3 ▲ Ajoutez les pommes de terre, et cuisez-les 3 minutes, sans remuer, pour qu'elles dorent d'un seul côté.

4 Secouez la poêle et faites sauter les pommes pour les dorer de l'autre côté, continuez à tourner et à secouer jusqu'à ce qu'elles soient bien dorées sur toutes leurs faces. Assaisonnez.

5 ▼ Ajoutez un peu plus d'huile ou de beurre et continuez à cuire les pommes de terre à feu moyen 20 à 25 minutes, jusqu'à ce que vous puissiez les percer au couteau. Remuez fréquemment. Enfin, 5 minutes avant la fin de la cuisson, parsemez de romarin.

# POMMES PAILLASSON

*En dépit de son nom, voici un délicieux accompagnement à la saveur simple et naturelle. Vous pouvez aussi les préparer en petites galettes individuelles.*

POUR 4 PERSONNES

*450 g de pommes de terre*
*1 1/2 cuillère à soupe de beurre fondu*
*1 cuillère à soupe d'huile, éventuellement un peu plus*
*Sel et poivre noir au moulin*

1 Pelez les pommes de terre, râpez-les grossièrement, et mélangez-les immédiatement avec le beurre fondu, le sel et le poivre.

2 ▲ Chauffez l'huile dans une grande poêle à frire. Ajoutez le mélange de pommes de terre sur lequel vous appuyez pour former une sorte de gâteau plat qui couvre le fond. Cuisez 7 à 10 minutes à feu moyen, jusqu'à ce que le fond soit bien doré.

3 Détachez du fond en secouant la poêle, ou à la spatule.

4 ▼ Pour retourner, placez une grande assiette sur la poêle, en la pressant fortement, et renversez d'un coup sec. Replacez la poêle sur le feu et ajoutez un peu d'huile si nécessaire. Cuisez jusqu'à ce que ce « paillasson » soit bien croustillant et doré des deux côtés. Servez très chaud.

Salines de Guérande
LE SEL DE LA VIE

# PURÉE DE POMMES DE TERRE À L'AIL

*Cette succulente purée accompagne à la perfection toutes les viandes rôties ou sautées. Bien qu'abondant, l'ail sait rester discret.*

POUR 6 À 8 PERSONNES

*2 têtes d'ail, en gousses non pelées*
*120 g de beurre*
*1,3 kg de pommes de terre type Bintje*
*12,5 à 17,5 cl de lait*
*Sel et poivre blanc*

## LE CONSEIL DU CHEF

Avec moins de lait, votre purée sera plus ferme ; avec plus de lait, elle sera plus onctueuse. Le lait doit être presque bouillant pour ne pas refroidir la purée de pommes de terre. Cette purée se conserve chaude au bain-marie.

1 Faites bouillir une petite casserole d'eau à feu vif. Ajoutez les gousses d'ail et laissez-les cuire 2 minutes. Égouttez-les avant de les peler.

2 ▲ Dans une poêle à frire, faites fondre la moitié du beurre à feu doux. Ajoutez l'ail blanchi, couvrez, et laissez cuire doucement 20 à 25 minutes, jusqu'à ce que l'ail commence à blondir, en remuant la poêle de temps en temps. L'ail ne doit ni roussir, ni brunir.

3 ▲ Retirez la poêle du feu et laissez refroidir légèrement. Passez l'ail et le beurre au mixer à lame en hélice, pour obtenir un mélange homogène. Transvasez dans un petit bol que vous fermez hermétiquement d'un film transparent.

4 Pelez et coupez les pommes en quartiers. Placez-les dans une grande casserole et couvrez d'eau froide. Salez généreusement et portez à ébullition à feu vif. Cuisez le pommes jusqu'à ce qu'elles soient tendres, égouttez et passez au moulin à légumes ou écrasez à travers un tamis. Reversez dans la casserole, chauffez à feu moyen, et, avec une cuillère en bois, tournez 1 à 2 minutes pour éliminer tout reste de liquide. Éloignez du feu.

5 ▲ Chauffez le lait à feu moyen à la limite de l'ébullition. Petit à petit, incorporez aux pommes de terre le lait, le reste de beurre et la purée d'ail. Assaisonnez de sel et de poivre blanc, à votre goût.

# RATATOUILLE NIÇOISE

*Ce grand classique de la cuisine provençale se prête à de multiples compositions. A vous d'inventer vos propres variantes...*

POUR 6 PERSONNES

*2 aubergines moyennes (450 g environ)*
*7 cl d'huile d'olive*
*1 gros oignon, coupé en tranches*
*2 ou 3 gousses d'ail, hachées fin*
*1 gros poivron rouge ou vert, épépiné et découpé en lanières*
*2 grosses courgettes, coupées en tranches de 1,5 cm*
*700 g de tomates mûres, pelées, épépinées et coupées grossièrement, ou 400 g de tomates en boîte*
*1 cuillère à café d'herbes de Provence séchées*
*Sel et poivre noir au moulin*

1 ▲ Préchauffez le gril. Détaillez l'aubergine en rondelles de 2 cm d'épaisseur, que vous badigeonnez d'huile d'olive des deux côtés. Passez au gril jusqu'à ce qu'elles soient légèrement dorées sur les deux faces. Découpez ces rondelles en cubes.

## VARIANTE

Pour éplucher les poivrons, coupez-les en quatre, et passez-les au gril, peau vers le haut, jusqu'à ce qu'ils noircissent. Placez-les dans un sac plastique, et laissez-les refroidir. Pelez la peau, éliminez le cœur et les pépins et découpez en fines lanières que vous ajouterez à l'aubergine déjà cuite.

2 ▲ Chauffez 1 cuillère à soupe d'huile d'olive dans une grosse cocotte, et cuisez 10 minutes l'oignon à feu moyen, pour qu'il dore légèrement, en remuant souvent. Ajoutez l'ail, le poivron et les courgettes, et cuisez 10 minutes de plus, en remuant de temps en temps.

3 ▼ Ajoutez les tomates et les cubes d'aubergine, les herbes, le sel et le poivre et laissez doucement mijoter 20 minutes, à couvert et à feu doux, en remuant de temps en temps. Découvrez, et continuez à cuire 20 à 25 minutes, en remuant à l'occasion, jusqu'à ce que tous les légumes soient bien cuits et le liquide de cuisson légèrement épaissi. Servez chaud ou froid.

# TIAN PROVENÇAL

*Voilà des siècles que l'on prépare ce mets en Provence. En fait, il tire son nom du plat en terre de forme allongée dans lequel il est cuit. Jadis, les Provençales apportaient leurs plats préparés au four du boulanger communal pour le faire cuire.*

POUR 4 PERSONNES

*1 cuillère à soupe d'huile d'olive*
*1 gros oignon (225 g environ), en rondelles*
*1 gousse d'ail hachée fin*
*500 g de tomates*
*500 g de courgettes*
*1 cuillère à café d'herbes de Provence séchées*
*2 cuillères à soupe de parmesan râpé*
*Sel et poivre noir au moulin*

1 Préchauffez le four à 180 °C (th 5-6). Chauffez l'huile dans une poêle à feu doux et faites-y revenir 20 minutes l'oignon et l'ail, jusqu'à ce qu'ils commencent à dorer. Répartissez-les sur le fond d'un plat ovale de 30 cm, allant au four.

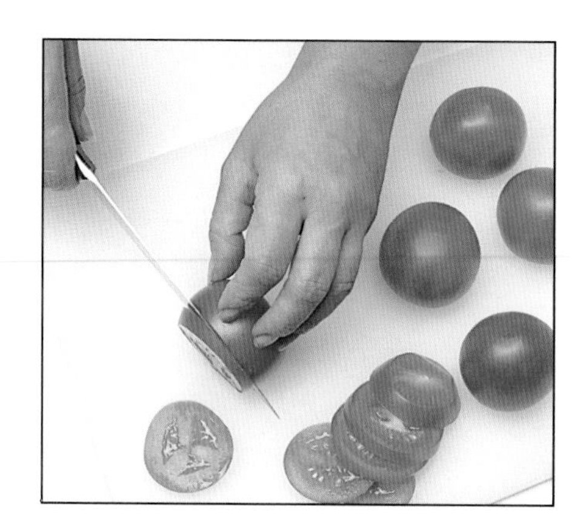

2 ▲ Coupez les tomates en rondelles épaisses (si elles sont très grosses, recoupez-les en 2).

3 Coupez les courgettes en biais en rondelles de 1 cm d'épaisseur.

4 ▼ Disposez tomates et courgettes en rangs alternés, sur les oignons, saupoudrez avec les herbes, le fromage, le sel et le poivre. Arrosez avec un peu d'huile d'olive, et cuisez 25 minutes environ au four. Servez chaud ou tiède.

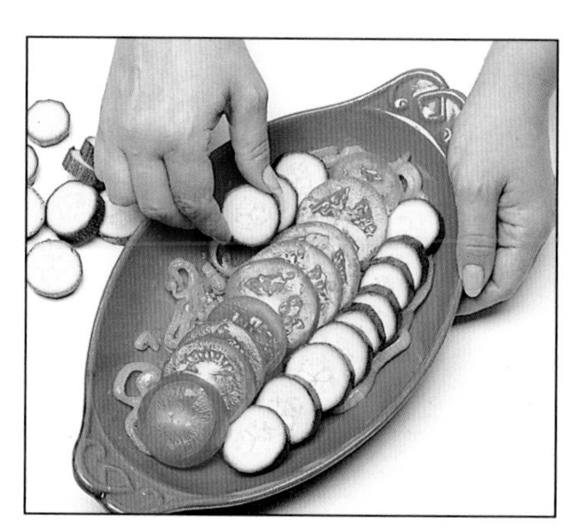

# TOMATES À LA PROVENÇALE

*Dans cette préparation toute simple, vous retrouverez toute la saveur de la Provence. Délicieuses avec un rôti ou une volaille, vous pouvez les préparer à l'avance et les cuire au dernier moment.*

POUR 4 PERSONNES

*2 grosses tomates*
*3 cuillères à soupe de chapelure*
*2 gousses d'ail, hachées très fin*
*2 cuillères à soupe de persil frais haché*
*3 cuillères à soupe d'huile d'olive*
*Sel et poivre noir au moulin*
*Brins de persil plat, pour garnir*

1 Préchauffez le four à 220 °C (th 7). Coupez les tomates en deux, et déposez-les sur une plaque à pâtisserie garnie de papier d'aluminium.

2 ▲ Mélangez la chapelure, l'ail, le persil, le sel et le poivre, et garnissez-en les moitiés de tomate.

3 ▼ Arrosez d'huile d'olive et faites cuire 7 à 10 minutes en partie haute du four, jusqu'à ce que la chapelure soit légèrement grillée. Servez garni de brins de persil.

# TIMBALES DE BROCOLI

*Élégantes et faciles à réussir, ces timbales se réalisent aussi avec d'autres légumes, comme la carotte ou le céleri. Elles peuvent se préparer plusieurs heures à l'avance et cuire pendant que vous servez les hors-d'œuvre. Vous les servirez en accompagnement ou en entrée, avec un beurre blanc.*

POUR 4 PERSONNES

*350 g de brocoli*
*3 cuillères à soupe de crème fraîche*
*1 œuf et 1 jaune d'œuf*
*1 cuillère à soupe d'oignon nouveau haché ou de ciboule*
*1 pincée de noix de muscade*
*Sel et poivre noir au moulin*
*Sauce au beurre et au vin blanc (facultative)*
*Ciboulette, pour garnir*

1 ▲ Préchauffez votre four à 190 °C (th 5-6). Beurrez légèrement 4 ramequins de 17,5 cl. Déposez au fond un rond de papier sulfurisé, que vous beurrez également.

2 Faites cuire les brocoli à la vapeur pendant 8 à 10 minutes jusqu'à ce qu'ils soient tendres.

3 ▲ Passez les brocoli au mixer, avec la crème, l'œuf entier, le jaune d'œuf pour obtenir un mélange homogène.

4 ▲ Ajoutez l'oignon nouveau, assaisonnez avec le sel, le poivre et la muscade. Mixez.

5 ▲ Remplissez à la cuillère les ramequins, et disposez-les dans un plat allant au four. Versez de l'eau dans le plat jusqu'à mi-hauteur et cuisez 25 minutes. Renversez chaque ramequin sur une assiette chaude, détachez le papier. Accompagnez de sauce et d'un bouquet de ciboulette.

# GRATIN DE CHOU-FLEUR

*Ce gratin rustique se marie bien avec les viandes rôties et le poulet. Vous pouvez aussi le présenter en ramequins individuels.*

POUR 4 À 6 PERSONNES

*450 g de chou-fleur, séparé en petits bouquets*
*45 g de beurre*
*45 g de farine*
*35 cl de lait*
*1 feuille de laurier*
*1 pincée de noix de muscade râpée*
*175 g de gruyère râpé*
*Sel et poivre noir au moulin*

1 ▲ Préchauffez le four à 180 °C (th 5-6). Beurrez légèrement un plat à gratin ou un moule à gâteau.

2 ▲ Portez à ébullition une grande casserole d'eau salée. Ajoutez le chou-fleur et cuisez-le 6 à 8 minutes, jusqu'à ce qu'il soit tendre. Vous pouvez aussi le cuire à la vapeur, 12 à 15 minutes.

3 ▲ Faites fondre le beurre dans une casserole à fond épais à feu moyen, versez la farine, tournez, jusqu'à ce que le mélange dore. Versez la moitié du lait, en remuant pour obtenir une pâte homogène ; versez le reste de lait, et ajoutez la feuille de laurier, le sel, le poivre et la muscade. Passez à feu doux, couvrez et laissez mijoter 5 minutes, en remuant de temps en temps. Retirez du feu, enlevez la feuille de laurier, et incorporez la moitié du gruyère jusqu'à ce qu'il fonde.

4 ▼ Disposez le chou-fleur dans le plat. Versez par-dessus la sauce au fromage, et saupoudrez du reste de gruyère. Cuisez au four 20 minutes environ pour faire bien gratiner le dessus.

### VARIANTE

Vous pouvez ajouter au chou-fleur du lard ou des dés de jambon avant de verser la béchamel au fromage. Même recette en remplaçant le chou par des brocoli.

# ENDIVES BRAISÉES AU FOUR

*Le braisage à faible température fait ressortir la saveur des endives qu'il serait dommage de ne consommer qu'en salade. Excellent accompagnement pour le porc et le veau.*

POUR 6 PERSONNES

*55 g de beurre*
*6 grosses endives (ou 12 petites)*
*1 cuillère à soupe de sucre*
*2 cuillères à soupe de jus de citron frais*
*4 cuillères à soupe de bouillon de poulet ou d'eau*

VARIANTE

Les endives se préparent aussi au gratin. Préparez-les comme dans cette recette. Préchauffez le gril. Mélangez 40 g de gruyère râpé à 4 cuillères à soupe de crème fraîche. Répartissez sur les endives et passez au four jusqu'à ce que le fromage gratine.

1 Préchauffez le four à 170 °C (th 5). Beurrez avec la moitié du beurre le fond d'un moule assez grand pour contenir toutes les endives sur une seule couche.

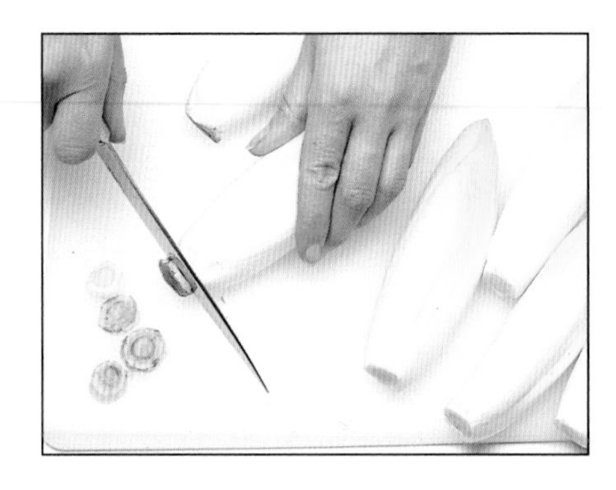

2 ▲ Éliminez les feuilles abîmées et coupez la racine rougeâtre. Pour les très grosses endives, extrayez le centre, à partir de la racine, qui est très amer. Essuyez avec du papier absorbant (ne pas les laver).

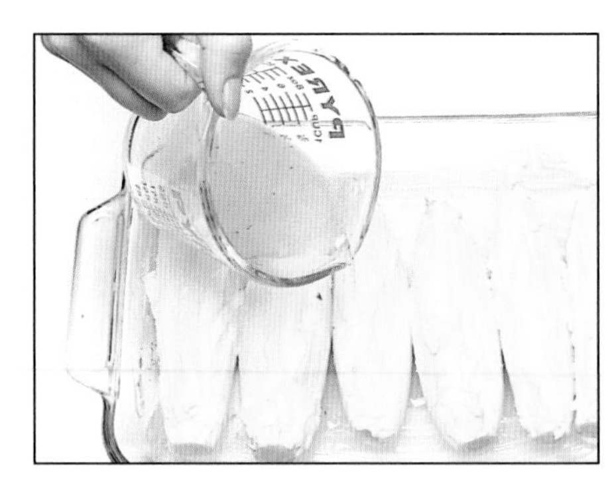

3 ▲ Disposez les endives dans le plat. Parsemez du reste de beurre en morceaux. Versez le sucre dissous dans le jus de citron et le bouillon ou l'eau. Couvrez d'un papier d'aluminium et laissez cuire 30 à 45 minutes.

4 Servez immédiatement, ou transférez les endives sur un plat de service, que vous arroserez du jus de cuisson préalablement réduit à feu vif.

# PURÉE DE CÉLERI-RAVE

*De nombreux chefs ajoutent des pommes de terre à leur purée de céleri, mais cette recette respecte mieux le goût de ce légume un peu négligé. S'il en reste, vous pourrez en faire un potage en ajoutant la quantité nécessaire de bouillon ou de lait.*

POUR 4 PERSONNES

*1 grosse boule de céleri-rave (750 g), pelée*
*15 g de beurre*
*Une pincée de noix de muscade râpée*
*Sel et poivre noir au moulin*

1 Découpez le céleri en gros cubes que vous versez dans une casserole remplie d'eau froide salée. Portez à ébullition à feu moyen, et laissez cuire doucement 10 à 15 minutes jusqu'à cuisson complète.

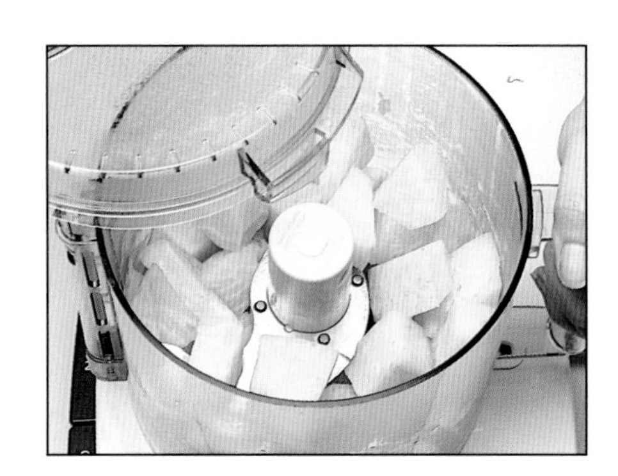

2 ▲ Égouttez le céleri, en conservant un peu du liquide de cuisson, et mixez jusqu'à ce que la purée soit parfaitement homogène, en ajoutant un peu de liquide, si nécessaire.

3 ▼ Incorporez beurre, sel, poivre et muscade. Réchauffez avant de servir.

# RIZ PILAF

*Le terme* pilaf *désigne ici une méthode de cuisson du riz qui vous garantit pratiquement de le réussir à chaque fois.*

POUR 6 À 8 PERSONNES

*40 g de beurre ou 5 cl d'huile*
*1 oignon moyen, haché fin*
*450 g de riz long grain*
*75 cl de fond de volaille ou d'eau*
*1/2 cuillère à soupe de thym déshydraté*
*1 petite feuille de laurier*
*Sel et poivre noir au moulin*
*2 cuillères à soupe de persil frais haché, d'aneth ou de ciboulette, pour garnir*

LE CONSEIL DU CHEF

Une fois cuit, ce riz reste chaud 1 heure si vous le couvrez hermétiquement. Vous pouvez aussi le mettre dans un bol à micro-ondes, couvert, et le réchauffer à la puissance maximum pendant 5 minutes.

1 ▼ Dans une grande casserole à fond épais, faites fondre le beurre ou chauffez l'huile à feu doux. Ajoutez l'oignon et cuisez 2 à 3 minutes pour qu'il commence à s'attendrir, en remuant tout le temps. Ajoutez le riz et cuisez 1 à 2 minutes jusqu'à ce qu'il devienne translucide, mais sans brunir et en remuant fréquemment.

2 ▲ Ajoutez le fond de volaille ou l'eau, le thym, la feuille de laurier, et assaisonnez. Portez à ébullition à feu vif, en remuant fréquemment. Quand le riz commence à bouillir, couvrez la surface d'un rond de papier sulfurisé, puis avec le couvercle de la casserole. Passez à feu très doux, et cuisez 20 minutes, sans soulever le couvercle. Servez chaud, garni d'herbes fraîches.

# CHAMPIGNONS SAUVAGES À LA BORDELAISE

*Rapide à préparer, cette recette accompagne la plupart des viandes. Vous pouvez mélanger toutes sortes de champignons, comestibles, bien sûr.*

POUR 6 PERSONNES

*900 g de champignons divers, Paris, chanterelles, trompettes, etc.*
*2 cuillères à soupe d'huile d'olive*
*30 g de beurre*
*2 gousses d'ail, hachées fin*
*3 ou 4 échalotes, hachées fin*
*3 ou 4 cuillères à soupe de persil frais ou de diverses herbes fraîches*
*Sel et poivre noir au moulin*

1 Lavez et séchez délicatement les champignons. Coupez les pieds, puis détaillez-les en 4, ou en lamelles s'ils sont gros.

2 ▲ Dans une grande poêle à frire, chauffez l'huile à feu moyen. Ajoutez le beurre, remuez, et jetez les champignons dans ce mélange. Cuisez 4 à 5 minutes jusqu'à ce qu'ils commencent à dorer.

3 ▼ Ajoutez l'ail et l'échalote, et cuisez 4 à 5 minutes de plus, jusqu'à ce que les champignons soient tendres et que tout liquide soit évaporé. Assaisonnez et parsemez de persil ou d'herbes.

# Œufs et Fromages

Les œufs et les fromages sont essentiels à notre alimentation. Leurs qualités diététiques sont irremplaçables, et ils interviennent dans la préparation d'innombrables plats et pâtisseries. Lorsque vous achetez des œufs emballés, vérifiez leur grosseur. Les petits œufs que l'on trouve de plus en plus souvent sont tout simplement trop légers pour les recettes de pâtisserie qui exigent de bons gros œufs. Quant aux fromages, leur choix est immense – ils sont connus dans le monde entier pour leur variété – et ils s'enrichissent même chaque année de nouvelles spécialités, généralement industrielles. Préférez bien sûr les fromages à la coupe aux tranches prédécoupées, préemballées qui vivent mal d'avoir été trop longtemps enfermées.

# Omelette aux fines herbes

*Un grand classique, facile à réussir, mais facile à rater également si l'on s'y prend mal. En voici une recette à toute épreuve.*

Pour 1 Personne

*2 œufs*
*15 g de beurre*
*1 cuillère à soupe de crème fraîche*
*1 cuillère à soupe d'herbes fraîches (persil, estragon, ciboulette, marjolaine...)*
*Sel et poivre noir au moulin*

1 Battez ensemble les œufs, le sel et le poivre, jusqu'à ce que le mélange soit homogène.

**Variante**

Vous pouvez aussi garnir votre omelette de champignons, de jambon, de bacon grillé, d'épinards à la crème, de pommes sautées, ou d'un mélange de tomates concassées et de gruyère.

2 ▲ Faites fondre le beurre dans une petite poêle, de préférence antiadhésive, à feu vif, jusqu'à ce qu'il mousse et commence à colorer. Jetez-y les œufs battus.

3 Quand les œufs commencent à prendre au fond de la poêle, soulevez les bords avec une fourchette ou une spatule, pour faire couler par-dessous l'œuf encore liquide et resté en surface.

4 ▲ Quand les œufs sont quasiment pris, répartissez la cuillère de crème au centre et recouvrez d'herbes.

5 Pour servir, tenez la poêle au-dessus d'une assiette chaude. Avec une cuillère ou une spatule, soulevez un côté de l'omelette et repliez-le sur le milieu. Secouez la poêle pour que l'omelette s'enroule d'elle-même, en l'aidant à la fourchette, et faites-la glisser sur l'assiette.

# Tomates aux œufs durs

*Vous trouvez cette préparation chez tous les traiteurs et charcutiers...*
*Mais elle est si facile, et tellement plus économique à réaliser soi-même !*

Pour 4 Personnes

*17,5 cl de mayonnaise*
*2 cuillères à soupe de ciboulette hachée*
*2 cuillères à soupe de basilic frais ciselé*
*2 cuillères à soupe de persil frais haché*
*4 tomates moyennes*
*4 œufs durs*
*Sel*
*Laitue, pour présenter*

1 Dans une petit bol, mélangez la mayonnaise et les herbes. Réservez.

2 Au coupe-œufs, ou au couteau pointu, découpez les œufs en fines rondelles.

3 ▼ Posez les tomates, côté pédoncule, et entaillez-les profondément, en rondelles, sans trancher jusqu'à la base. Faites en sorte d'avoir autant de rondelles d'œufs que d'entailles.

4 ▲ Ouvrez les tomates en éventail, saupoudrez de sel, et glissez des rondelles d'œufs.

5 Disposez sur un plat recouvert de feuilles de laitue, et servez avec le bol de mayonnaise aux herbes.

# Omelette au vert de blettes

*Cette omelette traditionnelle aux blettes est typique de la Provence où on l'accompagne de petites olives noires de Nice. Vous pouvez aussi la préparer aux épinards.*

**Pour 6 Personnes**

*675 g de feuilles de blettes, sans les côtes*
*4 cuillères à soupe d'huile d'olive*
*1 gros oignon, en tranches*
*5 œufs*
*Sel et poivre noir au moulin*
*Un brin de persil frais, pour garnir*

1 Lavez les feuilles de blettes dans plusieurs eaux, et essuyez. Empilez 4 ou 5 feuilles ensemble et découpez-les en rubans. Faites-les fondre dans un panier vapeur, puis égouttez-les dans une passoire en les pressant avec une cuillère.

2 ▼ Chauffez 2 cuillères à soupe d'huile d'olive dans une grande poêle. Ajoutez l'oignon, cuisez 10 minutes à feu moyen, en remuant parfois. Ajoutez les blettes et laissez cuire 2 à 4 minutes de plus, jusqu'à ce qu'elles soient tendres.

3 ▲ Dans un saladier, battez les œufs, assaisonnez-les, puis mélangez aux blettes.

4 Chauffez les 2 cuillères à soupe d'huile restante dans une grande poêle antiadhésive à feu moyen. Versez dedans le mélange d'œufs, et passez à feu moyen. Cuisez l'omelette 5 à 7 minutes à couvert, jusqu'à ce qu'elle soit bien prise au fond et presque sur le dessus.

5 ▲ Pour retourner l'omelette, détachez les bords à la fourchette, et glissez-la sur une assiette. Placez la poêle par-dessus, et retournez d'un geste vif. Continuez à cuire 2 à 3 minutes. Glissez l'omelette sur un plat, et servez-la chaude ou même à température ambiante, en la découpant en parts.

# Œufs cocotte aux poireaux

*Cette petite entrée délicate et délicieuse, se prépare avec toute sorte de légumes.*

Pour 4 Personnes

*15 g de beurre*
*225 g de petits poireaux, en fines rondelles*
*6 cuillères à soupe de crème épaisse*
*Noix de muscade, râpée*
*4 œufs*
*Sel et poivre noir au moulin*

1 ▲ Préchauffez le four à 190 °C (th 5-6). Beurrez généreusement 4 ramequins.

2 ▲ Faites fondre le beurre dans une petite poêle et cuisez les poireaux à feu moyen, en remuant fréquemment, jusqu'à ce qu'ils soient tendres mais non dorés.

3 ▼ Ajoutez 3 cuillères à soupe de crème et cuisez 5 minutes, jusqu'à ce que les poireaux fondent légèrement, et que la crème épaississe un peu. Assaisonnez.

## Variante

Pour aller plus vite : versez 1 cuillère à soupe de crème et des herbes dans chaque ramequin. Cassez 1 œuf par-dessus, ajoutez encore 1 cuillère de crème, du gruyère râpé, et passez au four.

4 ▲ Placez les ramequins sur une lèchefrite et répartissez les poireaux dans chacun d'eux. Cassez un œuf, répartissez la crème restante, et assaisonnez légèrement.

5 Versez de l'eau bouillante dans la lèchefrite à mi-hauteur des ramequins. Cuisez 10 minutes environ, jusqu'à ce que les blancs soient pris, ou un peu plus si vous les aimez bien fermes.

# PIPERADE BASQUE

*Le nom de « piperade » vient tout simplement du mot basque* piper, *qui signifie poivron.*

POUR 4 PERSONNES

*4 cuillères à soupe de graisse d'oie ou d'huile d'olive*
*2 oignons, grossièrement hachés*
*3 ou 4 poivrons rouges ou verts (ou mélangés), vidés et hachés*
*2 gousses d'ail, hachées fin*
*1 petite pincée de chili en poudre ou de poivre de Cayenne*
*900 g de tomates, pelées, épépinées et hachées*
*1/2 cuillère à soupe d'origan ou de thym déshydraté*
*8 œufs, légèrement battus*
*Sel et poivre noir au moulin*
*Persil frais, pour garnir*

1 Chauffez la graisse ou l'huile à feu doux, dans une grande poêle à fond épais. Ajoutez les oignons et laissez cuire 5 à 7 minutes, en remuant de temps en temps, jusqu'à ce qu'ils fondent.

2 ▲ Incorporez les poivrons, l'ail et le chili ou le poivre de Cayenne. Cuisez 5 minutes de plus, jusqu'à ce que les poivrons s'attendrissent, en remuant fréquemment.

LE CONSEIL DU CHEF

Une fois que les poivrons sont cuits, éliminez le liquide de cuisson restant, avant d'ajouter les œufs, pour éviter que la piperade ne soit trop aqueuse.

3 Ajoutez les tomates et assaisonnez avec le sel, le poivre et les herbes. Cuisez à feu moyen 15 à 20 minutes, pour que les poivrons soit bien cuits, le liquide évaporé, et que le mélange s'épaississe. Remuez de temps en temps pour éviter de brûler et de coller au fond de la poêle.

4 ▲ Ajoutez les œufs battus, et laissez mijoter à feu doux 5 à 8 minutes, jusqu'à ce que le mélange ait épaissi et soit légèrement pris. Parsemez de persil et servez.

# ŒUFS BROUILLÉS AU CAVIAR

*Si le caviar vous semble trop onéreux, vous pouvez toujours le remplacer par des œufs de lompe.*

POUR 4 PERSONNES

*40 g de beurre, en petits dés*
*8 œufs, plus 1 jaune d'œuf*
*1 cuillère à soupe de crème fraîche*
*2 cuillères à soupe de ciboulette fraîche*
*4 tranches de pain de mie grillées et beurrées*
*55 g de caviar ou œufs de lompe*
*Ciboulette, pour le décor*

1 Dans une grande poêle ou casserole, faites fondre la moitié du beurre à feu doux.

2 ▲ Battez soigneusement les œufs et le jaune d'œuf. Assaisonnez. Versez dans la poêle et laissez cuire doucement, 10 à 12 minutes ou plus, jusqu'à ce que le mélange commence à épaissir et à prendre. Peu à peu, incorporez le reste de beurre, en éloignant de temps en temps la poêle du feu.

3 ▼ Lorsque les œufs sont juste pris, éloignez du feu, et incorporez la crème et la ciboulette. Disposez les tranches de pain de mie sur les assiettes et garnissez-les d'œufs brouillés. Déposez par-dessus une cuillère de caviar. Garnissez de ciboulette et servez avec des toasts.

# Œufs pochés à la florentine

*Une entrée simple et savoureuse, que vous pouvez aussi servir pour un déjeuner léger.*

**Pour 4 Personnes**

*30 g de beurre*
*450 g de petites feuilles d'épinards*
*1/2 cuillère à soupe de vinaigre*
*4 œufs*
*Sel et poivre noir au moulin*

*POUR LA SAUCE HOLLANDAISE*
*175 g de beurre, en morceaux*
*2 jaunes d'œufs*
*1 cuillère à soupe de jus de citron*
*1 cuillère à soupe d'eau*
*Sel et poivre blanc*

**Le Conseil du Chef**

La sauce hollandaise est plus facile et rapide à réaliser au mixer. Elle peut se préparer 1 ou 2 heures à l'avance, et se conserver au chaud dans une bouteille Thermos.

1 Pour la sauce hollandaise, faites fondre le beurre à feu moyen dans une petite casserole, jusqu'à ce qu'il bouillonne, et éloignez du feu.

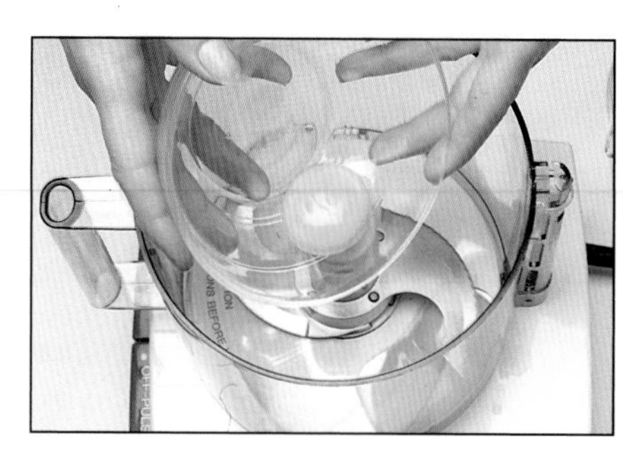

2 ▲ Placez les jaunes d'œufs, le jus de citron et l'eau dans un mixer. Pendant que l'appareil tourne, versez délicatement le beurre chaud par la cheminée. Assaisonnez de sel et de poivre, et ajoutez du citron pour détendre si nécessaire. Transférez la sauce dans une saucière, couvrez, et conservez au chaud.

3 ▲ Faites fondre le beurre à feu moyen dans une poêle à fond épais. Ajoutez les épinards et cuisez-les jusqu'à ce qu'ils commencent à fondre. Remuez de temps à autre. Assaisonnez. Conservez au chaud.

4 ▲ Pour pocher les œufs, faites bouillir une casserole moyenne d'eau légèrement salée, et ajoutez le vinaigre. Cassez un œuf dans une soucoupe, et laissez-le glisser dans l'eau. Réduisez la température, et laissez cuire 2 à 3 minutes jusqu'à ce que le blanc soit pris, et le jaune encore liquide. Égouttez avec une écumoire. Égalisez les bords aux ciseaux, et conservez au chaud. Pratiquez de même pour chaque œuf.

5 Pour servir, disposez les épinards sur les assiettes chaudes. Marquez un creux en leur centre, à l'aide d'une cuillère. Déposez un œuf dans ce « nid » et versez par-dessus un peu de sauce hollandaise.

# Soufflé au fromage de chèvre

*Tout le monde doit être installé à table au moment où vous sortez un soufflé du four, car ce mets délicat tend vite à s'effondrer. Vous pouvez aussi le préparer avec du roquefort.*

Pour 4 à 6 Personnes

*30 g de beurre*
*30 g de farine*
*17,5 cl de lait*
*1 feuille de laurier*
*Noix de muscade râpée*
*2 cuillères à soupe de parmesan râpé*
*40 g de fromage frais aux herbes et à l'ail (genre Boursin)*
*150 g de fromage de chèvre ferme, coupé en dés*
*6 blancs d'œufs*
*Sel et poivre noir au moulin*

1 Faites fondre le beurre à feu moyen, dans une casserole à fond épais. Ajoutez la farine et laissez cuire en remuant de temps en temps, jusqu'à ce que le mélange soit presque doré. Versez par-dessus la moitié du lait, en remuant vigoureusement pour obtenir une crème, ajoutez le reste du lait et la feuille de laurier. Passez à feu moyen, couvrez et laissez mijoter environ 5 minutes, en remuant de temps en temps.

2 ▲ Préchauffez le four à 190 °C. Beurrez généreusement un moule à soufflé de 1,5 litre, que vous saupoudrez de parmesan.

3 ▼ Retirez la sauce du feu, et jetez la feuille de laurier. Incorporez les deux fromages.

4 Dans un saladier bien propre, au batteur électrique ou au fouet, battez les blancs d'œufs jusqu'à ce qu'ils deviennent mousseux. Battez plus vite jusqu'à ce que les blancs soient bien pris.

5 ▲ Incorporez une cuillerée d'œuf battu dans la sauce au fromage pour l'aérer, puis versez celle-ci sur les blancs. Avec une spatule de caoutchouc ou une grande cuillère en inox, remuez délicatement. Passez la spatule sur le fond et sur les parois, pour bien mélanger le tout.

6 Versez ce mélange dans le moule et laissez cuire 25 à 30 minutes jusqu'à ce qu'il soit bien monté, doré, et que le dessus s'ouvre un peu. Servez immédiatement.

# Soufflés renversés

*Ces petits soufflés se servent à l'envers ! Remarquablement faciles à faire, ils peuvent même se préparer la veille, puis se réchauffer dans leur sauce. Idéal pour une réception.*

**Pour 6 Personnes**

*20 g de beurre*
*2 cuillères à soupe de farine*
*15 cl de lait*
*1 feuille de laurier*
*Noix de muscade râpée*
*2 œufs, séparés, et un blanc d'œuf, à température ambiante*
*85 g de gruyère râpé*
*Sel et poivre noir au moulin*

*Pour la sauce tomate à la crème*
*30 cl de crème*
*2 cuillères à soupe de purée de tomates*
*1 tomate pelée, épépinée, en petits dés*
*Sel et poivre de Cayenne*

1 Préchauffez le four à 190 °C (th 5-6). Beurrez généreusement 6 ramequins ou moules à dariole (de 17,5 cl), et garnissez leurs fonds de papier sulfurisé.

2 ▲ Dans une casserole à fond épais, faites fondre le beurre à feu moyen. Incorporez la farine et cuisez en remuant parfois pour obtenir un mélange à peine doré. Versez la moitié du lait, en remuant, pour bien homogénéiser le mélange. Versez le reste du lait et ajoutez la feuille de laurier. Assaisonnez avec sel, poivre et muscade. Portez à ébullition, en remuant, 1 minute environ.

3 ▲ Retirez du feu, et ôtez le laurier. Battez les jaunes d'œufs, un par un, dans la sauce encore chaude, puis incorporez le fromage jusqu'à ce qu'il fonde. Réservez.

4 Dans un grand saladier, faites mousser lentement les blancs. Battez plus rapidement jusqu'à former de petits pics en soulevant le fouet.

5 ▲ Mélangez une cuillerée d'œuf battu à la sauce au fromage pour l'aérer. Versez la sauce sur le reste des blancs. Avec une spatule de caoutchouc ou une grande cuillère en inox, « repliez » doucement la sauce sur les blancs.

**Le Conseil du Chef**

Si vous les préparez d'avance, laissez vos soufflés refroidir, puis, après les avoir couverts, rangez-les au réfrigérateur. Sortez-les suffisamment tôt pour les servir à la température de la pièce.

6 ▲ A la cuillère, remplissez vos ramequins aux 3/4 avec le mélange. Placez-les sur une lèchefrite, et versez tout autour de l'eau bouillante, à mi-hauteur des ramequins. Cuisez 18 minutes environ, jusqu'à ce qu'ils soient dorés et gonflés. Sortez-les, laissez-les refroidir suffisamment pour qu'ils dégonflent.

7 ▲ Pour la sauce : portez la crème au point d'ébullition dans un petite casserole. Baissez la température, incorporez la purée et les dés de tomate, et cuisez 2 à 3 minutes. Assaisonnez avec le sel et le poivre de Cayenne. Étalez une fine couche dans un plat à gratin, juste assez grand pour contenir tous les soufflés. Démoulez ceux-ci en glissant une lame de couteau tout autour ; enlevez le papier du fond. Versez le reste de la sauce sur les soufflés et passez au four 12 à 15 minutes pour obtenir une belle couleur dorée.

Farine

# Tartelettes aux poireaux

*Ces tartelettes ont fait le tour du monde. Préparées en moules individuels, elle sont plus faciles à servir.*

**Pour 6 Personnes**

*30 g de beurre en 8 morceaux*
*1 oignon, haché fin*
*1/2 cuillère à soupe de thym déshydraté*
*450 g de poireaux, en fines rondelles*
*55 g de gruyère*
*3 œufs*
*30 cl de crème*
*1 pincée de noix de muscade râpée*
*Feuilles de laitue et persil, tomates cerises, pour servir*

*Pour la pâte*
*175 g de farine*
*90 g de beurre froid*
*1 jaune d'œuf*
*3 cuillères à soupe d'eau froide*
*1/2 cuillère à soupe de sel*

1 Pour la pâte : tamisez la farine au-dessus d'un saladier, et ajoutez le beurre. Avec vos doigts, ou au batteur, incorporez le beurre à la farine, pour obtenir une sorte de pâte en miettes.

2 ▲ Pratiquez un puits dans le mélange. Dans un petit bol, battez les jaunes d'œufs, l'eau et le sel. Versez dans le puits, et mélangez le tout à la fourchette jusqu'à ce que la pâte s'homogénéise. Formez une boule aplatie. Enveloppez et laissez au réfrigérateur 30 minutes.

3 ▲ Beurrez 6 moules à tartelettes de 10 cm de diamètre. Sur une planche farinée, aplatissez la pâte à 3 mm d'épaisseur, puis avec un moule de 12,5 cm de diamètre, découpez des ronds. Garnissez-en chaque moule, en pressant. Refaites une boule des restes de pâte, aplatissez, recommencez. Piquez les fonds à la fourchette et laissez au froid 30 minutes.

4 ▲ Préchauffez le four à 190 °C (th 5-6). Chemisez les moules de papier d'aluminium par-dessus la pâte, remplissez-les de pois chiches, et cuisez 6 à 8 minutes. Lorsque les bords de la pâte sont dorés, retirez l'aluminium et les pois, et laissez cuire 2 minutes de plus, jusqu'à ce que le fond semble bien sec. Transférez sur une grille pour refroidir, réduisez la température à 180 °C (th 5).

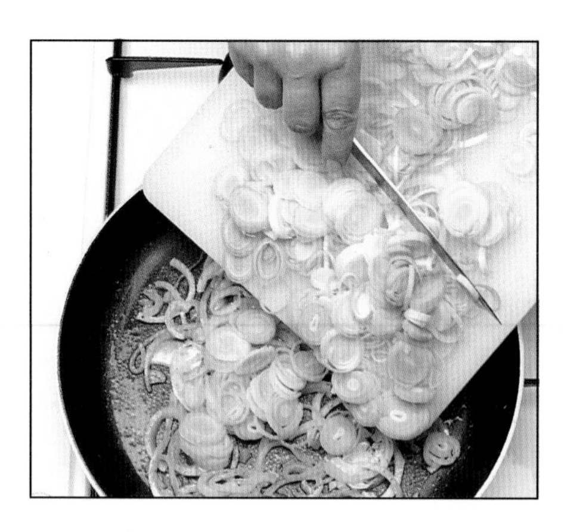

5 ▲ Dans une grande poêle, faites fondre le beurre à feu moyen, ajoutez l'oignon, le thym et cuisez 3 à 5 minutes jusqu'à ce que l'oignon fonde, en remuant fréquemment. Ajoutez les poireaux, et cuisez 10 à 12 minutes, jusqu'à ce qu'ils soient tendres. Répartissez le mélange dans les moules, et recouvrez de fromage.

6 ▲ Dans un bol plus grand, battez ensemble les œufs, la crème, la muscade, le sel et le poivre. Placez les moules sur une plaque à pâtisserie et versez-y ce mélange. Faites cuire 15 à 20 minutes, jusqu'à ce qu'il soit pris et doré. Transférez les tartelettes sur une grille pour les refroidir légèrement, démoulez et servez chaud ou à température ambiante, avec des feuilles de laitue, du persil et des tomates cerises.

# Flamiche au fromage

*Cette tarte se prépare traditionnellement avec des fromages puissants comme l'époisses, le maroilles, le munster ou le livarot, mais le port-salut n'est pas à délaisser pour autant.*

**Pour 4 Personnes**

*15 g de beurre*
*1 oignon, en rondelles*
*2 œufs*
*25 cl de crème*
*225 g de fromage, sans sa croûte (soit 180 g environ)*
*Sel et poivre noir au moulin*
*Laitue et persil, pour garnir*

Pour la pâte
*2 cuillères à soupe de levure*
*12,5 cl de lait*
*1 cuillère à soupe de sucre*
*1 jaune d'œuf*
*225 g de farine, un peu plus pour pétrir*
*1/2 cuillère à soupe de sel*
*55 g de beurre amolli*

1 Préparez d'abord la pâte. Placez la levure dans un petit bol. Chauffez le lait dans une casserole à 37°, et mélangez-le à la levure et au sucre, en remuant jusqu'à ce que la levure soit dissoute. Laissez reposer 3 minutes, puis battez avec le jaune d'œuf.

2 Versez la farine et le sel dans un mixer à lame en hélice, et mélangez par impulsions. Versez lentement le mélange de levure par la cheminée, tout en continuant à mixer 2 à 3 minutes. Ajoutez le beurre et mixez 30 secondes de plus.

3 Transférez la pâte dans un saladier légèrement huilé. Couvrez d'un linge et laissez monter à la température ambiante pendant 1 heure.

4 Sur une planche farinée, étalez la pâte en un rond de 30 cm de diamètre. Chemisez-en un moule à flan de 23 cm de diamètre. Éliminez la pâte débordant, en en laissant dépasser 3 mm au-dessus du moule. Réservez et laissez la pâte lever 30 minutes.

5 ▲ Pendant ce temps, faites fondre le beurre dans une poêle à fond épais et faites frire l'oignon 5 minutes à couvert, à feu moyen, en remuant de temps en temps. Découvrez et continuez à cuire, en remuant fréquemment, jusqu'à ce que l'oignon soit mou et caramélisé.

6 Préchauffez le four à 180 °C (th 5). Battez ensemble les œufs et la crème. Assaisonnez et incorporez l'oignon cuit.

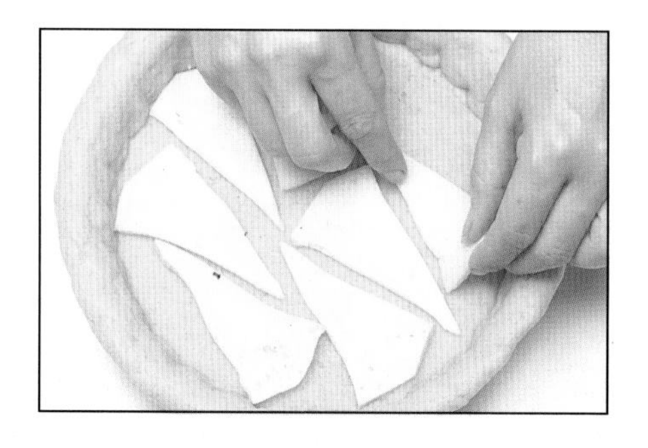

7 ▲ Disposez le fromage en tranches fines sur le fond de pâte. Versez par-dessus le mélange d'œufs et cuisez 30 à 35 minutes : le fond doit être doré et le centre juste pris. Mettez à refroidir sur une grille. Servez chaud ou tiède.

# Quiche savoyarde

*Une préparation qui rend hommage à la saveur du gruyère préparé au lait des Alpes.*

Pour 6 à 8 Personnes

*340 g de pâte sablée*
*1 cuillère à soupe de moutarde de Dijon*
*175 g de lard, sans couenne, haché fin*
*1 oignon haché*
*3 œufs*
*35 cl de crème*
*150 g de gruyère, en dés*
*Sel et poivre noir au moulin*
*Persil frais, pour garnir*

1 ▲ Préchauffez le four à 200 °C (th 6). Roulez la pâte et garnissez-en un moule à tarte de 23 cm. Piquez le fond, et chemisez de papier d'aluminium. Remplissez de pois chiches, et cuisez 15 minutes. Enlevez l'aluminium et les pois, badigeonnez le fond de moutarde, et recuisez 5 minutes, puis laissez refroidir. Baissez la température à 180 °C (th 5).

2 ▲ Dans une poêle, faites revenir le lard à feu moyen, jusqu'à ce qu'il croustille et brunisse, en remuant de temps en temps.

3 ▲ Jetez une grande partie de la graisse. Cuisez dans le reste l'oignon à feu moyen 15 minutes, jusqu'à ce qu'il fonde et dore, en remuant parfois. Enlevez les oignons avec une écumoire, et laissez égoutter sur du papier absorbant.

4 Battez ensemble les œufs et la crème, et assaisonnez.

5 ▼ Saupoudrez de fromage le fond de tarte, répartissez par-dessus l'oignon, puis le lard, et le reste de gruyère.

6 Versez par-dessus le mélange d'œuf et cuisez 35 à 45 minutes. Transférez sur une grille pour laisser refroidir. Servez chaud, garni de persil.

# CROISSANTS AU FROMAGE ET AU JAMBON

*Un petit « snack » en passant...*

POUR 2 PERSONNES

*2 croissants*
*30 g de beurre*
*Moutarde de Dijon*
*2 tranches de jambon de Bayonne ou de Parme*
*75 g de camembert ou de brie (sans croûte), en tranches de 6 mm d'épaisseur*
*Laitue, tomate et ciboulette, pour servir*

1 Préchauffez le four à 200 °C (th 6). Coupez les croissants en deux dans la longueur, et tartinez d'un peu de beurre et de moutarde.

2 ▼ Disposez une tranche de jambon, sur le fond de chaque croissant, et coupez ce qui dépasse. Ajoutez le fromage et couvrez avec le dessus des croissants.

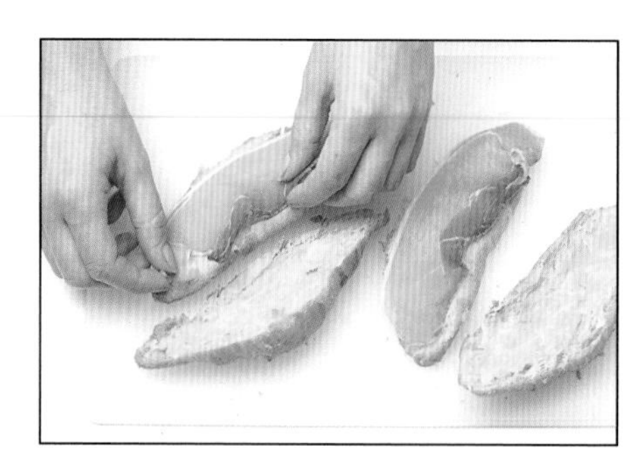

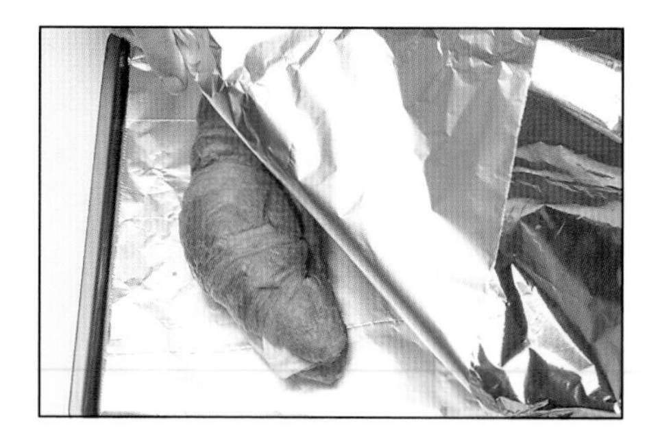

3 ▲ Placez les croissants sur une plaque à pâtisserie et recouvrez-les d'aluminium. Cuisez 3 à 5 minutes : le fromage doit commencer à fondre. Servez avec salade, tomates et ciboulette.

# GOUGÈRE

*Cette recette légère nous vient tout droit de Bourgogne, où elle est servie avec un bon vin rouge.*

POUR 6 À 8 PERSONNES

*100 g de farine*
*1/2 cuillère à café de sel*
*1 pincée de poivre de Cayenne*
*1 pincée de muscade râpée*
*17,5 cl d'eau*
*85 g de beurre, en morceaux*
*3 œufs*
*85 g de gruyère, en dés*

1 Préchauffez le four à 200 °C (th 6). Graissez légèrement une plaque à pâtisserie. Mélangez farine, sel, Cayenne et muscade.

VARIANTE

Ajoutez au mélange 2 cuillères à soupe de persil, de ciboulette ou de petits oignons nouveaux avant de cuire.

2 ▲ Dans une casserole moyenne, portez à ébullition l'eau et le beurre. Éloignez du feu, et ajoutez en une fois la farine assaisonnée en 1. Battez à la cuillère en bois pendant 1 minute, jusqu'à ce que le tout soit homogène et se détache des parois de la casserole.

3 Placez la casserole sur feu moyen pendant 2 minutes, en battant constamment, puis ôtez du feu.

4 Battez les œufs dans un petit bol et, très graduellement (une cuillère à la fois), incorporez-les au mélange précédent, en battant soigneusement après chaque cuillerée pour que la pâte soit onctueuse et luisante. Elle doit se détacher lentement de la cuillère. Ajoutez les dés de fromage et tournez.

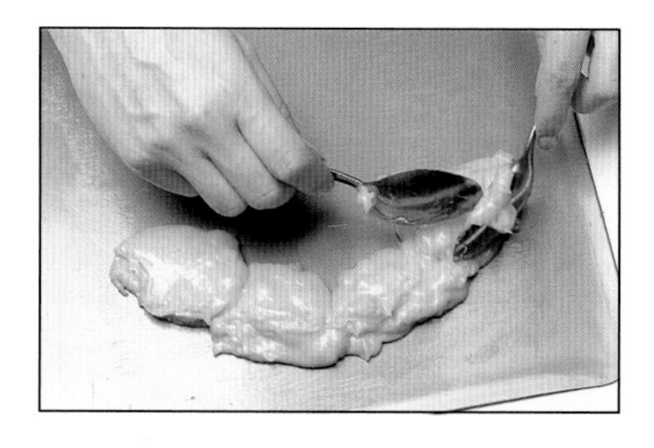

5 ▲ Avec 2 cuillères à soupe, formez sur une plaque à pâtisserie un cercle de 25 cm avec des petites boules de pâte. Cuisez 25 à 30 minutes : la pâte doit dorer. Laissez refroidir légèrement. Servez chaud.

LE F
premier quoti
A XX JEUDI 18
se à Brême

# SALADE DE CHÈVRE CHAUD

*Entrée ou déjeuner rapide, voici un petit plat qui peut être délicieux si le fromage est bien choisi, et le mélange de salades appétissant.*

POUR 4 PERSONNES

*2 fromages de chèvre cylindriques, type crottin de Chavignol*
*4 rondelles de pain*
*Huile d'olive extra vierge*
*175 g de salades mélangées, laitue, roquette.*
*Ciboulette pour garnir*

*POUR LA VINAIGRETTE*
*1/2 gousse d'ail*
*1 cuillère à café de moutarde de Dijon*
*1 cuillère à café de vinaigre de vin blanc*
*1 cuillère à café de vin blanc sec*
*3 cuillères à soupe d'huile d'olive extra vierge*
*Sel et poivre noir au moulin*

1 ▼ Pour la vinaigrette, frottez un grand saladier avec la gousse d'ail coupée. Mélangez la moutarde, le vinaigre et le vin, le sel et le poivre dans un bol. Incorporez l'huile à la cuillère, pour former une vinaigrette épaisse.

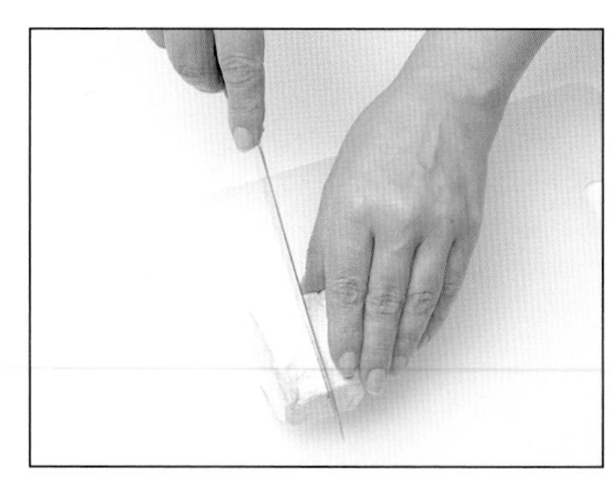

2 ▲ Coupez chaque fromage en 2 moitiés avec un couteau bien aiguisé.

3 ▲ Préchauffez le gril. Placez les tranches de pain sur une plaque à pâtisserie et grillez-les d'un côté. Retournez, posez une tranche de fromage par-dessus. Arrosez d'huile d'olive et laissez griller jusqu'à ce que le fromage dore légèrement.

4 ▲ Versez les feuilles de salade dans le saladier et mélangez-les à la vinaigrette. Répartissez la salade sur 4 assiettes, disposez au centre un toast au fromage et servez, garni de ciboulette.

# Mousse au roquefort

*Une mousse rafraîchissante qui ouvre élégamment un repas d'été. Le bleu d'Auvergne ou de Bresse peuvent également convenir.*

Pour 6 Personnes

*1 gros concombre*
*2 cuillères à café de gélatine en poudre*
*5 cuillères à soupe d'eau froide*
*100 g de roquefort*
*200 g de fromage blanc, allégé ou non*
*3 cuillères à soupe de crème fraîche*
*Poivre blanc ou de Cayenne*
*Raisins rouge et blanc épépinés, et feuilles de menthe, pour garnir*

1 ▲ Pelez le concombre et coupez-le en 4 dans la longueur. Enlevez les pépins, et découpez en bandes de 2,5 cm de large.

2 Saupoudrez de gélatine l'eau froide versée dans un petit bol résistant à la chaleur. Laissez reposer environ 2 minutes, puis placez le bol au bain-marie dans une casserole, et chauffez en remuant de temps en temps jusqu'à ce que la gélatine soit dissoute.

3 Dans un mixer à lame en hélice, mixez le fromage et la crème pour obtenir un mélange onctueux. Ajoutez la gélatine dissoute et mixez. Ajoutez le concombre, et mixez moyennement, pour conserver une texture grenue. Assaisonnez de poivre blanc ou de Cayenne.

4 ▼ Rincez un moule de 1,5 litre à l'eau froide. Étalez délicatement le mélange à la cuillère, en tapotant pour éliminer les bulles d'air. Laissez refroidir 4 à 6 heures ou toute une nuit, jusqu'à ce que le mélange soit pris.

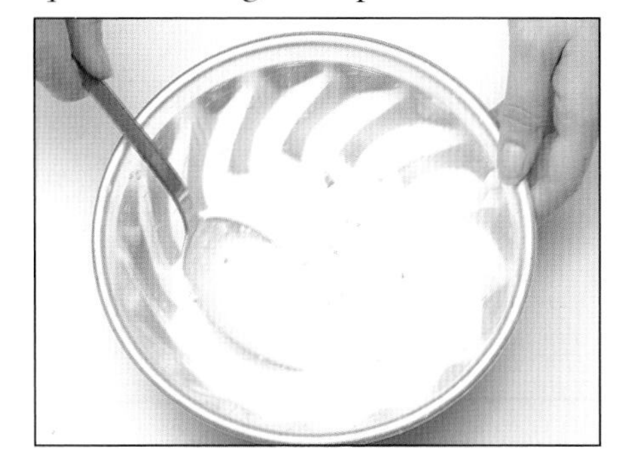

5 ▲ Pour démouler, passez un couteau autour de la mousse, plongez le moule 10 à 15 secondes dans l'eau chaude, et tapez légèrement sur le fond. Placez une grande assiette au-dessus du moule, et retournez d'un geste vif, en secouant fermement. Garnissez de raisins et de menthe.

# Le plateau de fromages

*Si tous les fromages sont à base de lait, ils ne se ressemblent pas pour autant. Composer un plateau de fromage équilibré est tout un art…*

Le général de Gaulle aurait dit : « Comment gouverner un pays qui produit plus de 300 fromages ? » Plus que tout autre pays, la France est une nation d'amateurs de fromages, et chaque région produit ses propres variétés qui se marient généralement bien avec ses vins et ses fruits.

Le choix est donc immense : pâtes fraîches et crémeuses du brillat-savarin ou du chaource, marbrures et veinures bleues du roquefort et du bleu d'Auvergne, pâtes fermes et parsemées de trous du gruyère et de l'emmenthal, qui enrichissent tant de recettes de cuisine…

Un vrai repas se conclut toujours par un plateau de fromages, accompagné parfois d'une salade ou de fruits de saison, comme des poires ou des noix. Le plateau peut d'ailleurs remplacer le dessert s'il est suffisamment attrayant. Le nombre de fromages est moins important que la perfection de leur affinage et leur complémentarité. Le pain – ou les pains – participent aussi à cette petite fête finale. La plupart des fromages s'accommodent de pains plus goûteux que le classique pain blanc.

Les fromages au lait pasteurisé sont apparus en masse depuis quelques années, surtout dans la grande distribution. S'ils ne manquent pas toujours d'intérêt, leur saveur ne se compare pas à celle du fromage « fermier », affiné en cave, riche de plusieurs siècles de tradition.

Idéalement, les fromages se conservent en cave fraîche, dans une atmosphère proche de celle qu'ils ont connue dans leur région d'origine. Malheureusement, en ville, nous sommes souvent condamnés à les enfermer au réfrigérateur ce qui ne leur convient guère. Voici quelques précautions à prendre : enveloppez chaque morceau séparément dans un film transparent, placez-les dans la partie la moins froide du réfrigérateur, ou le compartiment prévu à cet effet.

## FRUITS ET FROMAGES

- Les fromages à pâte comme le gruyère, l'emmenthal, le cantal, le comté et la mimolette sont délicieux avec presque toutes les variétés de pommes craquantes et les noix.

- Les fromages à pâte molle comme le morbier, le munster, le port salut, le gaperon, la tomme de Savoie, le reblochon peuvent se servir avec des abricots, des prunes rouges ou jaunes, des tranches de melon, et même de mangue ou de papaye.

- Les fromages bleus comme le roquefort, le bleu de Bresse ou le bleu d'Auvergne se marient bien avec la poire, mais aussi des figues fraîches ou des dattes, des figues et des abricots secs.

- Les fromages à pâte fermentée comme le brie, le camembert, le chaource, le coulommiers et le vacherin voisinent agréablement avec le raisin noir ou blanc, les mangues et les cerises.

- Les fromages très crémeux comme le brillat-savarin, le saint-andré, la belle étoile et le gratte-paille peuvent accompagner du melon, des kiwis, des papayes bien mûres, des abricots, des fraises des bois, des noix grillées. Délicieux avec un pain au noix.

- Les fromages de chèvre ou de brebis sont tantôt doux, tantôt forts, généralement en fonction de leur âge. Ils révèlent de nouvelles saveurs avec des poires, des raisins, des pêches et des figues, ou des fraises et des cassis.

Sortez-les à la température ambiante et déballez-les au moins une heure avant de servir.

Le plateau de fromages doit être équilibré, et, au minimum, permettre à tous les goûts de trouver leur bonheur. Variez les saveurs, les textures, la force, les couleurs : par exemple, un fromage crémeux comme le Neufchâtel, un fromage de chèvre cendré de Sainte-Maure de Touraine, un peu de gaperon et, de toute façon, une tranche de roquefort bien bleu.

Pour une occasion spéciale, en hiver, le vacherin est une fête à lui tout seul. Il se sert à la cuillère, une fois la croûte dégagée.

En découpant les fromages, essayez de leur conserver leur forme. Un fromage carré ou rectangulaire se coupe en éventail, à partir du centre, comme un fromage rond ou une pyramide tandis qu'un chèvre cylindrique se découpe en rondelles...

## Chèvre mariné

Voici comment réussir cette préparation qui se taille toujours un certain succès à la fin d'un bon repas. Vous pouvez utiliser des mini-chèvres.

Pour 6 à 8 Personnes

*2 ou 3 gousses d'ail, en tranches fines*
*2 petites feuilles de laurier*
*1 ou 2 brins de romarin, sans les feuilles*
*1/2 cuillère à café de thym séché*
*1 cuillère à soupe de poivre noir, blanc, rose, en grains légèrement écrasés*
*1 1/2 cuillère à café de graines de moutarde, légèrement écrasées*
*1 1/2 cuillère à café de graines de fenouil, légèrement écrasées*
*12,5 cl d'huile d'olive extra vierge*
*6 à 8 petits chèvres individuels ou 2 bûchettes de Montrachet ou autres (environ 450 g)*
*Pain grillé*

Mélangez ensemble dans un bol l'ail, les herbes, les poivres, les graines de moutarde et de fenouil et l'huile. Chauffez 5 minutes à feu moyen, puis réservez 5 à 10 minutes, pour faciliter l'infusion des parfums. Disposez les fromages sur un plat, et versez par-dessus la marinade. Servez chaud, avec du pain grillé.

# Poissons et Fruits de mer

On oublie trop souvent que la France est un grand pays de pêche. Avec l'Atlantique et la Méditerranée – le grand large et une mer presque fermée – nous avons même la chance de disposer de deux réservoirs de poissons très variés. Et c'est sans compter les innombrables fleuves, rivières, torrents, étangs et ruisseaux qui réservent aux pêcheurs et aux gastronomes des surprises aussi sportives que savoureuses, de l'omble chevalier au lavardin, en passant par les écrevisses. La saveur du poisson est souvent délicate, aussi les grands chefs préfèrent-ils le préparer simplement, sans trop le cuire, qu'il soit poché, sauté, ou grillé. La sauce ne doit jamais masquer le raffinement gustatif d'une chair souvent subtile…

# TRUITES AUX AMANDES

*Un plat succulent qui se prépare en quelques instants, de préférence dans deux poêles en même temps. La noisette peut remplacer l'amande effilée.*

POUR 2 PERSONNES

*2 truites (de 350 g environ), vidées*
*40 g de farine*
*55 g de beurre*
*30 g d'amandes effilées*
*3 cl de vin blanc sec*
*Sel et poivre noir au moulin*

1 Rincez et essuyez les truites. Versez la farine, le sel et le poivre, dans un sac plastique. Placez les truites une par une dans le sac et secouez vigoureusement pour les fariner. Tapotez-les ensuite légèrement pour éliminer tout excès de farine.

2 ▲ Faites fondre le beurre dans une grande poêle à feu moyen. Lorsqu'il mousse, jetez-y la truite et cuisez 6 à 7 minutes de chaque côté, jusqu'à ce que la peau soit dorée et la chair opaque à l'arête. Transférez les poissons sur une assiette chaude. Couvrez.

3 ▼ Ajoutez le reste du beurre dans la poêle et faites dorer les amandes. Versez le vin dans la poêle, et faites bouillir 1 minute, en remuant constamment, jusqu'à ce qu'il devienne un peu sirupeux. Nappez-en les poissons et servez.

# THON SAINT-RÉMY

*Saint-Rémy-de-Provence et sa campagne pleine de senteurs ont donné leur nom à cette recette d'été.*

POUR 4 PERSONNES

*4 steaks de thon de 2 cm d'épaisseur (200 g chacun environ)*
*3 cuillères à soupe d'huile d'olive*
*3 ou 4 gousses d'ail, finement hachées*
*4 cuillères à soupe de vin blanc sec*
*3 tomates olivettes, pelées, épépinées et hachées*
*1 cuillère à soupe d'herbes de Provence*
*Sel et poivre noir au moulin*
*Basilic frais, pour garnir*

LE CONSEIL DU CHEF

On sert souvent le thon un peu rose au centre, comme la viande. Si vous le voulez plus cuit, baissez le feu et cuisez encore quelques minutes.

1 ▼ Assaisonnez les steaks de thon. Chauffez l'huile dans une grande poêle à frire à feu vif. Quand elle est très chaude, placez-y le thon en appuyant légèrement dessus. Passez à feu moyen, et cuisez 6 à 8 minutes, en retournant une fois. Le poisson doit rester un peu rose au centre.

2 ▲ Transférez le thon dans un plat de service, que vous couvrez. Ajoutez l'ail dans la poêle et laissez-le frire 15 à 20 secondes, en remuant tout le temps. Versez le vin, et faites-le réduire de moitié. Ajoutez les tomates et les herbes et cuisez 2 à 3 minutes, jusqu'à ce que cette sauce mousse. Poivrez et versez sur les steaks. Servez garni de basilic frais.

# Filets de flétan à la sauce vierge

*La sauce vierge est une préparation crue de tomates, d'herbes aromatiques fraîches et d'huile d'olive qui se sert à la température ambiante ou tiédie.*

Pour 2 Personnes

*3 grosses tomates rondes, pelées, épépinées et concassées*
*2 échalotes (ou 1 petit oignon rouge) hachées fin*
*1 gousse d'ail écrasée*
*6 cuillères à soupe d'herbes fraîches mélangées (persil, coriandre, basilic, estragon, ciboulette, cerfeuil, etc.)*
*12,5 cl d'huile d'olive extra vierge*
*4 filets de flétan*
*Sel et poivre noir au moulin*
*Salade verte, pour servir*

1 ▼ Dans un grand bol, mélangez tomates, échalotes ou oignon, ail et herbes. Ajoutez l'huile et assaisonnez. Couvrez et laissez à la température ambiante 1 heure environ, pour que les arômes se mêlent.

2 ▲ Préchauffez le gril. Chemisez une lèchefrite de papier d'aluminium, que vous huilez au pinceau.

3 ▲ Assaisonnez le poisson. Placez les filets sur la lèchefrite, badigeonnez-les d'un peu d'huile. Passez au gril 5 à 6 minutes, jusqu'à ce que la chair devienne opaque et le dessus un peu doré.

4 ▲ Versez la sauce dans une casserole et réchauffez très doucement. Servez-la avec le poisson et un peu de salade verte.

# Escalopes de saumon au poivre vert

*Découverte de la nouvelle cuisine, le poivre vert ajoute son piquant délicat à d'innombrables sauces. Il fait désormais partie de tous les fonds de maison.*

Pour 4 Personnes

*15 g de beurre*
*2 ou 3 échalotes, hachées fin*
*1 cuillère à soupe de cognac (facultatif)*
*6 cl de vin blanc sec*
*10 cl de fond de volaille*
*12,5 cl de crème fraîche épaisse*
*2 à 3 cuillères à soupe de poivre vert, rincé*
*2 cuillères à soupe d'huile de tournesol*
*4 escalopes de saumon (de 200 g chacun)*
*Sel et poivre noir au moulin*
*Persil frais, pour garnir*

1 ▲ Faites fondre le beurre à feu moyen dans une casserole à fond épais. Ajoutez l'échalote, cuisez 1 à 2 minutes pour qu'elle s'amollisse.

2 ▲ Ajoutez éventuellement le cognac, le vin blanc, le fond de volaille. Portez à ébullition pour réduire à 1/4, en remuant.

3 ▲ Baissez le feu, ajoutez la crème et la moitié du poivre vert après l'avoir légèrement écrasé à la cuillère. Cuisez très doucement 4 à 5 minutes, jusqu'à ce que la sauce épaississe un peu. Passez au tamis, en écrasant, et ajoutez le reste du poivre vert. Conservez la sauce au chaud à feu très doux, en remuant de temps en temps.

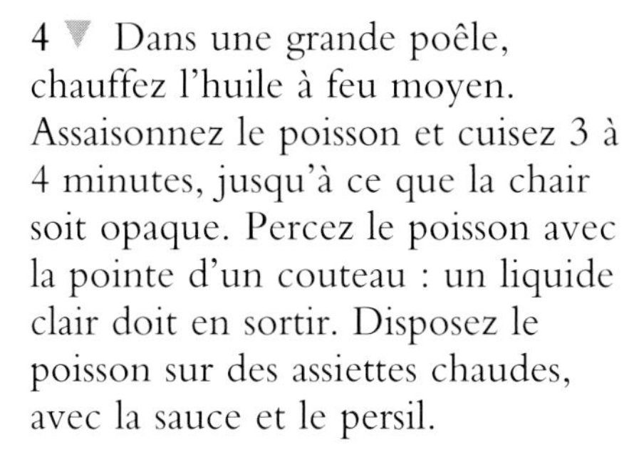

4 ▼ Dans une grande poêle, chauffez l'huile à feu moyen. Assaisonnez le poisson et cuisez 3 à 4 minutes, jusqu'à ce que la chair soit opaque. Percez le poisson avec la pointe d'un couteau : un liquide clair doit en sortir. Disposez le poisson sur des assiettes chaudes, avec la sauce et le persil.

# Rouget grillé aux herbes

*Une grande recette d'été à préparer au barbecue avec des herbes ou des branches de fenouil séchées.*

**Pour 4 Personnes**

*Huile d'olive*
*4 rougets (de 225 g chacun), vidés, écaillés*
*Herbes fraîches en brins : persil, aneth, basilic, thym*
*3 cuillères à soupe de pastis*

1 Environ 1 heure avant la cuisson, allumez votre barbecue de charbon de bois. Les braises doivent être grises, sans flamme. Badigeonnez généreusement d'huile d'olive un gril double.

2 ▲ Badigeonnez les poissons à l'huile d'olive, et farcissez-les avec les herbes. Placez-les sur le gril. Jetez les herbes restantes sur le feu, et grillez le poisson 15 à 20 minutes, en le retournant une fois.

3 ▼ Placez le poisson sur un plat de service chaud. Versez le pastis dans une petite casserole, chauffez un peu, et flambez avec une allumette longue. Versez également sur les poissons, et servez immédiatement.

# Saumon à l'oseille

*Dans cette recette classique, la légère acidité de l'oseille équilibre la riche saveur du saumon. L'oseille peut aussi être remplacée par du cresson.*

**Pour 2 Personnes**

*2 darnes de saumon (250 g chacun)*
*1 cuillère à soupe d'huile d'olive*
*15 g de beurre*
*2 échalotes, hachées fin*
*3 cuillères à soupe de crème fraîche épaisse*
*100 g de feuilles d'oseille, lavées et essuyées*
*Sel et poivre noir au moulin*
*Sauge fraîche, pour garnir*

**Le Conseil du Chef**

Le saumon peut se cuire 4 à 5 minutes au four à micro-ondes, dans un récipient fermé, ou selon la méthode fournie avec le four.

1 Assaisonnez les darnes de saumon. Huilez une poêle antiadhésive.

2 ▲ Dans une petite casserole, faites fondre le beurre à feu moyen et faites revenir les échalotes, en remuant fréquemment, jusqu'à ce qu'elles commencent à fondre. Ajoutez la crème et l'oseille et cuisez en remuant constamment, jusqu'à ce que l'oseille fonde.

3 ▲ Pendant ce temps, faites bien chauffer la poêle à feu moyen. Ajoutez le saumon, cuisez 5 minutes environ, en retournant une fois, jusqu'à ce que la chair soit opaque à l'arête. Piquez de la pointe d'un couteau : le jus s'échappant doit être clair. Disposez les darnes sur 2 assiettes chaudes. Garnissez de sauge et servez avec la sauce à l'oseille.

# BAR RÔTI AUX AGRUMES

*Le bar est aussi appelé loup de mer, en Méditerranée. Le jeu des saveurs de l'huile d'olive et des agrumes fait ressortir l'arôme de cette chair délicate.*

POUR 6 PERSONNES

*1 petit pamplemousse*
*1 orange*
*1 citron*
*1 bar (environ 1,4 kg), vidé et écaillé*
*6 brins de basilic frais*
*6 brins d'aneth frais*
*Farine*
*3 cuillères à soupe d'huile d'olive*
*4 à 6 échalotes, pelées et coupées en 2*
*4 cuillères à soupe de vin blanc sec*
*15 g de beurre*
*Sel et poivre noir au moulin*
*Aneth frais, pour servir*

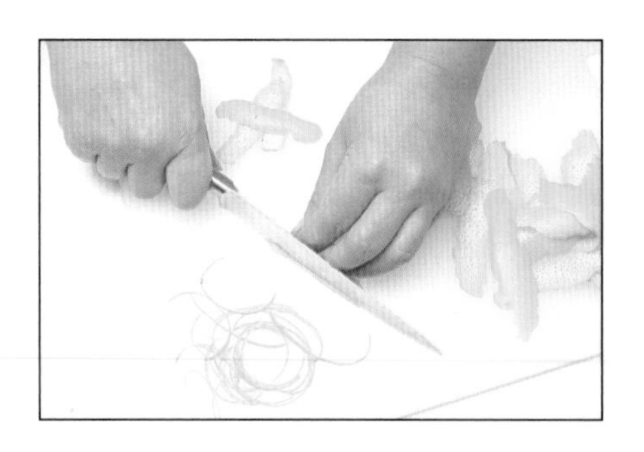

1 ▲ Avec un couteau à agrumes, prélevez le zeste des fruits. Détaillez-les en fine julienne, couvrez et réservez. Pelez la peau blanche des fruits, au-dessus d'un bol pour récupérer les jus, et dégagez les quartiers de leur peau. Réservez. Coupez le citron en rondelles épaisses.

2 Préchauffez le four à 190 °C (th 5). Essuyez l'intérieur du poisson avant de l'assaisonner. Fendez trois fois le corps du poisson des deux côtés. Remplissez le corps du poisson de basilic (réservez-en pour la garniture), de la moitié de la julienne d'agrumes et des rondelles de citron.

3 ▲ Saupoudrez légèrement le poisson de farine. Dans une cocotte ovale, chauffez 2 cuillères à soupe d'huile d'olive à feu moyen, et cuisez le poisson 1 minute environ, pour qu'il commence à dorer d'un côté. Ajoutez les échalotes.

4 Placez le poisson au four dans la cocotte, et laissez cuire 15 minutes. Retournez-le, tournez les échalotes et laissez cuire 10 à 15 minutes de plus, jusqu'à ce que la chair soit complètement opaque.

5 Délicatement, glissez le poisson sur un plat de service, et retirez la farce de fruits et d'herbes. Otez l'huile excédente, ajoutez le vin, 3 cuillères à soupe du jus des fruits dans la cocotte. Portez à ébullition, à feu vif, en remuant. Ajoutez le reste des zestes et faites bouillir 2 à 3 minutes de plus, puis ajoutez le beurre. Répartissez les échalotes et la sauce autour du poisson, garnissez d'aneth, de basilic et de quartiers d'orange et de pamplemousse.

# Lotte à la provençale

*La chair ferme et riche très estimée de ce poisson de mer permet de somptueuses recettes.*

Pour 4 Personnes

*750 g de lotte, dépiautée*
*Farine*
*4 cuillères à soupe d'huile d'olive*
*12,5 cl de vin blanc sec ou de fumet de poisson*
*3 tomates, pelées, épépinées et concassées*
*1/2 cuillère à café de thym déshydraté*
*16 olives noires (de Nice de préférence) dénoyautées*
*2 cuillères à soupe de câpres, rincées, égouttées*
*1 cuillère à soupe de basilic haché*
*Sel et poivre noir au moulin*

1 ▲ Au couteau pointu, éliminez toute trace de membranes rosâtres. En tenant le couteau à 45 °, coupez la chair en tronçons.

2 ▲ Assaisonnez ces tranches, et saupoudrez-les de farine, sans excès.

3 ▲ Chauffez une grande poêle à fond épais à feu vif. Quand elle est très chaude, versez 3 cuillerées d'huile d'olive, et tournez. Jetez-y les tranches de lotte, et passez à feu moyen. Cuisez 1 à 2 minutes de chaque côté, en ajoutant un peu d'huile, si nécessaire. La chair doit être opaque, légèrement dorée. Transférez dans un plat et gardez au chaud.

4 ▲ Ajoutez dans la poêle le vin ou le fumet de poisson, et laissez bouillir 1 à 2 minutes, en remuant constamment. Ajoutez les tomates et le thym, laissez cuire 2 minutes, puis complétez avec les olives, les câpres, le basilic. Chauffez le tout 1 minute. Disposez la lotte sur 4 assiettes chaudes, recouvrez de la sauce, et servez immédiatement.

# Sole meunière

*Simplissime, cette recette respecte parfaitement la finesse de la saveur d'une sole bien fraîche.*

Pour 2 Personnes

*2 filets de sole de 180 g chacun*
*12,5 cl de lait*
*55 g de farine*
*1 cuillère à soupe d'huile à friture, un peu plus si nécessaire*
*15 g de beurre*
*1 cuillère à soupe de persil frais haché*
*Sel et poivre noir au moulin*
*Citron en quartiers, pour servir*

1 ▼ Rincez les filets et essuyez-les avec du papier absorbant.

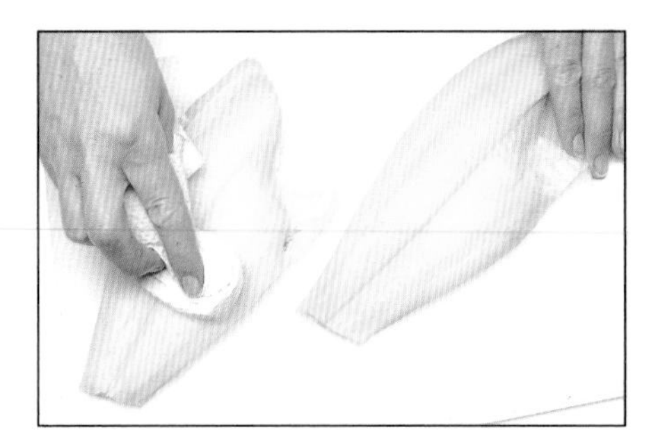

2 ▲ Versez le lait dans un plat creux de même taille que les filets. Versez la farine dans un autre plat identique, assaisonnez de sel et poivre.

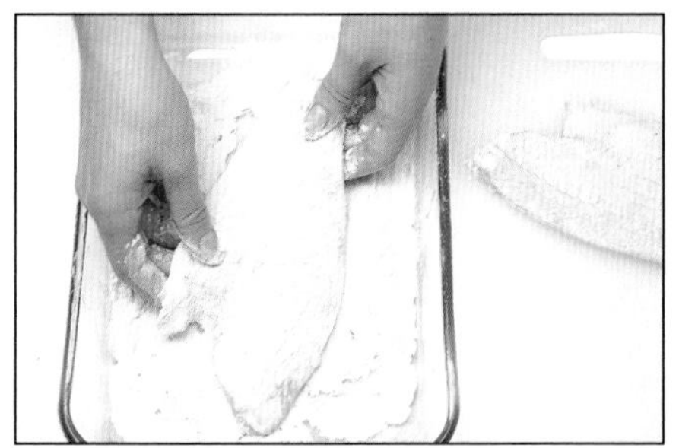

3 ▲ Chauffez l'huile dans une grande poêle à frire, à feu moyen. Ajoutez le beurre. Plongez un filet dans le lait, puis dans la farine, en le retournant. Secouez pour éliminer tout excès.

4 ▲ Déposez les filets farinés à plat dans la poêle (ne la surchargez pas, procédez en plusieurs fois si nécessaire). Laissez frire doucement 3 à 4 minutes jusqu'à ce qu'ils dorent, en les tournant une fois. Saupoudrez de persil frais et servez accompagné de citron.

# Goujonettes de sole

*Des goujonettes découpées dans des filets de sole… et voilà l'ancêtre des* fish fingers *! Mais tellement plus savoureux !*

Pour 4 Personnes

*275 g de filets de sole, sans peau*
*2 œufs*
*120 g de chapelure*
*85 g de farine*
*Sel et poivre noir au moulin*
*Huile à friture*
*Sauce tartare et citron, pour servir*

1 ▲ Découpez les filets en 2 puis en tranches en biais de 2 cm de large environ.

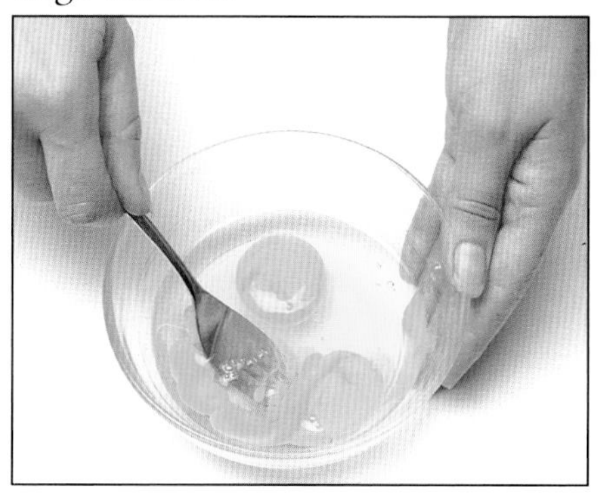

2 ▲ Cassez les œufs dans un bol, et battez énergiquement à la cuillère. Placez la chapelure dans un autre bol. Versez la farine dans un sac plastique, avec le sel et le poivre.

3 ▼ Plongez les goujonettes dans l'œuf, en les agitant. Déposez-les sur une assiette, puis placez-les dans le sac de farine par 2 ou 3 à la fois. Replongez-les dans l'œuf, puis dans la chapelure, en les retournant pour bien les enrober. Disposez-les sur un plateau, sans qu'ils se touchent. Laissez reposer 10 minutes.

4 ▲ Chauffez 1 cm d'huile dans une grande poêle à feu moyen. Lorsque l'huile est chaude, faites frire les goujonettes par 4 ou 5, 2 minutes environ. Ne surchargez pas la poêle. Égouttez sur du papier absorbant, et tenez au chaud. Servez avec de la sauce tartare et du citron.

# Marmite dieppoise

*Port normand renommé pour sa pêche, Dieppe se devait de donner son nom à une recette associant aussi bien poisson, moules et crème fraîche.*

Pour 6 Personnes

*85 g de beurre*
*8 échalotes, hachées fin*
*30 cl de vin blanc sec*
*1 litre de moules, grattées, ébarbées*
*225 g de champignons, coupés en 4*
*25 cl de fumet de poisson*
*12 filets de soles, de 100 à 150 g chacun*
*2 cuillères à soupe de farine*
*4 cuillères à soupe de crème fraîche*
*250 g de crevettes cuites et décortiquées*
*Sel et poivre blanc*
*Brins de persil, pour garnir*

1 ▲ Dans une grande cocotte, faites fondre 1 cuillère à soupe de beurre à feu moyen. Ajoutez la moitié des échalotes et cuisez 2 minutes environ, en remuant fréquemment. Ajoutez le vin blanc et portez à ébullition, jetez-y les moules, et couvrez bien. Cuisez 4 à 5 minutes à feu vif, en remuant et secouant la cocotte de temps en temps, jusqu'à ce que les coquilles s'ouvrent. Éliminez les moules restées fermées.

2 ▲ Transférez les moules dans un saladier. Passez le liquide de cuisson à travers un chinois fin, et réservez. Lorsqu'elles peuvent être manipulées, sortez les moules de leur coquille et réservez, à couvert. Gardez-en quelques unes en coquille, pour servir.

3 ▲ Faites fondre la moitié du beurre restant dans une grande poêle à feu moyen. Ajoutez le reste d'échalote et cuisez 2 minutes en remuant fréquemment. Ajoutez les champignons, le fumet de poisson et faites mijoter. Assaisonnez les filets. Roulez ou repliez-les et laissez-les glisser dans la poêle. Couvrez et pochez pendant 5 à 7 minutes, jusqu'à ce que leur chair devienne opaque. Transférez dans un plat de service chaud, et couvrez. Montez le feu sous la poêle et réduisez le liquide.

4 ▲ Faites fondre le reste du beurre dans une petite casserole à feu moyen. Ajoutez la farine et cuisez 1 à 2 minutes en remuant constamment, sans que le mélange ne brunisse. Peu à peu, incorporez le liquide de cuisson des moules, et le jus de cuisson des poissons, en remuant toujours.

5 ▲ Baissez le feu à doux, cuisez la sauce 5 à 7 minutes, en remuant souvent. Incorporez la crème fraîche, et remuez jusqu'à ce que le mélange soit homogène. Rectifiez l'assaisonnement, ajoutez les crevettes et les moules. Cuisez doucement 2 à 3 minutes, puis nappez les soles de cette sauce. Décorez de persil et servez.

# FILETS DE TURBOT EN PAPILLOTE

*La cuisson en papillote est idéale pour la préparation de nombreux poissons dont elle préserve la saveur. Chacun a aussi le plaisir de découvrir ce que vous lui avez réservé. A servir avec une sauce hollandaise.*

POUR 4 PERSONNES

*2 carottes, en julienne*
*2 courgettes, en julienne*
*2 poireaux, en julienne*
*1 fenouil, en julienne*
*2 tomates, pelées, épépinées, coupées en dés*
*2 cuillères à soupe d'aneth frais, d'estragon ou de cerfeuil*
*4 filets de turbot de 200 g chacun, coupés en 2*
*4 cuillères à soupe d'huile d'olive*
*4 cuillères à soupe de vin blanc, ou de fumet de poisson*
*Sel et poivre noir au moulin*

1 ▼ Préchauffez le four à 190 °C (th 5). Découpez 4 morceaux de papier sulfurisé de 45 cm de long. Repliez-les en 2 et découpez-les en forme de demi-cœur.

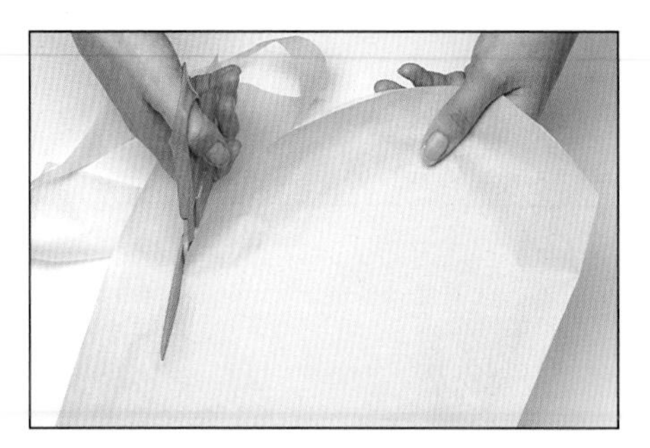

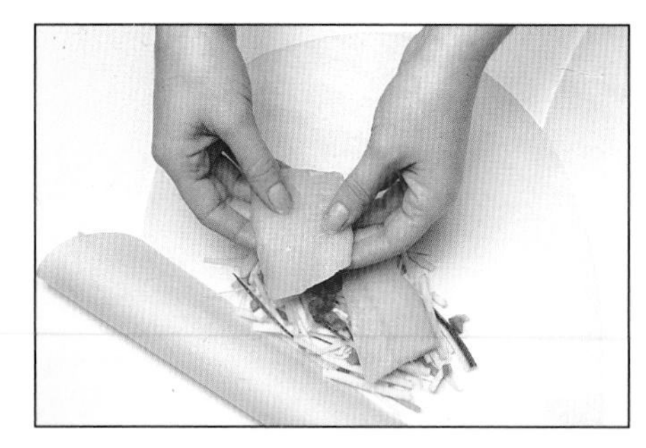

2 ▲ Ouvrez ces cœurs de papier. Disposez un quart de votre mélange de juliennes le long du pli. Saupoudrez de sel et poivre et de la moitié des herbes hachées. Disposez 2 morceaux de turbot tête-bêche sur chaque lit de légumes. Repartissez également les herbes restantes, l'huile d'olive, le vin ou le fumet de poisson.

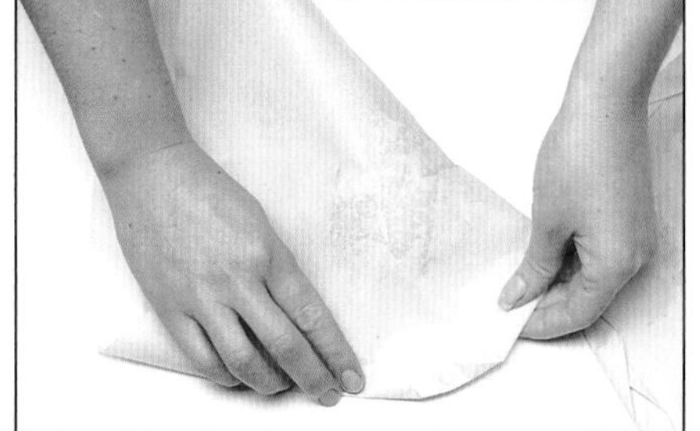

3 ▲ Repliez le dessus du cœur sur le poisson, et, en commençant par la partie arrondie, roulez ensemble les 2 extrémités du papier, en les pliant et les tordant pour obtenir une fermeture hermétique. Répétez l'opération avec les 3 autres cœurs.

4 Transférez les papillotes sur 1 ou 2 plaques à pâtisserie, et cuisez-les environ 10 minutes, ou jusqu'à ce que le papier brunisse légèrement et gonfle. Déposez chaque papillote sur une assiette chaude et servez immédiatement.

# Morue aux lentilles et aux poireaux

*Ce plat inhabituel, découvert chez un traiteur parisien, est parfait pour recevoir. Les légumes peuvent se préparer à l'avance, et le plat se cuire pendant que vous servez l'entrée.*

Pour 4 Personnes

*150 g de lentilles vertes*
*1 feuille de laurier*
*1 gousse d'ail, hachée fin*
*Le zeste râpé d'une orange*
*Le zeste râpé d'un citron*
*Une pincée de cumin en poudre*
*15 g de beurre*
*450 g de poireaux, en fines rondelles*
*25 cl de crème fraîche*
*1 cuillère à soupe de jus de citron*
*750 g de morue, sans peau, ou de haddock*
*Sel et poivre noir au moulin*

1 Rincez les lentilles et versez-les dans une grande casserole avec la feuille de laurier et l'ail. Couvrez d'eau (5 cm au-dessus des lentilles). Portez à ébullition, et laissez bouillir doucement 10 minutes, baissez la température et faites mijoter 15 à 30 minutes jusqu'à ce que les lentilles soient juste tendres.

2 ▲ Rincez les lentilles et jetez le laurier. Incorporez la moitié du zeste d'orange, tout le zeste de citron et assaisonnez avec le sel, le poivre et le cumin. Transférez dans un plat à gratin. Préchauffez le four à 190 °C (th 5-6).

3 ▼ Faites fondre le beurre dans une casserole moyenne à feu moyen, puis ajoutez les poireaux. Laissez cuire en remuant jusqu'à ce qu'ils commencent à fondre. Versez 25 cl de crème, le reste du zeste d'orange et cuisez doucement 15 à 20 minutes, jusqu'à cuisson complète des poireaux et épaississement de la crème. Ajoutez le jus de citron et assaisonnez.

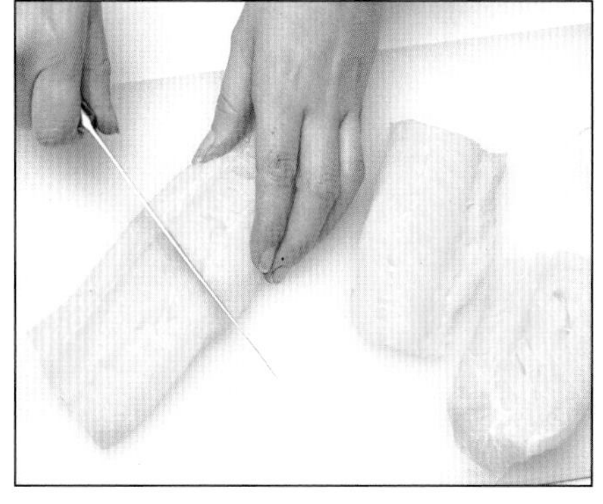

4 ▲ Découpez le poisson en 4 morceaux, puis, du bout des doigts, repérez et enlevez les petites arêtes. Assaisonnez, et déposez les filets sur les lentilles, en pressant légèrement. Couvrez chaque morceau de poisson du quart du mélange de lentilles et de la crème restante. Cuisez environ 30 minutes : le poisson doit être bien cuit, et le dessus légèrement doré.

# Poisson à la mode du Suquet

*Ce plat familial viendrait des pêcheurs du port méditerranéen du Suquet, qui avaient l'habitude de cuire leur poisson dans le four encore chaud de leur boulanger.*

Pour 4 Personnes

*3 pommes de terre moyennes*
*2 oignons, en rondelles*
*4 cuillères à soupe d'huile d'olive*
*2 gousses d'ail, hachées très fin*
*675 g de turbot ou de bar, sans peau*
*1 feuille de laurier*
*1 brin de thym*
*3 tomates pelées, en rondelles fines*
*2 cuillères à soupe de jus d'orange*
*6 cl de vin blanc sec*
*1/2 cuillère à café de filaments de safran, dans 4 cuillères à soupe d'eau bouillante*
*Sel et poivre noir au moulin*

1 ▼ Cuisez 15 minutes les pommes de terre dans de l'eau bouillante salée. Égouttez. Lorsqu'elles sont refroidies, pelez et détaillez en rondelles fines.

2 ▲ Pendant ce temps, dans une poêle, faites revenir 10 minutes les oignons dans l'huile à feu doux, en remuant souvent. Ajoutez l'ail et continuez à cuire quelques minutes, jusqu'à ce que les oignons soient tendres et dorés.

3 Préchauffez le four à 190 °C (th 5-6). Tapissez d'une couche de pommes de terre le fond d'un plat à gratin. Couvrez de la moitié des oignons. Assaisonnez.

4 ▲ Disposez les filets de poisson par-dessus, et glissez les herbes entre eux. Recouvrez des tranches de tomates et du reste d'oignons et de pommes de terre.

5 Versez sur le tout le jus d'orange, le vin et le safran liquide. Assaisonnez et arrosez avec un peu d'huile d'olive. Cuisez 30 minutes à découvert, jusqu'à ce que les pommes de terre soient tendres.

# Filets de poisson au beurre blanc

*Cette sauce au beurre est faite pour accompagner les poissons pochés ou cuits à la vapeur. Elle peut se préparer un peu à l'avance et se conserver dans un Thermos.*

Pour 4 Personnes

*750 g de filets de sole, bar, perche, etc.*
*Sel et poivre blanc*

*Pour le beurre blanc*
*2 échalotes, hachées fin*
*6 cuillères à soupe de vinaigre de vin blanc*
*1 cuillère à soupe de crème épaisse*
*175 g de beurre, coupé en 12 morceaux*
*1 cuillère à soupe d'estragon frais ou de ciboulette*
*Brins d'estragon, pour garnir*

1 ▲ Pour la sauce, placez l'échalote et le vinaigre dans une petite casserole et faites bouillir à feu vif, jusqu'à ce que le liquide soit presque évaporé, puis incorporez la crème.

2 ▲ Passez au feu moyen et ajoutez le beurre, morceau par morceau, en fouettant constamment et en attendant qu'un morceau soit fondu pour ajouter l'autre.

3 ▲ Assaisonnez de poivre et de sel, et ajoutez l'estragon ou la ciboulette. Pour une sauce très moelleuse, passez au chinois avant d'ajouter les herbes. Couvrez et réservez au chaud.

4 ▼ Portez à ébullition un peu d'eau au fond d'une casserole pour cuire à la vapeur. Assaisonnez les filets, cuisez-les à la vapeur 3 à 5 minutes, jusqu'à ce que la chair soit opaque. La durée dépend de l'épaisseur du poisson. Servez avec la sauce, garni d'estragon frais.

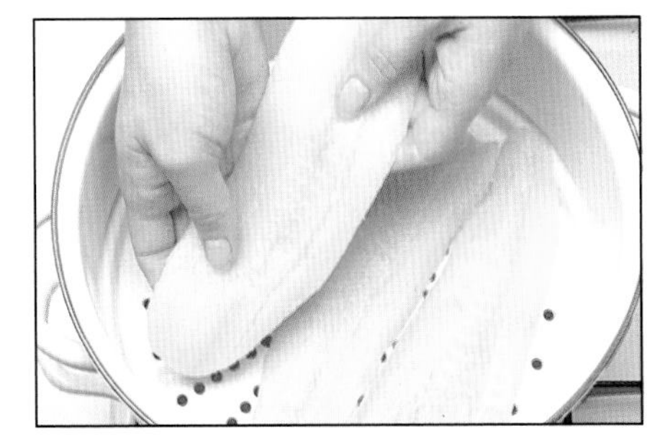

# TERRINE DE POISSONS

*Cette terrine pleine de couleurs fait toujours son effet : elle est très appréciée en entrée ou dans un buffet.*

POUR 6 PERSONNES

*450 g de filets de poisson blanc, sans peau*
*250 g de saumon fumé, en tranches fines*
*2 blanc d'œufs froids*
*1/4 de cuillère à café de sel et de poivre*
*1 pincée de noix de muscade râpée*
*25 cl de crème épaisse*
*55 g de petites feuilles d'épinards*
*Mayonnaise au citron*

1 Détaillez les filets en morceaux de 2,5 cm de côté, en éliminant les arêtes. Répartissez les morceaux de poisson sur une assiette, couvrez d'un film transparent. Placez au congélateur 15 minutes environ.

2 ▲ Graissez légèrement une terrine de 1,25 litre, dont vous chemisez le fond de papier sulfurisé. Chemisez le fond et les parois avec les tranches fines de saumon, en les superposant un peu. Préchauffez le four à 180 °C (th 5).

3 Sortez le poisson du congélateur, passez-le au mixer pour obtenir un purée onctueuse, en raclant les parois du bol 2 ou 3 fois en cours d'opération.

4 Ajoutez les blancs d'œufs, un à un, puis le sel, le poivre et la muscade. Tout en mixant, versez la crème par la cheminée, et arrêtez dès que le mélange est homogène (si vous insistez, la crème épaissit trop).

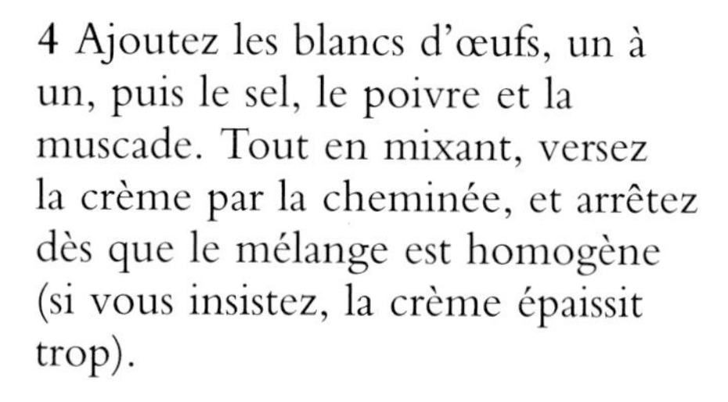

5 Transférez dans un grand saladier. Placez les épinards dans le mixer et faites-en une purée. Ajoutez 1/3 du poisson et mélangez, en grattant les parois 1 ou 2 fois.

6 ▲ Étalez bien également la moitié du mélange de poisson au fond du moule. Recouvrez d'une couche du mélange d'épinards, puis du reste du poisson. Déposez par-dessus les tranches de saumon restantes pour bien « fermer » la terrine. Tapez celle-ci sur une planche pour éliminer les bulles d'air puis recouvrez la terrine d'une double feuille d'aluminium.

7 Mettez la terrine dans un plat et versez assez d'eau bouillante pour recouvrir à moitié les bords de la terrine. Cuisez environ 1 heure, jusqu'à ce que la pointe d'un couteau piquée au centre ressorte sèche. Laissez refroidir, enveloppez d'aluminium et réfrigérez une nuit.

8 Pour servir, renversez le moule sur une planche, et découpez en tranches. Vous pouvez l'accompagner d'une mayonnaise au citron.

# Moules marinière

*Voici la meilleure façon de préparer les savoureuses petites moules de bouchot. A consommer avec du vin blanc sec, du cidre, comme en Normandie, ou de la bière, comme dans le Nord.*

Pour 4 Personnes

*2 litres de moules*
*30 cl de vin blanc sec*
*4 à 6 grosses échalotes, hachées fin*
*1 bouquet garni*
*Poivre noir au moulin*

1 ▲ Jetez les moules cassées et celles dont la coquille ne se referme pas lorsque vous pressez dessus. Grattez-les sous un filet d'eau froide, avec un couteau pour enlever les adhérences et les coquillages parasites, arrachez les barbes. Rincez plusieurs fois à l'eau claire ; laissez tremper 1 heure.

2 ▲ Dans une grande cocotte, mélangez le vin, l'échalote, le bouquet garni, et beaucoup de poivre. Portez à ébullition à feu moyen, cuisez 2 minutes.

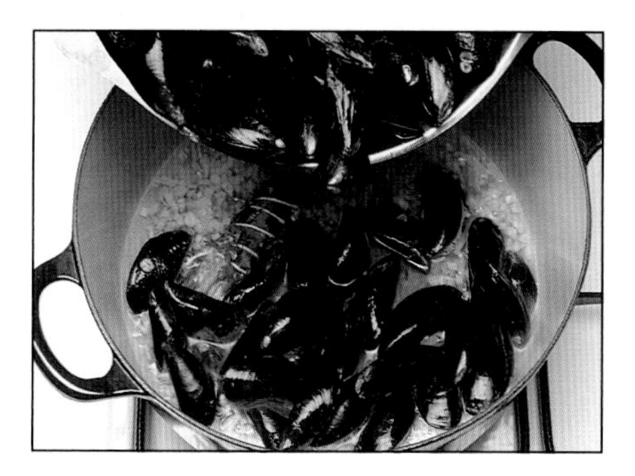

3 ▲ Ajoutez les moules, et cuisez 5 minutes à couvert, jusqu'à ce que toutes les moules soient ouvertes, en remuant la cocotte de temps en temps.

4 A l'écumoire, répartissez les moules sur des assiettes à soupe chaudes. Secouez la cocotte légèrement. Attendez quelques secondes que tout le sable se dépose au fond.

5 Délicatement, à la cuillère, versez sur les moules le liquide de cuisson. Servez immédiatement.

VARIANTE

Pour des moules à la crème, procédez comme ci-dessus, mais transférez les moules dans un plat creux que vous couvrez et gardez au chaud. Passez le liquide de cuisson dans un chinois fin, puis faites-le bouillir 7 à 10 minutes à la poêle, pour le réduire de moitié. Mélangez-y 6 cuillères à soupe de crème, du persil haché, ajoutez les moules, et cuisez 1 minute, juste pour réchauffer.

# Bouillabaisse

*Chaque village de pêcheur possède la « vraie » recette de la bouillabaisse. Celle-ci devrait mettre à peu près tout le monde d'accord.*

**Pour 8 Personnes**

*2,5 kg de poisson blanc à chair épaisse, bar, rascasse, lotte, etc.*
*3 cuillères à soupe d'huile d'olive extra vierge*
*Le zeste râpé d'une orange*
*1 gousse d'ail, hachée très fin*
*2 cuillères à soupe de pastis*
*1 petit fenouil, haché fin*
*1 gros oignon, haché fin*
*225 g de pommes de terre nouvelles, en rondelles*
*900 g de grosses crevettes roses, décortiquées*
*Croûtons aillés*

Pour le bouillon
*1 à 1,3 kg de têtes et arêtes de poisson*
*2 cuillères à soupe d'huile d'olive*
*2 poireaux, en rondelles*
*1 oignon, en rondelles*
*1 poivron rouge, vidé et en rondelles*
*650 g de tomates, épépinées et en quartiers*
*4 gousses d'ail, en lamelles*
*1 bouquet garni*
*Le zeste d'une orange, prélevé à l'économe*
*2 ou 3 pincées de safran*

Pour la rouille
*30 g de mie de pain*
*1 ou 2 gousses d'ail, hachées très fin*
*1/2 poivron rouge, passé au four*
*1 cuillère à soupe de concentré de tomate*
*12,5 cl d'huile d'olive extra vierge*

**Le Conseil du Chef**

Demandez à votre poissonnier de vous donner les têtes, les arêtes et les restes des poissons blancs que vous avez acheté. Évitez les poissons gras comme le maquereau. La rouille peut se préparer au cours de la journée, pendant que le poisson marine.

1 ▲ Détaillez les filets de poisson en petits morceaux, ébarbez et gardez les déchets pour le bouillon. Placez dans un saladier avec 2 cuillères à soupe d'huile d'olive, le zeste d'orange, l'ail et le pastis. Remuez, couvrez et réfrigérez.

2 ▲ Pour le bouillon, rincez les têtes et les arêtes de poisson à l'eau courante froide. Chauffez l'huile d'olive dans une cocotte. Ajoutez les poireaux, l'oignon et le poivre et cuisez 5 minutes à feu moyen, en remuant de temps en temps. Ajoutez les têtes, les arêtes et déchets de poisson, les têtes et carapaces de crevettes, puis les tomates, l'ail, le bouquet garni, le zeste d'orange, le safran et couvrez d'eau (2,5 cm au-dessus des ingrédients).

3 Portez à ébullition, en écumant la mousse de surface, baissez la température et laissez mijoter 30 minutes à couvert, en écumant toujours la mousse. Passez le bouillon au chinois.

4 ▲ Pour la rouille, humectez avec de l'eau la mie de pain, puis pressez-la. Placez-la dans un mixer avec l'ail, le poivron passé au four, le concentré de tomates et faites-en un mélange onctueux. En laissant tourner l'hélice, versez lentement l'huile par la cheminée, et raclez les côtés du bol 1 ou 2 fois.

5 ▲ Chauffez le reste de l'huile d'olive dans une grande cocotte à feu moyen. Cuisez le fenouil et l'oignon 5 minutes environ, puis ajoutez le bouillon. Portez à ébullition, ajoutez les pommes de terre et cuisez 5 à 7 minutes. Passez à feu moyen, et ajoutez le poisson : commencez par les morceaux les plus épais, puis les plus fins, 2 à 3 minutes plus tard. Ajoutez les crevettes et laissez mijoter doucement jusqu'à ce que poissons et crustacés soient cuits.

6 Transférez poissons, crevettes et pommes de terre dans une soupière chaude. Assaisonnez et versez la soupe par-dessus. Servez avec des croûtons tartinés de rouille.

# COQUILLES SAINT-JACQUES MEUNIÈRE

*Les coquilles Saint-Jacques s'accommodent de sauces, mais cette préparation reste la meilleure.*

POUR 2 PERSONNES

*450 g de coquilles Saint-Jacques*
*30 g de beurre*
*2 cuillères à soupe de vermouth blanc*
*1 cuillère à soupe de persil haché*
*Sel et poivre noir au moulin*

1 Rincez les coquilles Saint-Jacques à l'eau froide courante, pour éliminer tout sable ou impuretés, et séchez-les sur du papier absorbant. Assaisonnez légèrement de sel et de poivre.

2 ▼ Dans une poêle à frire assez grande, chauffez la moitié du beurre jusqu'à ce qu'il se colore légèrement. Faites revenir les coquilles 3 à 5 minutes en les retournant, jusqu'à ce qu'elles dorent des deux côtés et soient fermes au toucher. Réservez au chaud.

3 ▲ Versez le vermouth dans la poêle, ajoutez le reste de beurre, le persil, tournez, et versez sur les coquilles. Servez immédiatement.

# FRUITS DE MER À LA PROVENÇALE

*Une autre façon, plus méridionale, de préparer les coquilles Saint-Jacques, accompagnées de grosses crevettes roses.*

POUR 2 À 4 PERSONNES

*6 grosses coquilles Saint-Jacques*
*6 à 8 grosses crevettes décortiquées*
*Farine*
*3 cuillères à soupe d'huile d'olive*
*1 gousse d'ail, hachée fin*
*1 cuillère à soupe de basilic ciselé*
*3 cuillères à soupe de jus de citron*
*Sel et poivre noir au moulin*

### VARIANTE

Pour une sauce plus riche, transférez les crustacés cuits sur un assiette chaude. Versez dans la poêle 4 cuillères à soupe de vin blanc sec et réduisez de moitié par ébullition. Ajoutez 1 cuillère à soupe de beurre, et tournez jusqu'à ce que la sauce épaississe. Nappez-en les coquilles et les crevettes.

1 ▼ Rincez les coquilles à l'eau courante froide pour éliminer sable et impuretés. Séchez-les sur du papier absorbant et coupez-les en 2. Assaisonnez les coquilles et les crevettes et saupoudrez-les légèrement de farine, sans excès.

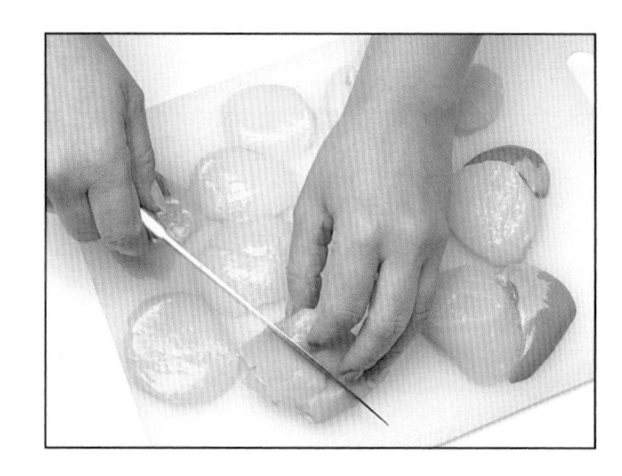

2 Chauffez l'huile dans une grande poêle à feu vif et ajoutez coquilles et crevettes.

3 ▲ Passez à feu moyen et cuisez 1 minute. Retournez les coquilles et les crevettes, ajoutez l'ail et le persil, en secouant la poêle pour bien les répartir. Cuisez 2 minutes de plus jusqu'à ce que les fruits de mer soient dorés et fermes au toucher. Arrosez de jus de citron, mélangez et servez.

# Coquilles Saint-Jacques gratinées

*Un plat souvent proposé dans les restaurants, aussi bien comme entrée que comme plat principal.*

**Pour 2 à 4 Personnes**

*25 cl de vin blanc sec*
*12,5 cl d'eau*
*2 échalotes, hachées fin*
*1 feuille de laurier*
*450 g de coquilles Saint-Jacques, rincées*
*40 g de beurre*
*40 g de farine*
*10 cl de crème fraîche épaisse*
*Noix de muscade râpée*
*175 g de champignons, en fines lamelles*
*4 cuillères à soupe de chapelure*
*Sel et poivre noir au moulin*

1 ▼ Mélangez le vin, l'eau, l'échalote et le laurier dans une casserole moyenne. Portez à ébullition, passez à feu doux, et laissez mijoter 10 minutes. Ajoutez les Saint-Jacques, couvrez et laissez mijoter 3 à 4 minutes jusqu'à ce qu'elles deviennent opaques.

2 Prélevez les Saint-Jacques à l'écumoire, et faites réduire de moitié le liquide de cuisson. Filtrez.

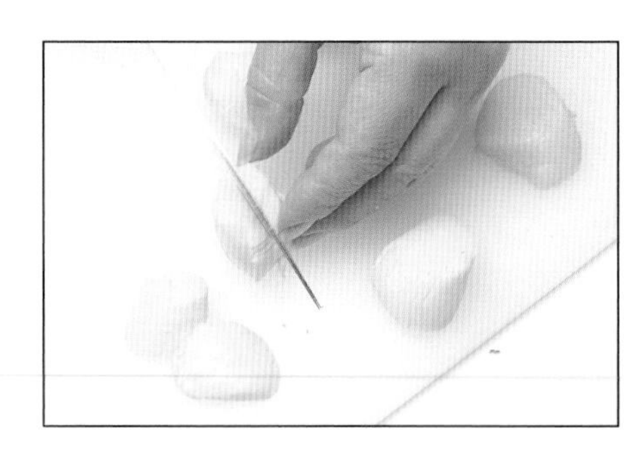

3 ▲ Éliminez délicatement le muscle latéral des coquilles. Tranchez en 2 les Saint-Jacques.

4 ▲ Faites fondre 30 g de beurre dans une casserole à feu vif. Incorporez la farine et cuisez 2 minutes en tournant. Ajoutez le jus de cuisson, en fouettant vigoureusement jusqu'à ce que la sauce devienne onctueuse, versez la crème en fouettant, et assaisonnez de poivre, sel et muscade. Passez à feu doux et laissez mijoter 10 minutes en remuant souvent.

5 Faites fondre le beurre restant dans une poêle à feu vif. Ajoutez les champignons, et cuisez 5 minutes en remuant souvent, jusqu'à ce qu'ils dorent. Versez les champignons dans la sauce.

6 Préchauffez le gril. Ajoutez les Saint-Jacques à la sauce, rectifiez l'assaisonnement. Remplissez à la cuillère 4 plats à gratin individuels, recouvrez de chapelure. Passez au gril.

# Brochettes de crevettes à l'indienne

*La sauce de cette recette, finement relevée de curry, de coriandre et de cumin, peut aussi accompagner un poulet, un gibier, du veau ou du porc.*

Pour 4 Personnes

*16 grosses crevettes, décortiquées*
*Le zeste et le jus d'une orange*
*Le jus d'un citron ou citron vert*
*2 cuillères à soupe d'huile d'olive*
*1 gousse d'ail, écrasée*
*1 cuillère à soupe de sauce au piment ou de curry en poudre, à votre goût*
*1/2 cuillère à café de coriandre*
*1/2 cuillère à café de cumin en poudre*

*Pour la sauce au curry*
*1 cuillère à soupe d'huile d'olive*
*2 échalotes hachées fin*
*1 ou 2 gousses d'ail, écrasées*
*1 cuillère à café de curry*
*1/4 de cuillère à café de coriandre*
*1/4 de cuillère à café de cumin*
*4 cuillères à soupe de fumet de poisson*
*22,5 cl de crème épaisse*
*1 cuillère à soupe de coriandre ou de menthe fraîche*

1 ▲ Placez les crevettes dans un saladier avec le zeste et le jus d'orange, le jus de citron, l'huile, l'ail, la sauce au piment ou le curry, la coriandre et le cumin. Mélangez, couvrez bien et laissez mariner 30 minutes.

2 Pour la sauce, chauffez l'huile dans une poêle à feu moyen. Ajoutez l'échalote et cuisez 1 à 2 minutes, en remuant, jusqu'à ce qu'elle s'amollisse. Ajoutez l'ail et le curry, la coriandre et le cumin. Cuisez 2 minutes en remuant.

3 ▲ Ajoutez le fumet de poisson et portez à ébullition. Réduisez de moitié, ajoutez la crème et laissez mijoter 8 à 10 minutes pour faire épaissir. Incorporez la coriandre fraîche ou la menthe. Passez à feu doux, et remuez de temps en temps.

4 ▼ Préchauffez le gril et garnissez une grille de papier d'aluminium. Humidifiez 4 brochettes de bois. Enfilez sur chacune 4 crevettes, déposez sur la grille et passez au gril 3 à 4 minutes en retournant une fois. Nappez d'un peu de sauce 4 assiettes. Déposez les brochettes. Servez.

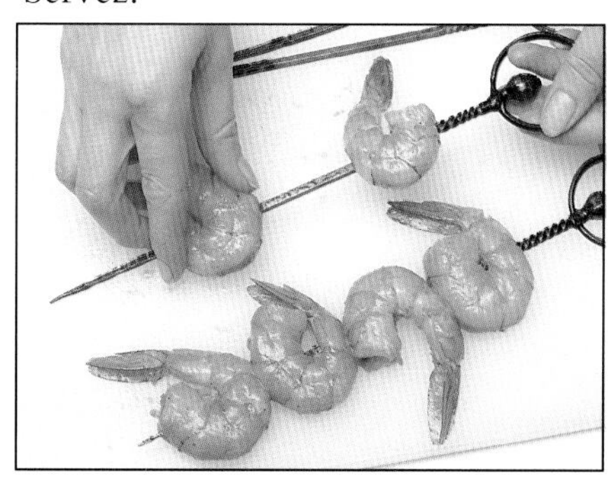

# Feuilletés de fruits de mer

*Cette entrée raffinée demande un peu d'attention qui sera largement récompensée par le résultat.*

Pour 6 Personnes

*350 g de pâte feuilletée*
*1 œuf battu avec 1 cuillerée d'eau, pour le glaçage*
*6 cl de vin blanc sec*
*2 échalotes hachées fin*
*0,5 litre de moules, grattées, ébarbées*
*15 g de beurre*
*450 g de coquilles Saint-Jacques, coupées en 2*
*450 g de crevettes crues, décortiquées*
*175 g de homard cuit, en tranches*

*Pour la sauce*
*225 g de beurre, en dés*
*2 échalotes hachées fin*
*25 cl de fumet de poisson*
*9 cl de vin blanc sec*
*2 cuillères à soupe de crème fraîche*
*Jus de citron*
*Sel et poivre blanc*
*Brins d'aneth, pour garnir*

1 ▼ Graissez légèrement une plaque à pâtisserie, que vous aspergez d'un peu d'eau. Sur une planche farinée, étalez la pâte en un rectangle de 5 à 6 mm d'épaisseur. Au couteau pointu, découpez 6 morceaux en losanges de 12,5 cm de long. Transférez sur la plaque. Badigeonnez à l'œuf. De la pointe du couteau, incisez une ligne à 1,2 cm du bord de chaque losange, puis une croix au centre.

2 Placez 30 minutes la pâte au réfrigérateur. Préchauffez le four à 220 °C (th 7). Cuisez environ 20 minutes, jusqu'à ce qu'elle soit gonflée et dorée. Transférez sur une grille, et pendant que la pâte est encore chaude, découpez le losange intérieur en passant un couteau sur la ligne marquée en 1. Vous avez ainsi un fond et un couvercle. Enlevez les parties non cuites du fond. Laissez refroidir.

3 Dans une grande casserole, portez le vin et l'échalote à ébullition à feu vif. Ajoutez les moules et faites revenir 4 à 6 minutes à couvert, jusqu'à ce que les coquilles s'ouvrent, en remuant de temps en temps. Réservez-en 6 pour la garniture ; détachez les autres de leur coquille, et mettez à couvert dans un bol. Passez le liquide de cuisson au chinois, et réservez.

4 ▲ Dans une poêle, faites fondre le beurre à feu moyen. Ajoutez les Saint-Jacques, les crevettes, couvrez bien, et cuisez 3 à 4 minutes, en remuant de temps en temps, jusqu'à ce qu'elles soient fermes au toucher. Ne laissez pas trop cuire.

5 A l'écumoire, transférez les fruits de mer dans le bol des moules, et ajoutez les jus de cuisson.

6 ▲ Pour la sauce, faites fondre 30 g de beurre dans une casserole à fond épais. Ajoutez les échalotes et cuisez 2 minutes. Versez le fumet de poisson, et faites bouillir 15 minutes environ à feu vif pour réduire des 2/3. Ajoutez le vin blanc, le liquide de cuisson des moules, et faites réduire de moitié par ébullition. Passez à feu moyen, et incorporez petit à petit le beurre restant, pour obtenir une sauce épaisse et onctueuse (ôtez la casserole du feu pour éviter l'ébullition). Incorporez la crème et salez, si nécessaire ; ajoutez le poivre et le jus de citron. Conservez au chaud à feu très doux, en remuant souvent.

7 Réchauffez 10 minutes la pâte déjà cuite à four doux. Placez moules, Saint-Jacques et crevettes dans une grande casserole. Incorporez 1/4 de la sauce, et réchauffez doucement à feu doux. Ajoutez le homard, et laissez cuire 1 minute de plus.

8 Disposez les fonds de pâte feuilletée sur les assiettes. Répartissez les fruits de mer et posez les couvercles par-dessus. Garnissez d'une moule, de brins d'aneth et de la sauce restante, que vous pouvez aussi servir en saucière.

# Fruits de mer à la nage

*Une ou deux moules et une crevette non décortiquée font presque le spectacle de cette entrée raffinée.*

## Pour 4 Personnes

*0,7 litre de moules, grattées, ébarbées*
*1 petit fenouil, en lamelles*
*1 oignon en fines rondelles*
*1 poireau, en fines rondelles*
*1 petite carotte, en julienne*
*1 gousse d'ail*
*1 litre d'eau*
*1 pincée de poudre de curry*
*1 pincée de safran*
*1 feuille de laurier*
*450 g de grosses crevettes, décortiquées*
*175 g de homard cuit, en tranches (facultatif)*
*2 cuillères à soupe de cerfeuil ou persil frais*
*Sel et poivre noir au moulin*

1 ▼ Placez les moules dans une grande cocotte, et cuisez, bien couvert, à feu vif pendant 4 à 6 minutes, jusqu'à ce qu'elles s'ouvrent, en remuant de temps en temps. Quand elles sont un peu refroidies, jetez celles restées fermées, et détachez les autres de leur coquille. Filtrez le liquide de cuisson dans un chinois et réservez.

2 ▲ Placez le fenouil, l'oignon, le poireau, la carotte et l'ail dans une casserole ; ajoutez l'eau, le liquide de cuisson des moules, les épices et le laurier. Portez à ébullition, en éliminant la mousse de surface, puis baissez la température et laissez mijoter doucement 20 minutes à couvert, jusqu'à ce que les légumes soient tendres. Enlevez l'ail.

3 ▲ Ajoutez les crevettes, les Saint-Jacques et le homard, puis, au bout de 1 minute, les moules. Laissez mijoter 3 minutes doucement, jusqu'à ce que les Saint-Jacques soient opaques et les autres fruits de mer réchauffés. Réglez l'assaisonnement, versez dans des assiettes creuses chaudes, saupoudrez d'herbes fraîches.

### Le Conseil du Chef

Vous pouvez préparer les moules et les légumes à l'avance, et finir la préparation juste avant de servir.

# HOMARD THERMIDOR

*Thermidor était le nom du 11e mois du calendrier révolutionnaire, correspondant à peu près à notre mois d'août actuel. Mais cette délicieuse préparation se sert aussi en hiver.*

POUR 2 À 4 PERSONNES

*2 homards (environ 675 g chacun)*
*20 g de beurre*
*2 cuillères à soupe de farine*
*2 cuillères à soupe de cognac*
*12 cl de lait*
*9 cl de crème épaisse*
*1 cuillère à soupe de moutarde*
*Jus de citron*
*Sel et poivre blanc*
*Parmesan râpé*
*Persil et aneth pour garnir*

1 ▲ Faites bouillir une grande casserole d'eau salée. Jetez-y les homards, tête la première, et laissez cuire 8 à 10 minutes.

2 ▲ Coupez vos homards en 2 dans le sens de la longueur. Éliminez la partie noire derrière les yeux, puis l'intestin à partir de la queue. Prélevez la chair du coffre, en conservant le corail et le foie. Rincez et séchez les carapaces. Coupez la chair en petits morceaux.

3 ▲ Faites fondre le beurre dans une casserole à feu moyen. Incorporez la farine, et cuisez en remuant, pour obtenir un mélange un peu doré. Versez le cognac, le lait, fouettez vigoureusement, puis ajoutez, toujours en fouettant la crème et la moutarde.

4 Écrasez le corail et le foie dans un tamis au-dessus de la sauce, fouettez pour mélanger. Baissez le feu et laissez mijoter 10 minutes. Assaisonnez de sel, si nécessaire, de poivre et de jus de citron.

5 Préchauffez le gril. Déposez les carapaces dans un plat à gratin.

6 Mélangez la sauce et la chair des homards, et répartissez la préparation dans les carapaces. Saupoudrez d'un peu de parmesan et passez au gril. Servez garni d'herbes fraîches.

# Volailles et Gibier

Les volailles se préparent d'innombrables façons. Encore faut-il bien les choisir au départ. Le poulet de batterie, acceptable pour une salade ou un sandwich révélera vite la pauvreté de sa saveur dans une recette un peu élaborée. En matière de volaille aussi, le prix fait la différence. Par ailleurs le choix est vaste : poules, poulets, coqs, pintades, canards, dindes, dindonneaux, oies, sont autant de façons de varier ses menus. A la saison de chasse, le gibier vient enrichir la table du dimanche de tous les fumets épicés de la vie sauvage : sanglier, lièvre, faisan, cerf, biche qui se marient tout naturellement aux champignons des bois, aux baies de toutes sortes, aux sauces au vin ou au sang. Et il n'est pas vraiment difficile à préparer…

# POULET RÔTI

*Si vous pouvez aussi l'acheter rôti à la broche chez votre volailler, voici la meilleure façon de le préparer chez soi.*

POUR 4 PERSONNES

*1 poulet de 1,3 kg*
*1 citron, coupé en 2*
*1 petit bouquet de thym*
*1 feuille de laurier*
*15 g de beurre*
*6 cuillères à soupe de fond de volaille*
*Sel et poivre noir au moulin*

LE CONSEIL DU CHEF

Conservez la carcasse pour faire un bon bouillon. Gardez-la au congélateur. Lorsque vous en aurez plusieurs, faites-les mijoter dans de l'eau avec un bouquet garni.

1 Préchauffez le four à 200 °C (th 6). Assaisonnez l'intérieur et l'extérieur du poulet.

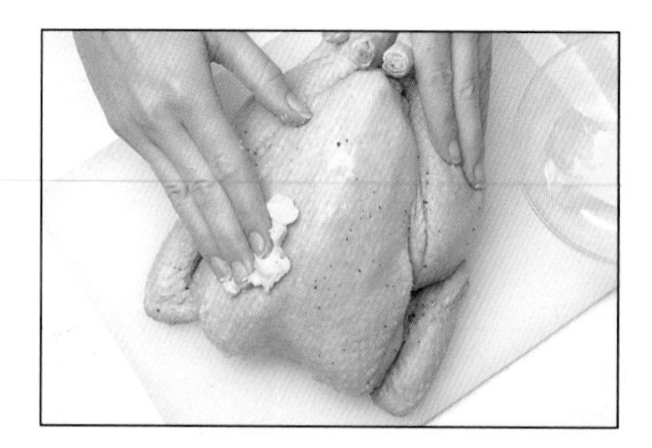

2 ▲ Pressez un 1/2 citron et placez le jus et le citron pressé dans la carcasse, avec du thym et le laurier. Attachez ensemble les pattes avec de la ficelle, et frottez la peau avec du beurre.

3 ▲ Placez le poulet sur une grille dans un plat à rôtir. Pressez par-dessus l'autre 1/2 citron. Faites-le rôtir pendant 1 heure, en l'arrosant de son jus 2 ou 3 fois, jusqu'à ce qu'un liquide clair sorte de la cuisse piquée au couteau.

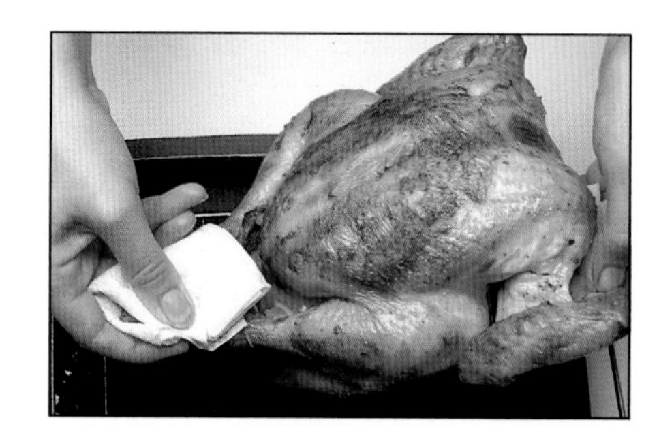

4 ▲ Versez le jus de cuisson contenu dans la carcasse dans le plat à four, et mettez le poulet sur une planche. Recouvrez d'aluminium et laissez reposer 10 à 15 minutes avant de découper.

5 ▲ Éliminez le gras du jus de cuisson. Ajoutez le fond de volaille et faites bouillir à feu moyen, en remuant et grattant le fond à la cuillère en bois. Faites légèrement réduire, filtrez, et servez chaud.

# COQUELETS GRILLÉS AU CITRON

*Cette recette s'applique à de nombreuses petites volailles, y compris les pigeons, les perdrix et les canetons. Pour les cailles, diminuez le temps de cuisson, et répartissez le beurre citronné sur (et non sous) la peau très fragile.*

POUR 4 PERSONNES

*2 coquelets (environ 700 g chacun)*
*55 g de beurre*
*2 cuillères à soupe d'huile d'olive*
*2 gousses d'ail écrasées*
*1/2 cuillère à soupe de thym déshydraté*
*1 pincée de poivre de Cayenne*
*Zeste et jus d'un citron non traité*
*Zeste et jus d'un citron vert*
*2 cuillères à soupe de miel*
*Sel et poivre noir au moulin*
*Salade de tomate*
*Aneth frais, pour servir*

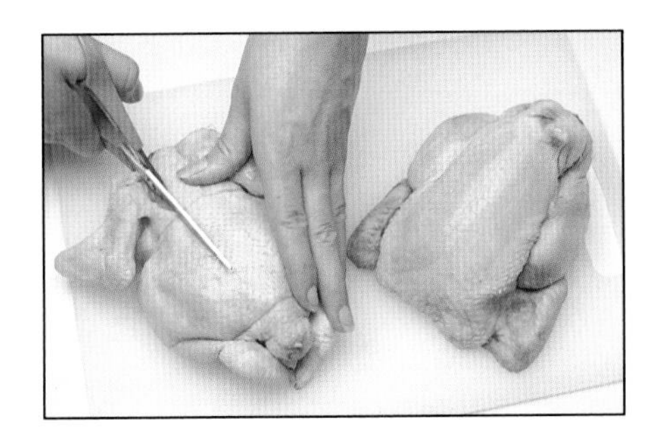

1 ▲ Avec des ciseaux de cuisine, coupez les coquelets en 2 dans le sens de la longueur. Aplatissez-les au rouleau à pâtisserie.

2 ▲ Battez le beurre dans un petit bol, puis incorporez la moitié de l'huile, l'ail, le thym, le poivre de Cayenne, le sel, le poivre, la moitié des zestes et 1 cuillère à soupe du jus de chaque citron.

3 ▼ Avec les doigts, détachez délicatement la peau de la chair des blancs. Au couteau à bout arrondi ou à la petite spatule, glissez le beurre citronné entre la chair et la peau.

LE CONSEIL DU CHEF

Servez 1 coquelet par personne s'ils sont petits (450 g). Augmentez si nécessaire la quantité de beurre.

4 ▲ Préchauffez le gril et chemisez une lèchefrite de papier d'aluminium. Dans un petit bol, mélangez le reste de l'huile d'olive, le jus de citron et de citron vert. Placez les moitiés de coquelet, peau vers le haut, sur le fond et badigeonnez-les de ce mélange.

5 Laissez sous le gril 10 à 12 minutes, en arrosant de jus 1 ou 2 fois. Retournez et grillez 7 à 10 minutes jusqu'à ce qu'un liquide clair sorte d'une cuisse percée de la pointe du couteau.

# FRICASSÉE DE POULET

*Le terme de fricassée s'applique aux préparations dans lesquelles la volaille ou la viande sont d'abord enduites de graisse, puis braisées. Vous pouvez ajouter un peu de crème au dernier moment.*

POUR 4 À 6 PERSONNES

*1 poulet de 1,3 kg, en morceaux*
*55 g de beurre*
*2 cuillères à soupe d'huile*
*30 g de farine*
*25 cl de vin blanc sec*
*75 cl de fond de volaille*
*1 bouquet garni*
*1 grosse pincée de poivre blanc*
*225 g de champignons de Paris*
*1 cuillère à soupe de jus de citron*
*1 vingtaine de petits oignons, pelés*
*12,5 cl d'eau*
*1 cuillère à soupe de sucre*
*6 cuillères à soupe de crème épaisse*
*Sel*
*2 cuillères à soupe de persil frais haché*

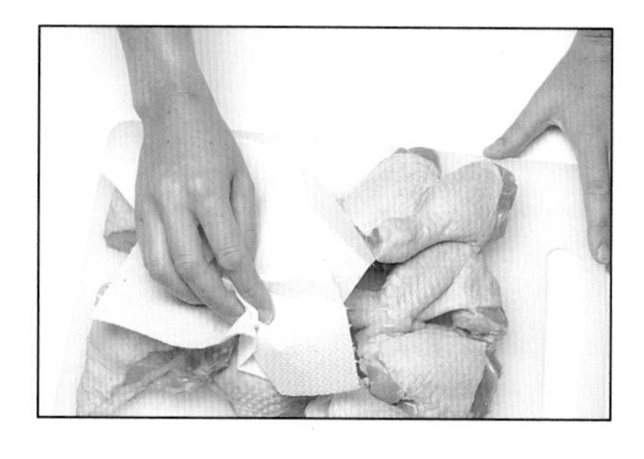

1 ▲ Lavez les morceaux de poulet, et essuyez-les avec du papier absorbant. Faites fondre l'huile et la moitié du beurre dans une grande cocotte à feu moyen. Ajoutez la moitié du poulet, couvrez et cuisez 10 minutes, en tournant de temps en temps. Transférez sur une assiette, puis cuisez de même le poulet restant.

LE CONSEIL DU CHEF

Ce plat peut être préparé à l'avance et gardé au chaud dans un four, 1 heure avant de servir.

2 ▲ Replacez tous les morceaux de poulet dans la cocotte. Saupoudrez-les de farine. Faites revenir 4 minutes à feu doux, en les retournant 2 fois.

3 ▲ Versez le vin, portez à ébullition et ajoutez le fond de volaille. Poussez la viande sur le côté, et grattez le fond de la cocotte, en remuant pour bien mélanger.

4 ▲ Portez le liquide à ébullition, ajoutez le bouquet garni et assaisonnez. Couvrez et laissez mijoter 25 à 30 minutes à feu moyen, jusqu'à ce que le poulet soit tendre et qu'un liquide clair sorte du blanc percé de la pointe d'un couteau.

5 ▲ Pendant ce temps, dans une poêle, chauffez le reste du beurre à feu moyen. Ajoutez les champignons, et le jus de citron et cuisez 3 à 4 minutes, pour faire dorer les champignons, en remuant. Transférez-les dans un bol, ajoutez les oignons, l'eau et le sucre, en tournant pour faire dissoudre celui-ci. Réservez le tout dans un bol.

6 Lorsque le poulet est cuit, transférez les morceaux dans un plat de service que vous couvrez de papier d'aluminium. Jetez le bouquet garni. Ajoutez le liquide contenu dans le bol des légumes. Portez à ébullition et faites bouillir en remuant fréquemment, jusqu'à ce que la sauce soit réduite de moitié.

7 ▲ Incorporez au fouet la crème à la sauce, et cuisez 2 minutes. Ajoutez les champignons et les oignons et cuisez 2 minutes de plus. Réglez l'assaisonnement, versez la sauce sur le poulet, parsemez de persil, et servez.

# Poulet à l'ail

*Une recette encore meilleure avec de l'ail nouveau, c'est-à-dire en plein été.*

Pour 8 Personnes

*2 kg de poulet en morceaux*
*1 gros oignon, en rondelles*
*3 grosses têtes d'ail (environ 200 g) en gousses, pelées*
*15 cl de vin blanc sec*
*17,5 cl de fumet de volaille*
*5 brins de thym, ou 1/2 cuillère à soupe de thym séché*
*1 brin de romarin, ou une pincée de romarin en poudre*
*1 feuille de laurier*
*Sel et poivre noir au moulin*

1 Préchauffez le four à 190 °C (th 5-6). Essuyez bien les morceaux de poulet et assaisonnez-les.

2 ▼ Placez le poulet, peau vers le fond, dans une grande cocotte, à feu moyen. Tournez fréquemment et, une fois dorés, transférez les morceaux sur une assiette. Procédez en plusieurs fois, et jetez la graisse.

3 ▲ Ajoutez les oignons et l'ail, et cuisez à feu moyen et à couvert, jusqu'à ce qu'ils brunissent légèrement, en remuant souvent.

4 Ajoutez le vin, portez à ébullition et reversez le poulet dans la cocotte. Ajoutez le fond et les herbes, puis portez à ébullition. Couvrez et mettez au four. Cuisez 25 minutes, ou jusqu'à ce que la viande soit tendre et qu'un liquide clair sorte de la cuisse percée au couteau.

5 ▲ Otez le poulet de la cocotte, et filtrez le liquide de cuisson. Jetez les herbes, passez les éléments solides au mixer pour obtenir une crème. Éliminez le gras du jus de cuisson et reversez ce dernier dans la casserole. Incorporez la purée d'ail et d'oignon, replacez les morceaux de poulet dans la cocotte, et réchauffez 3 à 4 minutes à feu doux avant de servir.

# POULET SAUTÉ CHASSEUR

*Un grand classique qui se prête à de multiples variations et se réchauffe sans problème, ce qui est fort pratique pour un dîner entre amis.*

POUR 4 PERSONNES

*40 g de farine*
*1,2 kg de poulet en morceaux*
*1 cuillère à soupe d'huile d'olive*
*3 petits oignons ou grosses échalotes, en rondelles*
*175 g de champignons, coupés en 4*
*1 gousse d'ail, écrasée*
*6 cl de vin blanc sec*
*12,5 cl de fond de volaille*
*350 g de tomates pelées, épépinées, et coupées en dés, ou 250 g de tomates en conserve, en dés*
*Sel et poivre noir au moulin*
*Persil frais, pour garnir*

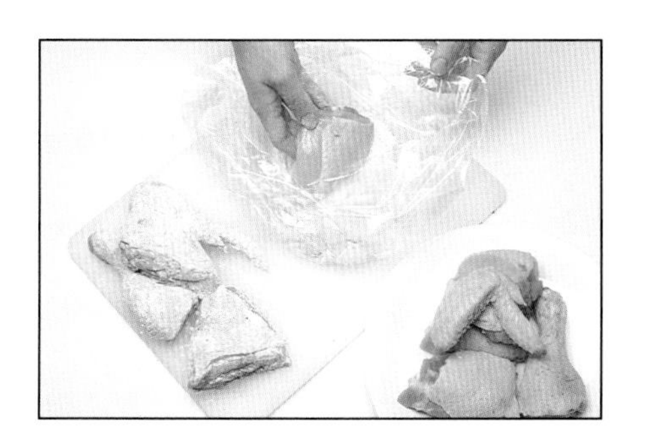

1 ▲ Versez la farine, du sel et du poivre, dans un sac plastique. Un par un, placez les morceaux de poulet dans ce sac que vous secouez énergiquement. Tapotez pour éliminer les excès de farine et réservez sur une assiette.

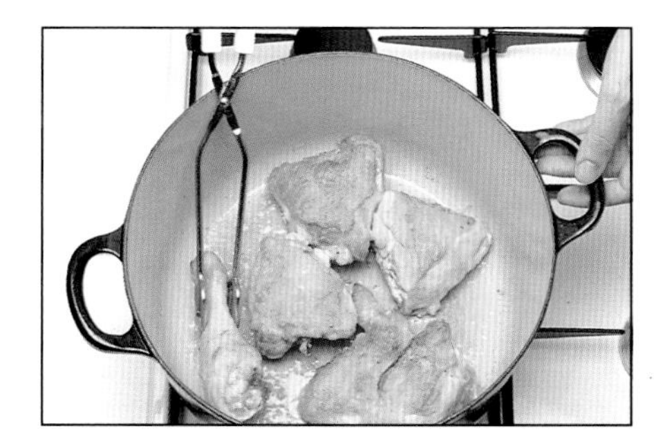

2 ▲ Chauffez l'huile dans une grosse cocotte. Faites frire le poulet à feu moyen jusqu'à ce qu'il dore, en le retournant une fois. Réservez sur une assiette au chaud.

3 ▲ Ne conservez qu'une cuillère à soupe de graisse dans la cocotte. Ajoutez oignons ou échalotes, champignons et ail. Faites dorer, en remuant fréquemment.

LE CONSEIL DU CHEF

Pour préparer à l'avance cette recette, réduisez le temps de cuisson de 5 minutes. Laissez refroidir avant de mettre au réfrigérateur. Réchauffez doucement, 15 à 20 minutes.

4 ▼ Replacez le poulet dans la cocotte avec ses jus. Ajoutez le vin, portez à ébullition, puis incorporez le fond et les tomates. Ramenez à ébullition, et laissez mijoter à feu doux 20 minutes, jusqu'à ce que la viande soit tendre, et qu'un liquide clair sorte de la cuisse piquée de la pointe d'un couteau. Secouez la cocotte, éliminez la graisse remontée à la surface. Rectifiez l'assaisonnement avant de servir.

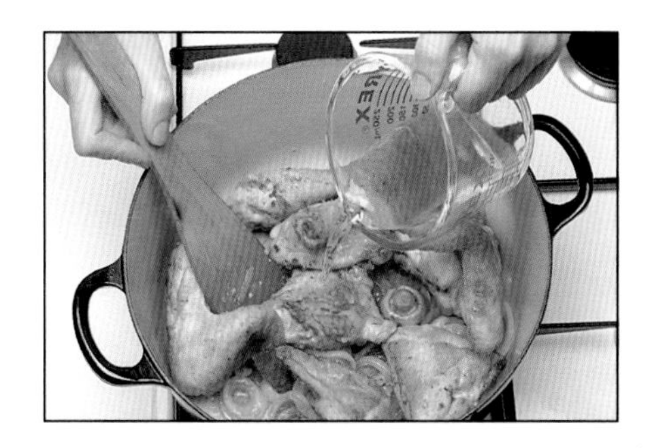

# POULET AUX CREVETTES

*Voici une adaptation d'une recette traditionnelle bourguignonne aux écrevisses, très difficiles à trouver de nos jours.*

POUR 4 PERSONNES

*1 poulet de 1,3 kg coupé en 8*
*2 cuillères à soupe d'huile*
*12 grosses crevettes ou écrevisses, avec têtes*
*1 petit oignon en rondelles*
*2 cuillères à soupe de farine*
*17,5 cl de vin blanc sec*
*3 cl de cognac*
*30 cl de fond de volaille*
*3 tomates moyennes, épépinées, coupées en 4*
*1 ou 2 gousses d'ail, hachées fin*
*1 bouquet garni*
*6 cuillères à soupe de crème*
*Sel et poivre noir au moulin*
*Persil frais, pour garnir*

1 Lavez les morceaux de poulet, puis essuyez-les avec du papier absorbant. Assaisonnez.

2 ▲ Chauffez l'huile dans une grande cocotte, et faites revenir les crevettes à feu vif, jusqu'à ce qu'elles soient très colorées. Coupez les têtes, décortiquez les carapaces, et réservez le tout. Faites refroidir les queues.

3 ▲ Mettez le poulet dans la cocotte, peau vers le fond, et cuisez 10 à 12 minutes à feu moyen, pour faire bien dorer, en retournant de temps en temps. Procédez en plusieurs fois si nécessaire. Transférez le poulet dans un plat, jetez la graisse restante, sauf 1 cuillère à soupe.

4 ▲ Dans la même cocotte, faites dorer l'oignon à feu moyen, en remuant fréquemment. Saupoudrez de farine et cuisez 2 minutes de plus, en remuant souvent. Ajoutez le vin, le cognac et portez à ébullition, en remuant constamment.

LE CONSEIL DU CHEF

Pour préparer cette recette à l'avance, allez jusqu'à l'étape 6. Réfrigérez le poulet et la sauce. Pour servir, réchauffez les 2 à feu doux, 30 minutes environ. Ajoutez les queues de crevettes, réchauffez-les, servez.

5 ▲ Ajoutez le fond de volaille, les têtes et carapaces de crevettes, les tomates, l'ail et le bouquet garni, les morceaux de poulet et tous les jus de cuisson. Portez à ébullition, puis baissez le feu au minimum. Couvrez et laissez mijoter 20 à 25 minutes jusqu'à ce que la viande soit tendre et qu'un liquide clair sorte en piquant la cuisse de la pointe d'un couteau.

6 ▲ Prélevez les morceaux de poulet, filtrez le liquide de cuisson, en pressant les carapaces et les têtes pour extraire tous le jus. Éliminez la graisse de surface, reversez la sauce dans la cocotte ; ajoutez la crème et faites bouillir pour épaissir et réduire de 1/3.

7 Replacez les morceaux de poulet dans la cocotte et laissez mijoter 5 minutes. Juste avant de servir, ajoutez les crevettes et réchauffez. Disposez sur des assiettes chaudes, versez la sauce sur chaque morceau, et garnissez de persil frais.

# Coq au vin

*Cette recette était réservée jadis au vieux coq de basse-cour. Un jeune coq fait aussi bien l'affaire, tout comme un vin blanc d'Alsace peut être utilisée à la place du vin rouge.*

Pour 4 à 6 Personnes

*1 coq de 1,6 à 1,8 kg, en morceaux*
*1 1/2 cuillère à soupe d'huile d'olive*
*225 g de petits oignons*
*15 g de beurre*
*225 g de gros champignons, coupés en 4*
*2 cuillères à soupe de farine*
*75 cl de vin rouge sec*
*25 cl de fond de volaille, ou plus pour couvrir*
*1 bouquet garni*
*Sel et poivre noir au moulin*

Le Conseil du Chef

Évitez les trop gros cèpes. Bien que leur parfum soit agréable, ils brouillent la sauce.

1 ▲ Essuyez soigneusement les morceaux de coq et assaisonnez-les. Placez-les dans une grande poêle, peau vers le fond, et faites-les revenir 10 à 12 minutes à feu moyen, jusqu'à ce qu'ils dorent. Réservez sur une assiette.

2 Pendant ce temps, chauffez l'huile dans une cocotte à feu moyen, ajoutez les oignons et faites-les dorer à couvert, en remuant fréquemment.

3 ▲ Dans une poêle à frire, faites fondre le beurre à feu moyen, et dorer les champignons, en remuant.

4 Saupoudrez les oignons de farine et cuisez 2 minutes en remuant souvent, puis ajoutez le vin et faites bouillir 1 minute en tournant. Ajoutez la viande, les champignons, le fond de volaille et le bouquet garni. Portez à ébullition, réduisez le feu à très doux et laissez mijoter 40 à 50 minutes, jusqu'à ce que le poulet soit tendre et qu'un liquide clair sorte en piquant la cuisse de la pointe du couteau. Vous pouvez aussi cuire au four préchauffé à 170 °C (th 5), pendant la même durée.

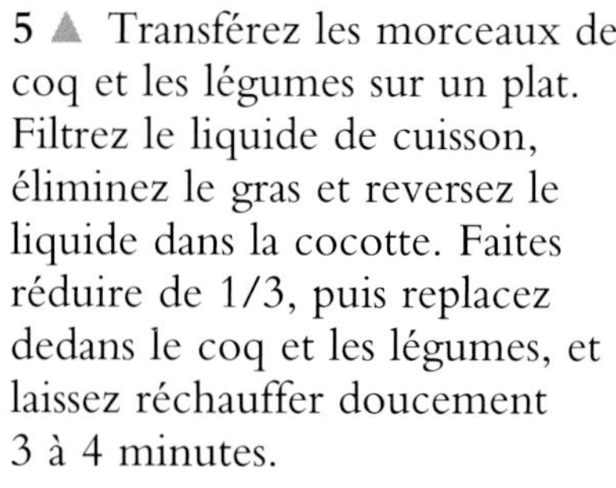

5 ▲ Transférez les morceaux de coq et les légumes sur un plat. Filtrez le liquide de cuisson, éliminez le gras et reversez le liquide dans la cocotte. Faites réduire de 1/3, puis replacez dedans le coq et les légumes, et laissez réchauffer doucement 3 à 4 minutes.

# Ballottine de volaille aux pistaches

*Cette version simplifiée d'un grand classique de traiteur peut s'accompagner d'une mayonnaise aux herbes, et fait honneur à un pique-nique ou un buffet élégant.*

Pour 10 à 12 Personnes

*900 g de chair de poulet désossé*
*1 blanc de poulet de 175 g*
*30 g de mie de pain*
*12,5 cl de crème fleurette*
*1 blanc d'œuf*
*4 petits oignons blancs, hachés fin*
*1 gousse d'ail, hachée fin*
*85 g de jambon blanc, en petits dés*
*55 g de pistaches mondées*
*3 cuillères à soupe d'estragon frais*
*1 pincée de muscade râpée*
*2 grosses pincées de sel*
*1 cuillère à café de poivre*
*Salade verte pour garnir*

1 ▲ Éliminez le gras et les tendons pour ne garder que la chair maigre, découpée en dés de 5 cm. Versez dans un mixer à lame en hélice, et réduisez en purée onctueuse, en 2 ou 3 fois (selon la capacité du bol). Ou passez la viande au hachoir fin. Éliminez les filaments éventuels.

2 Préchauffez le four à 180 °C (th 5). Détaillez le blanc de poulet en dés de 1 cm.

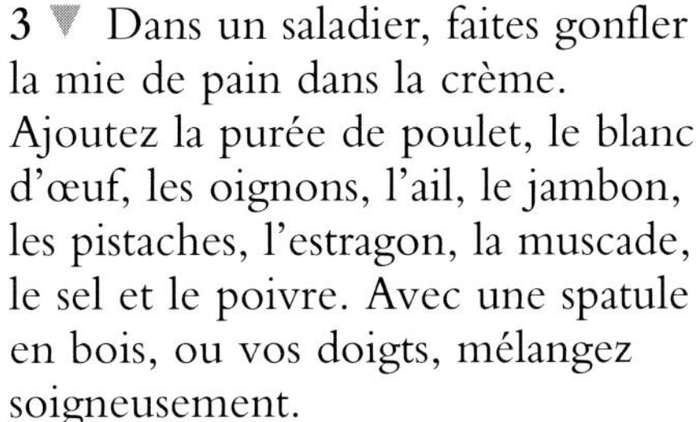

3 ▼ Dans un saladier, faites gonfler la mie de pain dans la crème. Ajoutez la purée de poulet, le blanc d'œuf, les oignons, l'ail, le jambon, les pistaches, l'estragon, la muscade, le sel et le poivre. Avec une spatule en bois, ou vos doigts, mélangez soigneusement.

**Le Conseil du Chef**

La dinde peut remplacer en partie ou totalement le poulet. Il faut prévoir un poulet de 2 kg pour 900 g de chair désossée.

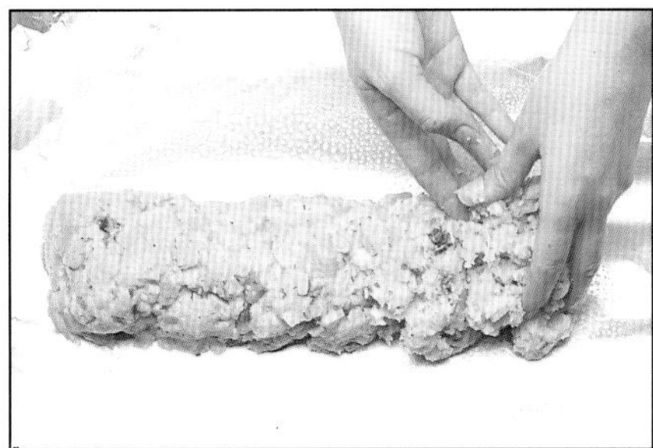

4 ▲ Étalez une feuille de papier d'aluminium de 45 cm de long sur votre plan de travail, et badigeonnez d'huile les 30 cm de la partie centrale. Roulez le mélange de poulet en forme de bûche de 30 cm de long et de 9 cm de diamètre. Enveloppez soigneusement d'aluminium, fermez les extrémités en papillote, ficelez.

5 Placez sur une plaque à pâtisserie et cuisez 1 heure 30. Laissez refroidir, puis placez au réfrigérateur pour une nuit. Servez en tranches, accompagné de salade.

# SUPRÊMES DE POULET À L'ESTRAGON

*La recette traditionnelle fait appel à un poulet entier. Ici, vous pouvez n'utiliser que les blancs, plus rapides à préparer et qui s'accordent bien à une sauce à l'estragon.*

**POUR 4 PERSONNES**

*4 blancs de poulet (de 175 g chacun)*
*12,5 cl de vin blanc sec*
*30 cl de fond de volaille*
*1 cuillère à soupe d'estragon séché*
*1 gousse d'ail écrasée*
*20 cl de crème épaisse*
*1 cuillère à soupe d'estragon frais*
*Sel et poivre noir au moulin*
*Brins d'estragon frais, pour garnir*

**LE CONSEIL DU CHEF**

L'estragon convient particulièrement bien au poulet, mais vous pouvez le remplacer par du basilic ou du persil.

1 ▼ Assaisonnez légèrement les blancs de poulet, et placez-les dans une poêle, côte à côte. Couvrez avec le vin et le fond de volaille, ajoutez l'estragon et l'ail. Faites mijoter 8 à 10 minutes, à feu moyen, jusqu'à ce qu'un liquide clair sorte en piquant la chair de la pointe du couteau.

2 ▲ A l'écumoire, transférez le poulet sur un plat, et couvrez pour le garder au chaud. Filtrez le liquide de cuisson dans une petite casserole, éliminez le gras, et faites bouillir pour réduire des 2/3.

3 Ajoutez la crème et faites bouillir pour réduire de moitié. Ajoutez l'estragon frais, assaisonnez. Détaillez les blancs en tranches. Garnissez de sauce et d'estragon.

# SUPRÊMES DE VOLAILLE VIGNERONNE

*Ici les blancs de poulets sont accommodés avec une sauce crèmeuse garnie de raisins frais.*

**POUR 4 PERSONNES**

*4 blancs de poulet (de 200 g chacun), bien parés*
*30 g de beurre*
*1 ou 2 grosses échalotes hachées*
*12,5 cl de vin blanc sec*
*25 cl de bouillon de poulet*
*12,5 cl de crème épaisse*
*150 g de raisins épépinés*
*Sel et poivre noir au moulin*
*Persil frais, pour garnir*

1 Assaisonnez les blancs. Faites fondre à la poêle la moitié du beurre à feu moyen, et laissez cuire les blancs jusqu'à ce qu'ils soient bien cuits et dorés.

2 ▲ Transférez les blancs sur une assiette que vous recouvrez. Ajoutez le reste de beurre à la poêle et faites sauter les échalotes, en remuant souvent. Ajoutez le vin, portez à ébullition, et réduisez de moitié. Ajoutez le fond de volaille, et continuez à faire bouillir pour réduire à nouveau de moitié.

3 ▼ Ajoutez la crème à la sauce, faites revenir à ébullition, et ajoutez les jus de la viande. Ajoutez les raisins, et cuisez 5 minutes à feu doux. Détaillez en tranches, et servez nappé de sauce et parsemé de persil frais.

# Escalopes de poulet aux olives

*La même recette peut se préparer avec un filet de dinde, une escalope de veau ou une côte de porc.*

## Pour 4 Personnes

*4 blancs de poulet (de 175 g chacun)*
*1 pincée de poivre de Cayenne*
*7,5 cl d'huile d'olive extra vierge*
*1 gousse d'ail, hachée fin*
*1 vingtaine d'olives noires*
*6 tomates olivettes, épépinées et concassées*
*Quelques feuilles de basilic*
*Sel*

1 ▼ Parez soigneusement chaque blanc, en éliminant les extrémités cartilagineuses.

2 Placez chaque blanc entre 2 feuilles de papier sulfurisé ou transparent, et écrasez-les au maillet ou au rouleau à pâtisserie pour obtenir une épaisseur de 1,2 cm. Assaisonnez de poivre de Cayenne.

3 Chauffez 3 à 4 cuillères d'huile d'olive dans une grande poêle à feu moyen. Ajoutez le poulet pour le faire dorer (4 à 5 minutes), en le retournant une fois. Transférez sur un plat et conservez au chaud pendant que vous préparez les tomates et les olives.

4 ▲ Essuyez la poêle et faites réchauffer. Ajoutez 2 à 3 cuillères à soupe d'huile d'olive, et faites sauter l'ail (1 minute), jusqu'à ce qu'il dore. Ajoutez les olives, cuisez 1 minute de plus, puis ajoutez les tomates. Saupoudrez de basilic ciselé, et déposez ce mélange sur les blancs à la cuillère. Servez immédiatement.

### Le Conseil du Chef

Si la peau des tomates est trop dure, incisez d'une croix le fond de chaque tomate. Plongez-les dans l'eau bouillante pendant 45 secondes. Elles s'éplucheront très facilement.

# POULET AU VINAIGRE

*Cette recette est la version simplifiée d'un des grands succès de l'un des maîtres de la cuisine française, Fernand Point, du restaurant La Pyramide, à Vienne, près de Lyon.*

POUR 4 PERSONNES

*4 blancs de poulet (de 200 g chacun)*
*55 g de beurre*
*Poivre noir au moulin*
*8 à 12 échalotes, épluchées, coupées en 2*
*6 cl de vinaigre de vin rouge*
*2 gousses d'ail, hachées fin*
*6 cl de vin blanc sec*
*12,5 cl de fond de volaille*
*1 cuillère à soupe de persil frais*
*Salade verte, pour accompagner*

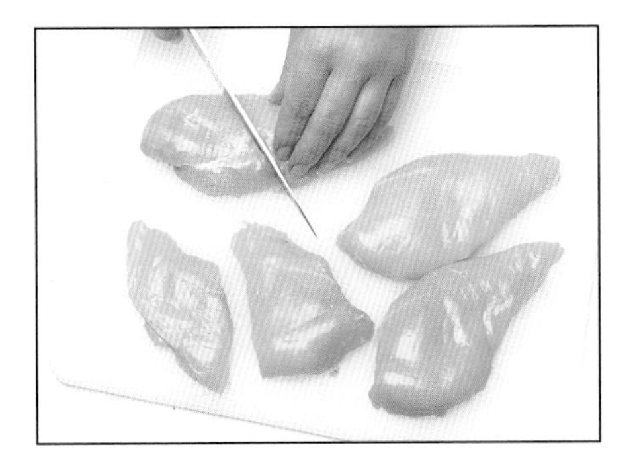

1 ▲ Coupez chaque blanc en 2, pour obtenir 8 morceaux.

2 Faites fondre le beurre dans une grande poêle à feu moyen. Ajoutez le poulet, cuisez 3 à 5 minutes pour qu'il soit bien doré, en le retournant une fois, puis poivrez.

3 ▲ Ajoutez l'échalote, couvrez, puis cuisez 5 à 7 minutes à feu doux en remuant la poêle de temps en temps.

4 ▲ Transférez les blancs sur une assiette. Versez dans la poêle le vinaigre et cuisez, en remuant fréquemment, environ 1 minute jusqu'à ce que le liquide soit presque évaporé. Ajoutez l'ail, le vin, le fond de volaille, et tournez.

5 Remettez les blancs et leur jus dans la poêle. Couvrez et laissez mijoter 2 à 3 minutes, pour que le poulet soit tendre et qu'un liquide clair sorte en le piquant de la pointe du couteau.

6 Disposez les blancs et les échalotes sur un plat de service, et couvrez au chaud. Poussez le feu, et faites réduire de moitié le liquide de cuisson.

7 Écartez la poêle du feu. Ajoutez le beurre par petits morceaux, en tournant jusqu'à ce que la sauce épaississe et devienne brillante. Jetez dedans le persil, et nappez-en les morceaux de poulet. Servez immédiatement avec une salade verte.

## VARIANTES

Vous pouvez utiliser divers vinaigres parfumés. Avec du vinaigre d'estragon, remplacez le persil par de l'estragon. Avec du vinaigre de framboise, décorez de quelques framboises.

# SUPRÊMES DE VOLAILLE FARCIS AUX MORILLES

*Les morilles sont aussi parfumées que... chères. Mais très peu suffit pour donner plus de saveur à un plat. Vous pouvez utiliser aussi bien des morilles fraîches (275 g) que déshydratées, ou des trompettes de la mort.*

POUR 4 PERSONNES

*45 g de morilles déshydratées*
*25 cl de fond de volaille*
*55 g de beurre*
*6 échalotes, hachées fin*
*100 g de champignons de Paris, en lamelles fines*
*1/4 de cuillère à café de thym séché*
*20 cl de crème épaisse*
*3 cl de cognac*
*4 blancs de poulet (de 200 g chacun)*
*1 cuillère à soupe d'huile*
*17,5 cl de champagne ou vin mousseux sec*
*Sel et poivre noir au moulin*

1 ▲ Placez les morilles dans un chinois, et rincez-les soigneusement à l'eau courante froide, pour éliminer le sable. Placez-les dans une casserole avec le bouillon et portez à ébullition à feu moyen. Otez du feu, et laissez reposer 1 heure.

2 Prélevez les morilles du liquide de cuisson que vous filtrez sur une mousseline, et réservez. Réservez aussi quelques morilles et découpez-les autres en 4 lamelles.

3 ▲ Faites fondre la moitié du beurre dans une poêle à feu moyen. Ajoutez les échalotes, cuisez 2 minutes, complétez avec les morilles et les champignons de Paris, et cuisez 2 à 3 minutes, en remuant souvent. Assaisonnez, ajoutez le thym, le cognac et 10 cl de crème. Baissez le feu et laissez mijoter doucement 10 à 12 minutes jusqu'à ce que le liquide s'évapore, en remuant parfois. Versez le mélange obtenu dans un bol.

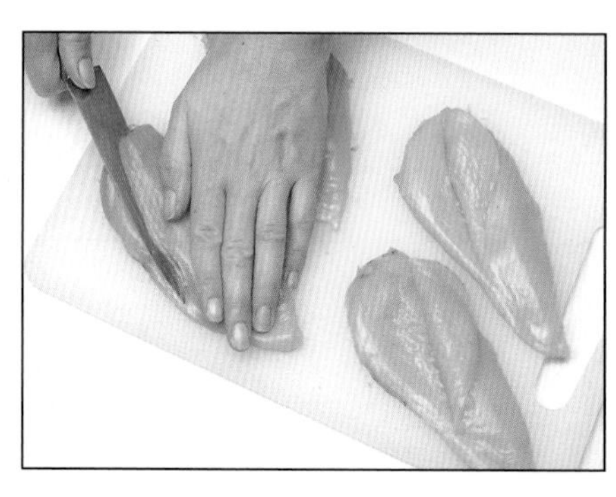

4 ▲ Parez les blancs. Découpez au couteau une « poche » dans chaque blanc, en prenant soin de ne pas traverser.

5 Avec une petite cuillère, remplissez chaque poche de 1/4 du mélange de morilles. Fermez, si nécessaire, avec un cure-dent.

6 ▲ Faites fondre le reste du beurre avec l'huile dans une poêle à feu moyen, et faites dorer les blancs d'un seul côté, 6 à 8 minutes. Transférez sur un plat. Ajoutez le champagne ou mousseux, et réduisez de moitié. Ajoutez le liquide filtré des morilles, et faites réduire de moitié.

7 ▲ Ajoutez le reste de crème et cuisez 2 à 3 minutes à feu moyen, jusqu'à ce que la sauce épaississe légèrement et nappe le dos de la cuillère. Réglez l'assaisonnement. Replacez les blancs dans la poêle avec tous les jus et les morilles mises de côté. Laissez mijoter 3 à 5 minutes à feu moyen-doux, jusqu'à ce que les blancs soient chauds et qu'un liquide clair sorte en piquant la viande de la pointe du couteau.

# ESCALOPES DE DINDE PANÉES

*Une recette rapide et pleine de goût, qui peut s'accompagner de toutes sortes de sauces.*

POUR 2 PERSONNES

*4 minces escalopes de dinde (de 100 g chacune)*
*1 gros citron*
*1/2 cuillère à café de sauge fraîche*
*7,5 cl d'huile d'olive extra vierge*
*55 g de chapelure*
*1 cuillère à soupe de câpres, rincés, égouttés*
*Sel et poivre noir au moulin*
*Feuilles de sauge et zeste de citron, pour garnir*

1 ▼ Placez les escalopes entre 2 feuilles de papier sulfurisé ou film transparent, et aplatissez-les au maillet ou au rouleau à pâtisserie, pour obtenir une épaisseur de 6 mm.

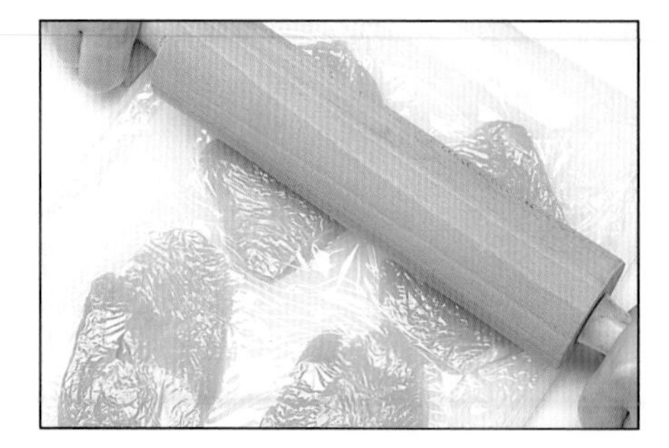

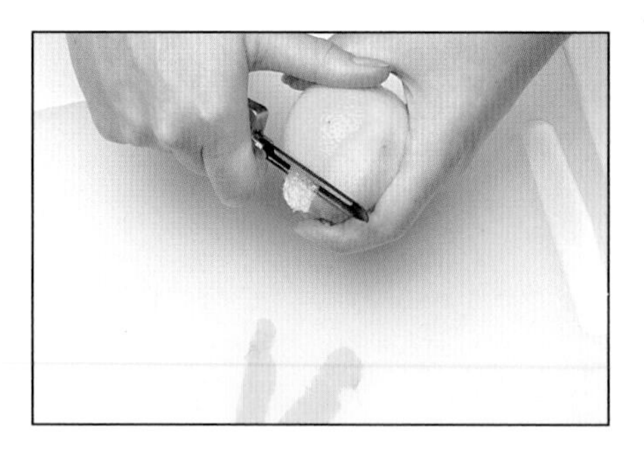

2 ▲ Au couteau économe, prélevez 4 zestes de citron. Détaillez-les en julienne, couvrez d'un film transparent et réservez. Grattez le reste du zeste et pressez le citron. Versez le zeste gratté dans un plat creux, ajoutez la sauge, le sel et le poivre. Mouillez d'une cuillerée de jus de citron, et d'une d'huile d'olive, puis faites tremper les escalopes dans cette marinade 30 minutes.

3 ▲ Saupoudrez de chapelure une assiette, et retournez-y les escalopes. Dans une poêle à frire, chauffez 2 cuillères à soupe d'huile d'olive à feu vif, jetez-y les escalopes et cuisez 1 à 3 minutes en retournant 1 fois. Une fois dorées, transférez-les sur 2 assiettes chauffées, et gardez au chaud.

4 Essuyez la poêle, versez-y le reste d'huile, la julienne de citron et les câpres, remuez en réchauffant. Versez un peu de cette sauce sur les escalopes que vous décorez de feuilles de sauge et de citron.

# PINTADE AU CHOU

*La pintade peut se remplacer par un faisan, voire même un poulet. Dans certaines régions, on enrichit cette recette de saucisse à l'ail cuite.*

POUR 4 PERSONNES

*1 pintade de 1,3 kg*
*1 cuillère à soupe d'huile d'olive*
*15 g de beurre*
*1 gros oignon, en rondelles*
*1 grosse carotte, en rondelles*
*1 poireau, en rondelles*
*1 chou vert de 500 g, émincé*
*12,5 cl de vin blanc sec*
*12,5 cl de fond de volaille*
*1 ou 2 gousses d'ail, hachées fin*
*Sel et poivre noir au moulin*

1 Préchauffez le four à 180 °C (th 5). Liez à la ficelle les pattes de la pintade.

2 ▲ Chauffez la moitié de l'huile dans une grande cocotte à feu moyen, et faites bien dorer la pintade de tous les côtés. Transférez sur une assiette.

3 Jetez la graisse chaude, puis ajoutez le reste d'huile et le beurre. Cuisez 5 minutes à feu doux dans ce mélange l'oignon, la carotte et le poireau, en remuant de temps en temps. Ajoutez le chou, cuisez 3 à 4 minutes jusqu'à ce qu'il fonde légèrement. Assaisonnez.

4 ▼ Placez la pintade côté cuisse sur le chou. Ajoutez le vin, portez à ébullition, puis le fond de volaille et l'ail. Couvrez et mettez au four. Cuisez 25 minutes, puis retournez la pintade sur l'autre côté, et cuisez 20 à 25 minutes, jusqu'à ce qu'elle soit tendre et qu'un jus clair sorte en piquant la cuisse de la pointe du couteau.

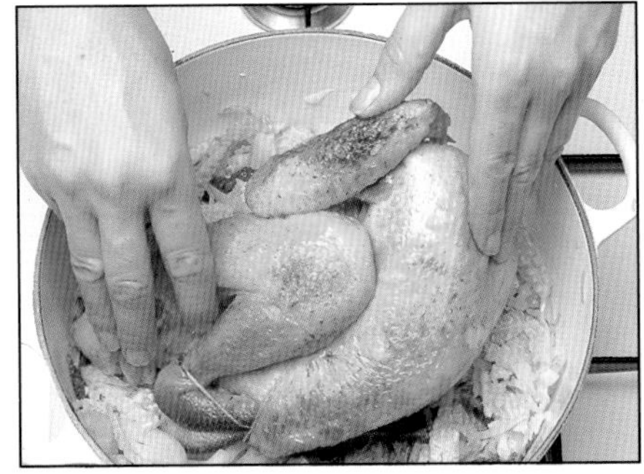

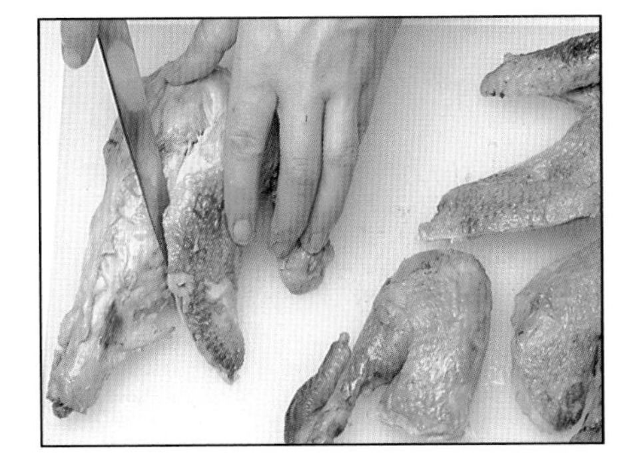

5 ▲ Transférez la volaille sur une planche. Laissez reposer quelques minutes, puis détaillez en 4 ou 8 morceaux. A l'écumoire, placez le chou sur un plat de service chaud, et disposez par-dessus les morceaux de pintade. Éliminez le gras du jus que vous servirez dans une saucière.

# FAISANS RÔTIS AU PORTO

*Le faisan rôti est moins sec si vous l'enveloppez de papier d'aluminium pendant la cuisson. Demandez de préférence une jeune poule faisane.*

POUR 4 PERSONNES

*2 poules faisanes vidées, pattes ficelées (de 675 g chacune)*
*55 g de beurre*
*8 brins de thym frais*
*2 feuilles de laurier*
*6 tranches fines de poitrine fumée*
*1 cuillère à soupe de farine*
*17,5 cl de fond de volaille, éventuellement plus*
*1 cuillère à soupe de gelée de groseilles*
*5 cl de porto*
*Poivre noir au moulin*

1 Préchauffez le four à 230 °C (th 7). Chemisez une lèchefrite de papier d'aluminium assez long pour recouvrir les faisans. Huilez légèrement le papier.

2 ▼ Essuyez les faisans avec du papier absorbant humidifié et éliminez toute graisse ou peau en trop. Avec les doigts, détachez délicatement la peau des blancs et, à la spatule, glissez du beurre entre la peau et la chair. Déposez un brin de thym sur chaque volaille.

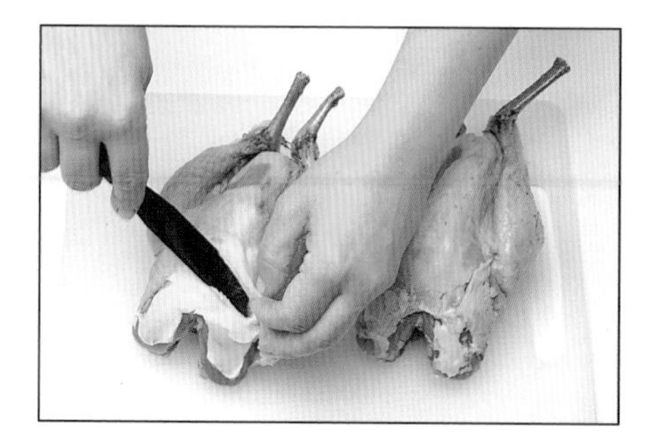

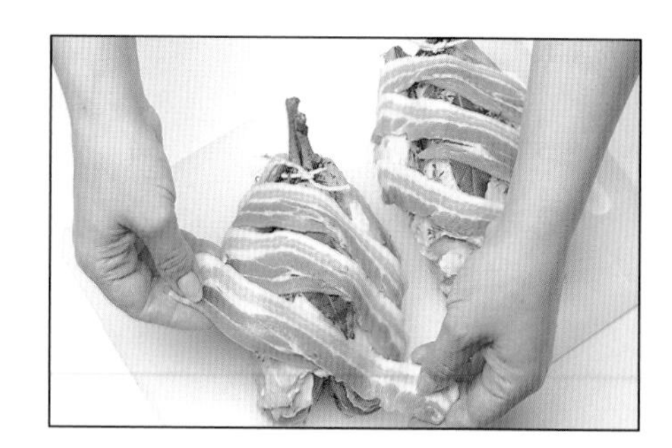

3 ▲ Entourez avec les tranches de poitrine fumée, et déposez les faisans sur la lèchefrite. Recouvrez avec du papier d'aluminium que vous fermez hermétiquement sur les côtés.

4 Faites rôtir 20 minutes, puis réduisez la température à 190 °C (th 5-6), et cuisez 40 minutes de plus. Otez le papier, et cuisez 10 à 15 minutes de plus, jusqu'à ce que la volaille soit bien dorée et qu'un jus clair sorte en piquant la cuisse de la pointe du couteau. Transférez sur une planche, laissez reposer, recouvert d'un papier d'aluminium propre, et attendez 10 minutes avant de découper.

5 ▲ Versez les jus de cuisson dans la lèchefrite, et éliminez le gras. Saupoudrez de farine, et faites cuire à feu moyen, en remuant. Versez le fond de volaille, la gelée de groseilles et portez à ébullition. Laissez mijoter jusqu'à ce que la sauce épaississe un peu, ajoutez le porto, rectifiez l'assaisonnement. Passez au chinois et servez.

# SUPRÊMES DE FAISAN À LA NORMANDE

*Fidèle aux traditions locales, cette recette contient bien sûr de la crème et du calvados.*

POUR 2 PERSONNES

*2 blancs de faisan*
*30 g de beurre*
*1 oignon, en rondelles fines*
*1 pomme, pelée, coupée en 4*
*2 cuillères à café de sucre*
*6 cl de calvados*
*4 cuillères à soupe de fond de volaille*
*1 grosse pincée de thym séché*
*1 grosse pincée de poivre blanc*
*12,5 cl de crème fraîche*
*Sel*
*Pommes de terre sautées*

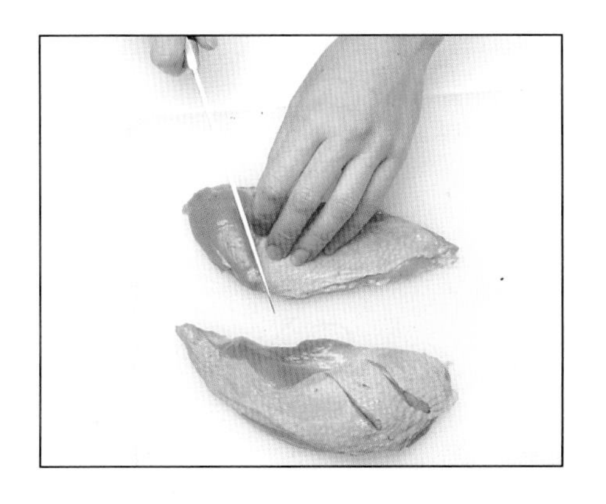

1 ▲ Avec un couteau pointu, fendez la partie épaisse des blancs.

2 Dans une poêle moyenne, faites fondre 1/3 du beurre à feu moyen. Ajoutez l'oignon et cuisez 8 à 10 minutes pour le faire dorer, en remuant parfois. A l'écumoire, transférez l'oignon sur une assiette.

3 Coupez les quartiers de pomme en tranches fines. Faites fondre l'autre 1/3 du beurre restant dans la poêle et jetez-y les tranches de pomme. Saupoudrez de sucre, et faites revenir à feu doux 5 à 7 minutes, jusqu'à ce qu'elles caramélisent, en les retournant de temps en temps. Transférez ces pommes sur l'assiette aux oignons, puis essuyez la poêle.

4 ▲ Ajoutez le reste du beurre dans la poêle, et montez la température. Ajoutez les blancs de faisan et faites dorer 3 à 4 minutes. Retournez les morceaux et cuisez encore 1 à 2 minutes, jusqu'à ce qu'un jus clair sorte en piquant la partie épaisse de la pointe du couteau. Transférez sur une planche, et couvrez.

5 Versez le calvados dans la poêle et faites bouillir à feu vif, pour réduire de moitié. Ajoutez le fond de volaille, le thym, un peu de sel, le poivre blanc, et réduisez de nouveau de moitié. Incorporez la crème, portez à ébullition et cuisez 1 minute. Ajoutez les oignons et les pommes et cuisez 1 minute.

6 Découpez les blancs de faisan en diagonale, et disposez sur des assiettes chaudes. Aspergez d'un peu de sauce, avec les oignons et les pommes.

### LE CONSEIL DU CHEF

Vous pouvez remplacer le calvados par un peu de cognac, ou même du cidre.

# CAILLES AUX FIGUES FRAÎCHES

*Dans le midi, la saison des figues coïncide souvent avec celle de la chasse aux cailles. Cette recette fait d'une pierre deux coups.*

**POUR 4 PERSONNES**

*8 cailles vidées (de 150 g chacune)*
*6 figues bien mûres, coupées en 4*
*15 g de beurre*
*10 cl de pineau des Charentes*
*30 cl de fond de volaille*
*1 gousse d'ail, hachée fin*
*2 ou 3 brins de thym*
*1 feuille de laurier*
*7 1/2 cuillères à soupe de Maïzena mélangée à un peu d'eau*
*Sel et poivre noir au moulin*
*Salade verte, pour accompagner*

1 ▼ Assaisonnez l'intérieur et l'extérieur des cailles. Placez un quartier de figue dans chaque caille, et liez les pattes à la ficelle.

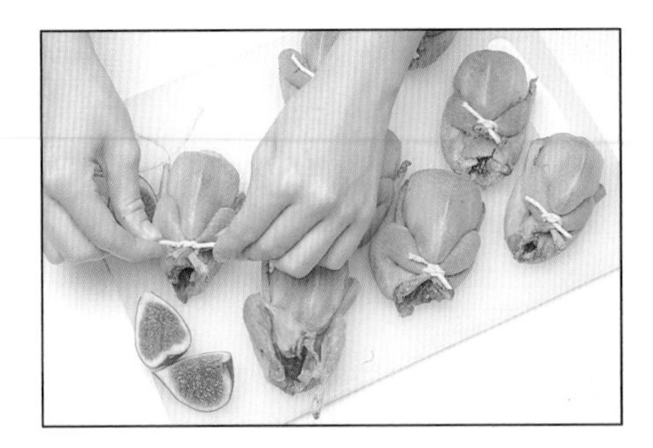

2 ▲ Faites fondre le beurre dans une poêle ou une cocotte à feu moyen. Ajoutez les cailles, et faites-les dorer également de tous les côtés pendant 5 à 6 minutes, cuisez en plusieurs fois si nécessaire.

3 ▲ Ajoutez le pineau et faites bouillir 1 minute, puis ajoutez le fond de volaille, l'ail, le thym et la feuille de laurier. Portez à ébullition, et laissez mijoter doucement 20 minutes, à couvert.

4 Ajoutez le reste des figues, et continuez à cuire 5 minutes jusqu'à ce qu'un jus clair sorte en piquant la cuisse de la pointe du couteau. Transférez cailles et figues dans un plat de service chauffé, coupez la ficelle et couvrez pour garder au chaud.

5 Portez la sauce à ébullition, puis incorporez la Maïzena. Cuisez doucement 3 minutes, en remuant fréquemment, jusqu'à ce que la sauce ait épaissi, et filtrez-la au-dessus d'une saucière. Servez avec la sauce et une salade verte.

# CANARD À L'ORANGE

*Les canards d'élevage sont beaucoup plus gras que les sauvages. Dans cette recette, le piquage de la peau permet de se débarrasser des excès de graisse.*

POUR 2 OU 3 PERSONNES

*1 canard de 2 kg*
*2 oranges*
*100 g de cassonade*
*10 cl de vinaigre de vin blanc ou de cidre*
*12,5 cl de Grand Marnier ou Cointreau*
*Sel et poivre noir au moulin*
*Cresson et tranches d'oranges pour garnir*

1 ▲ Préchauffez le four à 150 °C (th 2). Otez tout excès de gras ou de peau, et piquez toute la peau à la fourchette. Assaisonnez l'intérieur et l'extérieur du canard de sel et poivre, et liez les pattes à la ficelle.

2 ▲ Placez le canard sur une grille au-dessus d'une lèchefrite. Couvrez hermétiquement de papier d'aluminium et cuisez 1 heure 30. Avec un couteau économe, détachez le zestes des oranges, et taillez-les en fine julienne. Pressez le jus des oranges.

3 ▼ Versez le sucre et le vinaigre dans une petite casserole et faites dissoudre le sucre. Faites bouillir à feu vif, sans remuer, jusqu'à ce que le mélange prenne une couleur caramélisée. Hors du feu, et en vous reculant, versez délicatement le jus d'orange sur la paroi intérieure de la casserole. Remuez pour bien mélanger, ajoutez les zestes d'orange, la liqueur, et laissez mijoter 2 à 3 minutes.

4 Sortez le canard du four, et jetez toute la graisse liquide. Portez la température à 200 °C (th 6).

5 ▲ Faites rôtir le canard 25 à 30 minutes, à découvert, en l'arrosant 2 à 3 fois du mélange de caramel, jusqu'à ce qu'il soit très doré et qu'un jus clair sorte en piquant la cuisse de la pointe du couteau.

6 Récupérez les jus de cuisson, versez-les dans la casserole, et transférez le canard sur une planche à découper. Couvrez de papier d'aluminium, et laissez reposer 10 à 15 minutes. Remuez bien les jus et le caramel, en chauffant un peu, éliminez le gras. Servez avec la sauce, du cresson et des tranches d'orange.

# CANARD SAUVAGE RÔTI AU GENIÈVRE

*La chair du canard étant très ferme, il est préférable de ne pas trop la cuire. Les cuisses sont généralement maigres, aussi vaut-il mieux prévoir un demi-canard par personne.*

POUR 2 PERSONNES

*1 canard sauvage (colvert) évidé*
*30 g de beurre*
*1 cuillère à soupe de baies de genièvre*
*3 cuillères à soupe de gin*
*12,5 cl de fond de volaille*
*12,5 cl de crème*
*Sel et poivre noir au moulin*
*Cresson, pour garnir*

1 Préchauffez le four à 230 °C (th 7). Réservez quelques baies de genièvre pour la garniture, et versez les autres dans un sac de plastique. Écrasez-les au rouleau à pâtisserie.

2 ▲ Essuyez le canard avec du papier absorbant humide, et éliminez tout excès de graisse ou de peau. Liez les pattes avec une ficelle, puis beurrez l'animal. Saupoudrez de sel et poivre, et pressez les baies de genièvre écrasées sur la peau.

3 Faites rôtir le canard 20 à 25 minutes, en l'arrosant 2 fois de son jus. En fin de cuisson, un jus clair doit sortir de la cuisse en la piquant avec un couteau. Versez le jus de l'intérieur de la carcasse dans le plat, et mettez le canard sur une planche. Couvrez d'aluminium et laissez reposer 10 à 15 minutes.

4 ▲ Éliminez le plus possible de gras du jus, en laissant le genièvre, et chauffez le plat à feu moyen. Ajoutez le gin, et remuez en grattant le fond, tout en portant à ébullition. Faites évaporer presque tout le liquide, puis ajoutez le fond de volaille et faites réduire de moitié. Ajoutez la crème, laissez bouillir 2 minutes, ou jusqu'à ce que la sauce épaississe un peu. Filtrez au-dessus d'une petite casserole, et gardez au chaud.

5 Découpez les ailes et les cuisses du canard. Prélevez les blancs et disposez-les sur un plat chaud. Nappez d'un peu de sauce, saupoudrez de baies de genièvre entières, et garnissez de cresson.

LE CONSEIL DU CHEF

Les cuisses et la carcasse peuvent servir à préparer un excellent fond de canard.

# Canard braisé aux olives

*Une recette provençale aux saveurs de terroir du midi.*

<ins>Pour 6 à 8 Personnes</ins>

*2 canards (de 1,5 kg chacun environ), coupés en 4*
*225 g d'oignons nouveaux*
*2 cuillères à soupe de farine*
*35 cl de vin rouge sec*
*50 cl de fond de volaille*
*1 bouquet garni*
*100 g d'olives dénoyautées, noires ou vertes, ou mélangées*
*Sel, éventuellement, et poivre noir au moulin*

1 Disposez les morceaux de canard, peau vers le bas dans une grande poêle à feu moyen, et laissez revenir 10 à 12 minutes, jusqu'à ce qu'ils soient également dorés, en retournant de temps en temps ; procédez en plusieurs fois si nécessaire. Éliminez le gras, sauf 1 cuillerée.

2 Chauffez 1 cuillère à soupe de graisse de canard dans une grosse cocotte et faites-y revenir les oignons, à couvert et à feu moyen, jusqu'à ce qu'ils brunissent, en remuant. Saupoudrez de farine, et faites revenir 2 minutes à découvert, en remuant souvent.

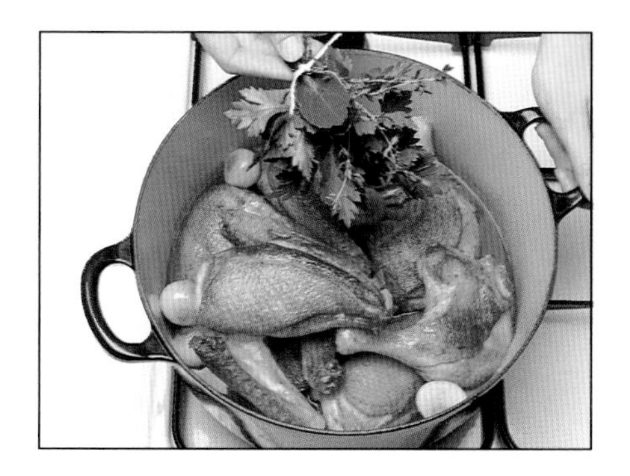

3 ▲ Versez le vin dans la cocotte, portez à ébullition, puis ajoutez le canard, le fond de volaille et le bouquet garni. Portez à ébullition, baissez le feu, et laissez mijoter 40 minutes, en remuant parfois.

4 ▼ Rincez les olives à grande eau. Si elles sont très salées, placez-les dans une casserole, couvrez d'eau, portez à ébullition, égouttez et rincez. Versez-les dans la cocotte, et continuez à cuire 20 minutes jusqu'à ce que le canard soit très tendre.

5 Transférez les morceaux de canard, les oignons et les olives sur un plat. Passez au tamis le liquide de cuisson, éliminez le gras, et refaites bouillir dans la poêle. Réduisez de 1/3, réglez l'assaisonnement, replacez le canard et les légumes dans la cocotte. Laissez réchauffer quelques minutes.

### Le Conseil du Chef

Si vous n'utilisez que les magrets, conservez les cuisses et la carcasse pour préparer ultérieurement un ragoût ou un fond de canard.

# STEAKS DE CHEVREUIL AU ROQUEFORT

*Le gibier se trouve facilement en saison, mais cette recette peut aussi se préparer avec du filet de bœuf.*

POUR 2 PERSONNES

*2 steaks de chevreuil, de 150 à 175 g chacun*
*1 gousse d'ail, hachée fin*
*4 cuillères à soupe de cognac*
*40 g de beurre*
*40 g de roquefort*
*Poivre noir au moulin*

1 ▲ Déposez les steaks dans un petit plat en verre. Saupoudrez de poivre et d'ail, aspergez de cognac.

2 Couvrez et laissez mariner au frais pendant 1 heure, ou au réfrigérateur pendant 4 heures.

3 ▲ A la fourchette, mélangez 30 g de beurre et le roquefort, ou passez-les au mixer. Formez une bûche avec ce mélange, et placez-le au réfrigérateur.

4 Chauffez le reste de beurre dans une poêle à frire à feu moyen. Égouttez la viande, mais gardez la marinade.

5 ▲ Placez les steaks de chevreuil dans la poêle. Faites revenir environ 5 minutes, en retournant une fois, jusqu'à ce que la viande soit élastique (moyen) ou plus ferme (bien cuit). Transférez dans des assiettes chaudes.

6 Versez le reste de marinade dans la poêle et portez à ébullition, en grattant le fond de la poêle. Versez sur la viande, et décorez le steak de 2 rondelles de beurre au roquefort.

# MAGRETS DE CANARD AU POIVRE VERT

*Les magrets ne doivent jamais être trop cuits. Le poivre vert est légèrement acide, mais vous pouvez le remplacer par le poivre rose, plus suave.*

POUR 2 PERSONNES

*1 cuillère à soupe d'huile*
*2 magrets de canard (de 225 g chacun), sans peau*
*4 cuillères à soupe de fond de volaille*
*6 cuillères à soupe de crème épaisse*
*1 cuillère à café de moutarde de Dijon*
*1 cuillère à soupe de poivre vert ou rose au naturel, égoutté*
*Sel*
*Persil frais, pour garnir*

1 Chauffez l'huile dans une poêle. Ajoutez les magrets et cuisez à feu moyen, 3 minutes de chaque côté.

2 ▲ Transférez dans une assiette et gardez au chaud. Éliminez le gras de la poêle, et versez-y le fond de volaille, la crème, la moutarde et le poivre en grains. Faites bouillir 2 à 3 minutes, jusqu'à ce que la sauce épaississe légèrement, puis salez.

3 ▼ Versez dans la sauce le jus exprimé par les magrets, puis détaillez-les en tranches. Disposez-les sur des assiettes chaudes, versez dessus un peu de sauce et garnissez de quelques brins de persil.

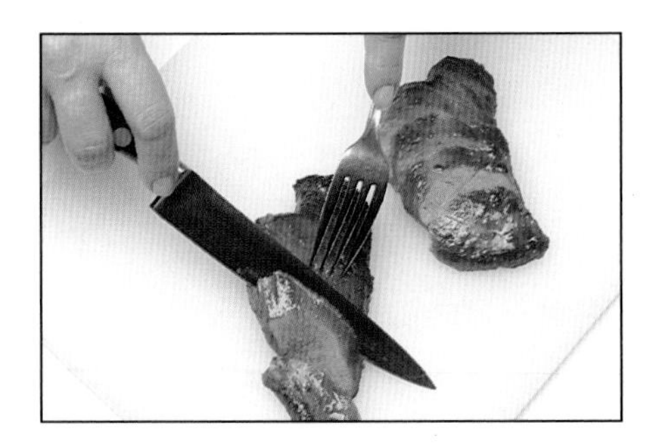

# GIGUE DE CHEVREUIL RÔTIE

*La viande d'un jeune chevreuil n'a pas vraiment besoin d'être marinée, mais une bonne marinade donne un tel goût à cette sauce... A préparer deux à trois jours à l'avance.*

POUR 6 À 8 PERSONNES

*1 oignon, en petits dés*
*1 carotte en petits dés*
*1 branche de céleri en petits dés*
*3 ou 4 gousses d'ail écrasées*
*4 à 6 brins de persil frais*
*4 à 6 brins de thym frais, ou 1/2 cuillère à soupe de thym séché*
*2 feuilles de laurier*
*1 cuillère à soupe de poivre noir en grains légèrement écrasés*
*75 cl de vin rouge*
*4 bonnes cuillères à soupe d'huile*
*1 gigot de jeune chevreuil (environ 2,7 kg), paré*
*2 cuillères à soupe de farine*
*25 cl de fond de bœuf*
*1 orange*
*1 citron*
*4 cuillères à soupe de gelée de groseilles ou de framboises*
*6 cl de madère*
*1 cuillère à soupe de Maïzena, mélangée à 2 cuillères à soupe d'eau*
*Herbes fraîches, pour garnir*
*Pommes sautées*

1 ▲ Placez oignon, carotte, céleri, ail, persil, thym, laurier, poivre, vin et huile dans un plat en verre, assez grand pour contenir le gigot. Ajoutez le gibier, retournez-le plusieurs fois. Couvrez d'un film transparent, et laissez reposer 2 ou 3 jours au réfrigérateur, en retournant de temps en temps.

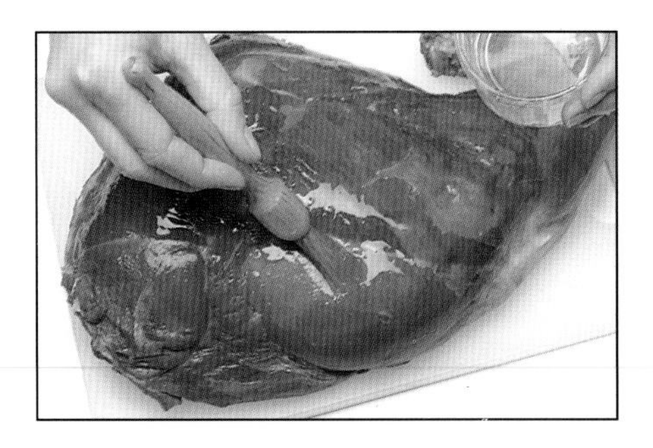

2 ▲ Préchauffez le four à 180 °C (th 5). Enlevez la viande du plat, versez la marinade dans une casserole. Essuyez la viande avec du papier absorbant, badigeonnez-la également d'huile, et enveloppez-la de papier d'aluminium bien serré.

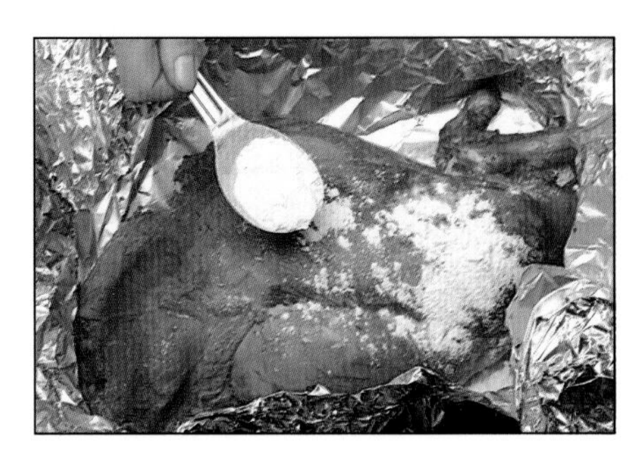

3 ▲ Faites rôtir 15 à 20 minutes par livre pour une viande (de rose à à point). Environ 25 minutes avant la fin de la cuisson, sortez la viande du papier d'aluminium, saupoudrez-la de farine et arrosez des jus de cuisson.

4 Pendant ce temps, ajoutez le fond de bœuf à la marinade, et faites réduire de moitié à feu moyen. Filtrez et réservez.

5 Au couteau économe, prélevez le zeste de l'orange et de 1/2 citron. Découpez en fine julienne. Portez à ébullition une petite casserole d'eau et jetez-y les zestes. Laissez mijoter 5 minutes, filtrez et rincez à l'eau froide.

6 ▲ Pressez le jus de l'orange dans une casserole moyenne. Ajoutez la gelée et laissez cuire à feu doux jusqu'à ce qu'elle soit fondue. Ajoutez le madère et la marinade réduite. Laissez mijoter doucement 10 minutes.

7 ▲ Incorporez la Maïzena délayée à la marinade et cuisez en tournant fréquemment, jusqu'à ce que la sauce épaississe. Ajoutez le vinaigre, les zestes en julienne, et laissez mijoter 2 à 3 minutes. Gardez au chaud, en remuant de temps en temps.

8 Transférez la viande sur une planche et laissez-la reposer 10 minutes avant de découper. Garnissez d'herbes et servez avec la sauce et des pommes sautées.

# FRICASSÉE DE LAPIN AU THYM

*Voici une recette familiale authentique, facile à préparer et que vous pouvez réchauffer le lendemain… s'il en reste.*

POUR 4 PERSONNES

*1 lapin de 1,3 kg*
*40 g de farine*
*15 g de beurre*
*1 cuillère à soupe d'huile d'olive*
*25 cl de vin rouge*
*35 à 50 cl de fond de volaille*
*1 cuillère à soupe de feuilles de thym frais ou 2 cuillères à café de thym séché*
*1 feuille de laurier*
*2 gousses d'ail hachées fin*
*3 cuillères à soupe de moutarde*
*Sel et poivre noir au moulin*

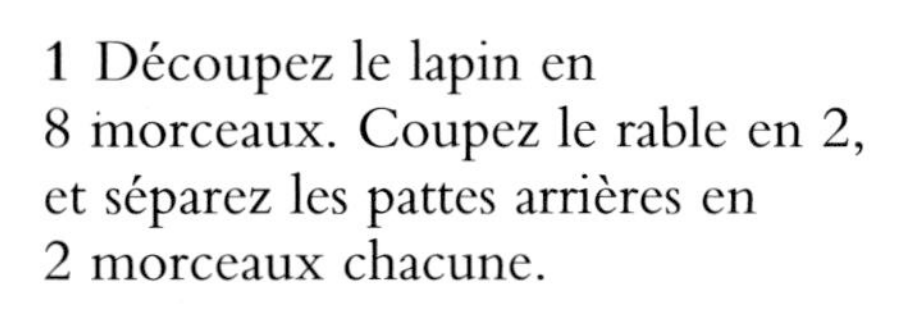

1 Découpez le lapin en 8 morceaux. Coupez le rable en 2, et séparez les pattes arrières en 2 morceaux chacune.

2 ▼ Versez la farine dans un sac plastique, assaisonnez de poivre et de sel. Un par un, placez les morceaux de lapin dans le sac et secouez pour l'enduire de farine. Tapotez pour en faire tomber l'excès.

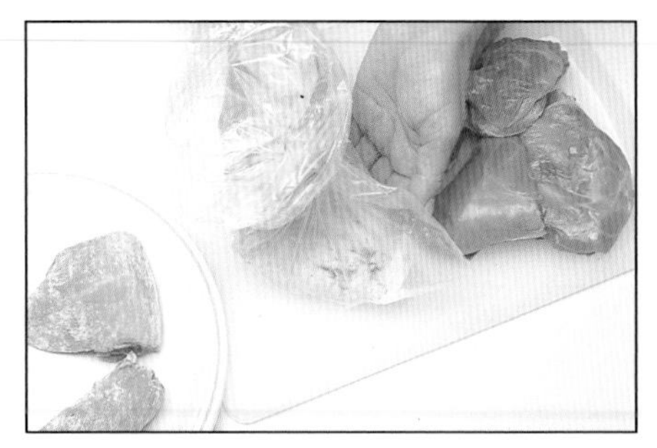

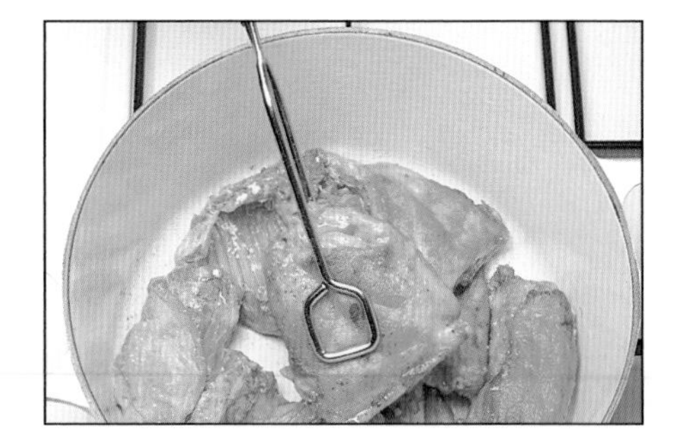

3 ▲ Faites fondre le beurre avec l'huile dans une cocotte à feu moyen. Ajoutez le lapin découpé, et faites-le dorer sur toutes ses faces.

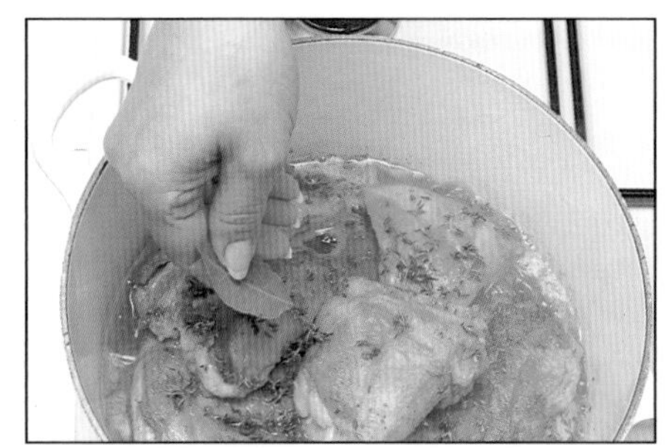

4 ▲ Ajoutez le vin, faites bouillir 1 minute et couvrez la viande avec le fond de volaille. Ajoutez les herbes et l'ail et laissez mijoter doucement 1 heure, ou jusqu'à ce que le lapin soit très tendre et qu'un jus clair sorte de la cuisse en la piquant de la pointe du couteau.

5 ▲ Incorporez la moutarde, assaisonnez et passez la sauce au tamis. Disposez le lapin sur un plat chaud avec un peu de sauce, servez le reste en saucière.

# FOIE GRAS POÊLÉ

*Une recette aisée qui change agréablement du foie gras cuit dans sa graisse.*

POUR 4 PERSONNES

*275 g de petites pommes de terre*
*15 g de beurre*
*450 g de foie gras frais, en tranches de 2 cm d'épaisseur*
*3 à 4 cuillerées de vinaigre de xerès ou vinaigre de vin blanc*
*Sel et poivre noir au moulin*
*Ciboulette pour garnir*

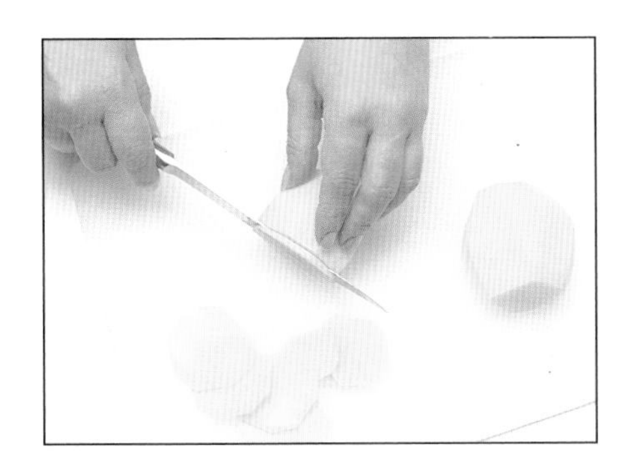

1 ▲ Découpez les pommes de terre en rondelles de 1,5 mm d'épaisseur. Couvrez d'eau si vous ne faites pas cuire immédiatement.

2 ▲ Essuyez les pommes de terre. Faites fondre le beurre dans une grande poêle à feu moyen. Composez 4 « rosaces » en pressant et en faisant se chevaucher les tranches de pommes de terre fines. Assaisonnez et faites cuire 6 à 8 minutes : le dessous doit être doré. Retournez et faites dorer 5 minutes l'autre face. Tenez au four au chaud.

3 ▼ Assaisonnez le foie gras. Chauffez une grande poêle antiadhésive à feu vif, et cuisez 3 minutes les tranches de foie sur une seule face ; si elles sont épaisses, retournez-les une fois.

4 ▲ Étalez les pommes de terre sur des assiettes chaudes et déposez dessus le foie gras chaud. Versez le vinaigre dans la poêle, faites bouillir rapidement, en grattant le fond, puis nappez de cette sauce le foie gras. Garnissez de ciboulette.

# MOUSSE DE FOIES DE VOLAILLE

*Voici une entrée qui se taille toujours son petit succès. La confiture d'oignons et quelques feuilles de roquette la complètent plaisamment.*

POUR 6 À 8 PERSONNES

*450 g de foies de volaille*
*175 de beurre en dés*
*1 petit oignon, haché fin*
*1 gousse d'ail, hachée fin*
*1/2 cuillère à soupe de thym séché*
*3 cuillères à café de cognac*
*Sel et poivre noir au moulin*
*Salade verte*

*POUR LA CONFITURE D'OIGNONS*
*30 g de beurre*
*450 g d'oignons rouges, coupés fins*
*1 gousse d'ail, hachée fin*
*1/2 cuillère à café de thym séché*
*2 ou 3 cuillères à soupe de vinaigre de framboise ou de vin*
*1 ou 2 cuillères à soupe de miel*
*40 g de raisins de Corinthe*

1 Nettoyez les foies, en éliminant les parties vertes, les filaments, la graisse.

2 ▲ Dans une poêle, faites fondre 30 g de beurre à feu moyen. Ajoutez l'oignon et faites revenir 5 à 7 minutes jusqu'à ce qu'il commence à dorer. Ajoutez l'ail, et cuisez 1 minute de plus. Passez à feu moyen-fort, ajoutez les foies, le thym, le sel et le poivre. Cuisez 3 à 5 minutes jusqu'à ce que les foies soient colorés, en remuant fréquemment. Ils doivent rester roses à l'intérieur, mais non crus. Ajoutez le cognac et cuisez 1 minute de plus.

3 ▲ A l'écumoire, transférez les foies dans un mixer à lame en hélice. Versez-y aussi le jus de cuisson et mixez 1 minute, pour obtenir une crème onctueuse, en raclant les parois du bol à la spatule. Pendant que le mixer tourne, ajoutez le beurre par la cheminée, dé après dé.

4 ▲ Passez la mousse obtenue à travers un chinois fin, en vous aidant d'une spatule. Chemisez soigneusement un moule à cake de film transparent, en évitant les plis.

LE CONSEIL DU CHEF

La mousse se conserve 3 à 4 jours. Si vous la préparez à l'avance, couvrez et réfrigérez jusqu'au moment de servir. La confiture d'oignons peut être préparée 2 jours à l'avance. Réchauffée à feu doux ou au micro-ondes, elle se sert tiède.

5 ▲ Délicatement, versez la mousse dans le moule. Laissez refroidir, puis mettez au réfrigérateur pour une nuit.

6 ▲ Pour la confiture d'oignons, chauffez le beurre dans une poêle à feu moyen-doux, ajoutez les oignons et faites-les revenir 20 minutes, en remuant fréquemment. Incorporez l'ail, le thym, le vinaigre, le miel et les raisins et cuisez, à couvert, 10 à 15 minutes jusqu'à ce que les oignons soient bien fondus, en remuant de temps en temps. Versez dans un bol, à température ambiante.

7 ▲ Pour servir, trempez 5 secondes le moule dans de l'eau très chaude, essuyez l'extérieur, et renversez sur un plat. Détachez la mousse en tirant délicatement sur le film transparent, et égalisez la surface au couteau. Servez en tranches avec la confiture et une salade verte.

It was in the
year 1760 that a
superior of the ancient
religious order of Meaux
transmitted to the
Pommery
family the
« secret »
« recipe »
of their
marvelous
speciality

# Les Viandes

Aussi délicieuse puisse-t-elle être, la viande est un produit relativement coûteux. Raison de plus pour la préparer avec soin. Tout commence chez le boucher qui est la plupart du temps de bon conseil, connaît les temps de cuisson, et sait parer les morceaux que vous aurez choisis. En dehors du traditionnel steak grillé ou sauté à la poêle, la plupart des viandes se révèlent à travers des sauces et des légumes d'accompagnement. Il s'agit là d'un art subtil, du mariage ou du contraste de saveurs dont les recettes qui suivent vous donnent quelques clés...

# Entrecôte à la crème d'anchois

*L'anchois est ici utilisé comme un condiment, et ne donne à la viande aucun goût de poisson.*

Pour 2 Personnes

*40 g de beurre*
*1 gousse d'ail, écrasée*
*4 échalotes, hachées fin*
*10 cl de crème épaisse*
*1 1/2 cuillère à soupe de pâte d'anchois*
*1 cuillère à soupe d'estragon frais*
*2 entrecôtes (de 200 g chacune)*
*2 cuillères à café d'huile*
*Sel et poivre noir au moulin*
*Brins de persil et d'estragon, pour garnir*
*Pommes de terre sautées*

1 ▼ Mettez 30 g de beurre dans une petite casserole et faites revenir l'ail et l'échalote, jusqu'à ce qu'ils commencent à fondre. Ajoutez la crème, la pâte d'anchois, l'estragon. Cuisez 10 minutes à feu très doux.

2 ▲ Assaisonnez les steaks. Chauffez le reste de beurre et l'huile dans une poêle, à feu moyen.

3 Ajoutez la viande et faites-la revenir 6 à 8 minutes, en la retournant une fois, jusqu'au degré de cuisson souhaité. Transférez sur des assiettes chaudes, et conservez au chaud.

4 ▲ Versez 2 cuillères à soupe d'eau dans la poêle. Ajoutez la sauce aux anchois, et cuisez 1 à 2 minutes, en remuant et grattant le fond de la poêle. Réglez l'assaisonnement et versez la sauce sur la viande, que vous servirez garnie de persil et de pommes sautées.

Variante

En remplaçant la pâte d'anchois par 1 à 2 cuillères à soupe de concentré de tomate, vous obtenez une délicieuse sauce à la tomate.

# STEAK AU POIVRE

*La crème équilibre ici la puissance du poivre. La viande doit être très épaisse.*

POUR 2 PERSONNES

*2 cuillères à soupe de poivre noir en grains*
*2 steaks dans le filet, de 200 g chacun*
*15 g de beurre*
*2 cuillères à café d'huile*
*3 cuillères à soupe de cognac*
*15 cl de crème épaisse*
*1 gousse d'ail, hachée fin*
*Sel*

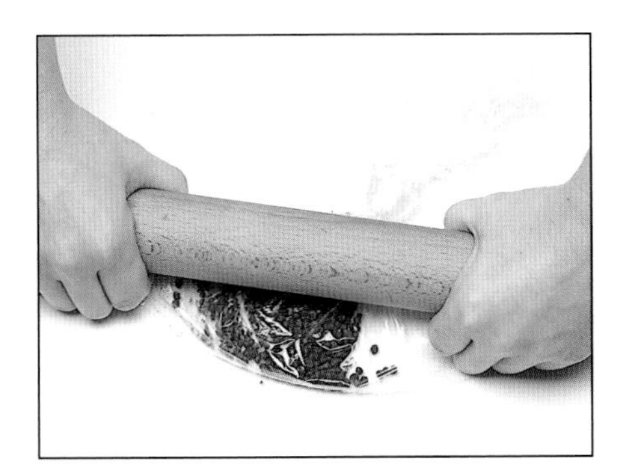

1 ▲ Versez le poivre dans un sac en plastique solide. Concassez les grains avec un rouleau à pâtisserie, ou le fond d'une poêle.

2 ▲ Placez les steaks sur une planche, enlevez le gras, et pressez le poivre bien également sur les deux faces de la viande.

3 ▼ Faites fondre le beurre et l'huile dans une poêle, à feu moyen. Ajoutez la viande et laissez cuire 6 à 7 minutes, en retournant une fois, jusqu'au degré de cuisson souhaité. Transférez sur des assiettes chaudes, et conservez couvert au chaud.

4 ▲ Versez le cognac pour déglacer la poêle. Faites bouillir pour réduire de moitié, en grattant le fond de la poêle, puis ajoutez la crème et l'ail. Laissez bouillir doucement à feu moyen, 4 minutes environ, pour faire réduire de 1/3. Versez le jus de la viande dans cette sauce, goûtez, salez si nécessaire, et servez sur les steaks.

# Côte de bœuf à la compote d'oignons

*La double cuisson proposée par cette recette (poêle et four) conserve à une côte de bœuf bien épaisse tout son jus et sa saveur.*

Pour 2 Personnes

*1 côte de bœuf avec os de 1 kg environ, et de 4 cm d'épaisseur, dégraissée*
*1 cuillère à café de poivre grossièrement moulu*
*1 cuillère à soupe de gros sel, moulu*
*55 g de beurre*

*Pour la compote d'oignons*
*1 gros oignon rouge ou 8 à 10 échalotes en rondelles*
*25 cl de vin rouge*
*25 cl de fond de bœuf ou de volaille*
*2 cuillères à soupe de gelée de groseilles ou de framboises*
*1 grosse pincée de thym séché*
*3 cuillères à soupe d'huile d'olive*
*Sel et poivre noir au moulin*

1 ▼ Essuyez le bœuf avec du papier absorbant humide. Mélangez le poivre moulu au gros sel écrasé, et enduisez-en soigneusement la viande des deux côtés, en appuyant. Laisser reposer 30 minutes à couvert.

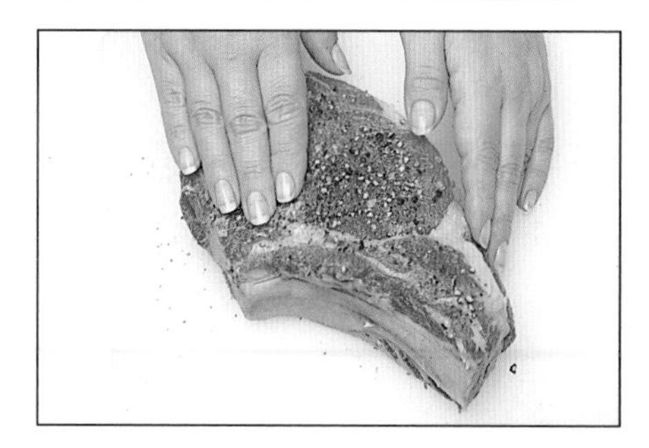

2 ▲ Pour la compote, faites fondre 40 g de beurre dans une casserole à feu moyen. Ajoutez l'oignon ou l'échalote et cuisez 3 à 5 minutes jusqu'à ce qu'ils s'attendrissent, puis ajoutez vin, fond de bœuf ou de volaille, gelée et thym. Portez à ébullition. Passez à feu doux, laissez mijoter 30 à 35 minutes, jusqu'à ce que le liquide soit évaporé et la sauce épaissie. Assaisonnez de poivre et sel, et conservez au chaud.

3 ▲ Préchauffez le four à 220 °C (th 7). Faites fondre le reste du beurre et l'huile dans une casserole ou une grande poêle allant au four, à feu vif. Ajoutez la viande, faites-la dorer 1 à 2 minutes de chaque côté. Immédiatement placez la poêle dans le four et faites rôtir 8 à 10 minutes. Transférez le bœuf sur une planche, couvrez et laissez reposer 10 minutes. Enlevez l'os au couteau, et détaillez en tranches épaisses. Servez avec la compote d'oignons.

# Chateaubriand béarnaise

*Le chateaubriand est une morceau de choix, découpé au cœur du filet.*

Pour 2 Personnes

*150 g de beurre en morceaux*
*1 1/2 cuillère à soupe de vinaigre à l'estragon*
*1 1/2 cuillère à soupe de vin blanc sec*
*1 échalote, hachée fin*
*2 jaunes d'œufs*
*1 filet de bœuf de 450 g, très épais*
*1 cuillère à soupe d'huile*
*Sel et poivre noir au moulin*
*Pommes de terre sautées*

1 Clarifiez le beurre en le faisant fondre à feu doux dans une casserole, sans bouillir. Écumez la mousse.

2 Versez le vinaigre, le vin et l'échalote dans une casserole épaisse à feu vif. Faites réduire jusqu'à ce que le liquide soit presque évaporé. Éloignez du feu, et laissez un peu refroidir. Ajoutez les jaunes d'œufs et fouettez 1 minute. Chauffez la casserole à feu très doux, et fouettez constamment jusqu'à ce que le mélange d'œuf commence à épaissir et que le fouet laisse des traces sur le fond de la casserole. Éloignez du feu.

3 ▼ Incorporez le beurre fondu en filet, en fouettant, jusqu'à ce que la sauce commence à épaissir, versez le beurre plus rapidement en éliminant les particules laiteuses solides en surface. Assaisonnez et gardez au chaud, en remuant de temps en temps.

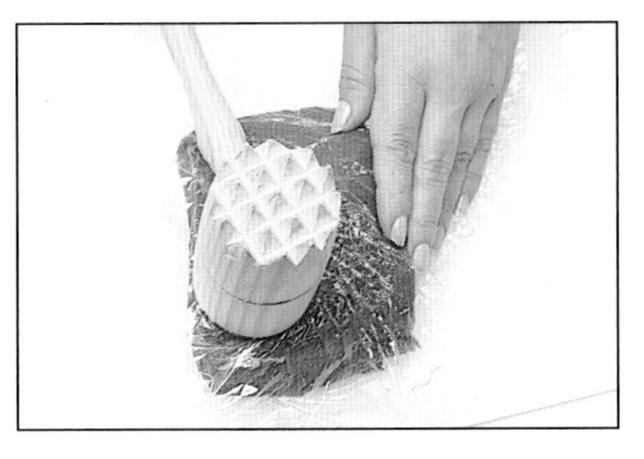

4 ▲ Placez la viande entre 2 feuilles de papier sulfurisé ou de film transparent, et aplatissez-la au maillet à viande, ou au rouleau à pâtisserie pour qu'elle fasse 4 cm d'épaisseur. Assaisonnez.

5 Chauffez l'huile dans une poêle à frire à feu moyen. Ajoutez la viande et faites-la revenir 10 à 12 minutes, en la tournant une fois, jusqu'au degré de cuisson souhaité.

6 Transférez le steak sur une planche, et détaillez-le en tranches. Filtrez la sauce, et servez accompagné de pommes sautées.

### Le Conseil du Chef

Vous pouvez acheter un filet entier, plus économique, que vous débiterez ainsi : le chateaubriand au centre – partie la plus épaisse – le filet mignon ensuite, puis les tournedos, les extrémités pouvant servir à préparer un bœuf Stroganoff. Emballée dans un film transparent, la viande supporte bien la congélation.

# TOURNEDOS ROSSINI

*Ce plat se préparait jadis avec des truffes. On peut les remplacer par de gros champignons de Paris dont on cisèlera les chapeaux...*

POUR 4 PERSONNES

*4 tranches de pain de mie*
*120 g de foie gras, ou mousse de foie gras*
*4 gros chapeaux de champignons de Paris*
*70 g de beurre*
*2 cuillères à café d'huile*
*4 tournedos*
*4 cuillères à soupe de madère ou de porto*
*12,5 cl de fond de viande*
*Cresson, pour garnir*

### LE CONSEIL DU CHEF

Si le foie gras vous semble trop coûteux, vous pouvez le remplacer par un pâté fin de foie de porc.

1 ▼ Taillez le pain en 4 grosses rondelles, à peu près de la taille des tournedos, ou en 4 parts de forme octogonale. Passez-les au grilloir, et tartinez-les de foie gras. Disposez-les sur des assiettes chaudes.

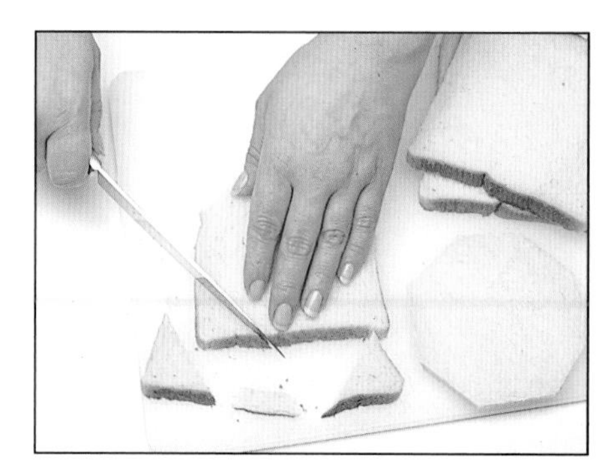

2 ▲ Ciselez les chapeaux de champignons avec une lame fine. Faites fondre 30 g de beurre à feu moyen et faites dorer les champignons. Gardez au chaud.

3 ▲ Dans la même poêle, faites fondre 30 g de beurre et l'huile à feu moyen, en tournant. Lorsque le beurre commence à brunir, ajoutez les tournedos, cuisez 6 à 8 minutes jusqu'au degré de cuisson souhaité. Placez les tournedos sur les toasts de foie gras, et surmontez-les d'un chapeau de champignon.

4 Versez le madère ou le porto dans la poêle, faites bouillir 20 à 30 secondes. Ajoutez le fond de viande et laissez bouillir à feu vif pour réduire des 3/4, incorporez le reste de beurre. Versez un peu de sauce sur chaque tournedos, et garnissez de cresson.

# DAUBE DE BŒUF À LA PROVENÇALE

*Comme toutes les daubes, ce plat est encore meilleur préparé la veille.*

POUR 6 À 8 PERSONNES

*2 à 4 cuillères à soupe d'huile d'olive*
*225 g de poitrine fumée, ou de lard en dés épais*
*1,8 kg de paleron ou macreuse de bœuf en morceaux de 7,5 x 3 cm environ*
*75 cl de vin rouge fruité*
*4 carottes en rondelles épaisses*
*2 gros oignons hachés grossièrement*
*3 tomates pelées, épépinées et concassées*
*1 cuillère à soupe de concentré de tomate*
*2 à 4 gousses d'ail*
*1 bouquet garni*
*1 cuillère à soupe de poivre en grains*
*1 petit oignon, piqué de 4 clous de girofle*
*Le zeste et jus de 1 orange*
*2 ou 3 cuillères à soupe de persil frais*
*Sel et poivre noir au moulin*

1 ▲ Dans une grande poêle, chauffez 2 cuillères à soupe d'huile d'olive à feu moyen, ajoutez la poitrine ou le lard et cuisez 4 à 5 minutes en remuant fréquemment pour faire dorer et rendre la graisse. Transférez dans une grosse cocotte avec une écumoire.

2 Déposez la viande dans la poêle sur une couche (ne bourrez pas trop, vous ne pourriez pas la faire brunir). Cuisez 6 à 8 minutes jusqu'à ce qu'elle soit bien brune de tous les côtés.

3 Transférez la viande dans la cocotte, et continuez à faire revenir le reste de viande par petites quantités, en rajoutant éventuellement de l'huile.

4 ▼ Chauffez la cocotte à feu moyen, versez le vin et de l'eau pour couvrir la viande et le lard. Portez à ébullition, en écumant la mousse de surface.

5 ▲ Ajoutez carottes, oignons, tomates, concentré de tomate, ail, bouquet garni, poivre en grains et oignon aux clous de girofle. Couvrez hermétiquement et laissez mijoter à feu doux 3 heures environ. Découvrez, éliminez le gras. Assaisonnez. Jetez le bouquet garni et l'oignon, incorporez le jus et le zeste d'orange et saupoudrez de persil.

# BŒUF BOURGUIGNON

*En principe il est recommandé d'utiliser pour cette recette le vin qui l'accompagnera à table. Ce plat se réchauffe très bien.*

POUR 6 PERSONNES

*1,5 kg de bœuf à pot-au-feu (paleron ou jarret)*
*175 g de poitrine fumée ou de lard coupé en dés épais*
*40 g de beurre*
*350 g de petits oignons*
*350 g de petits champignons de Paris*
*1 oignon, haché fin*
*1 carotte, hachée fin*
*2 ou 3 gousses d'ail, hachées fin*
*3 cuillères à soupe de farine*
*75 cl de vin rouge, de préférence de Bourgogne*
*1 1/2 cuillère à soupe de concentré de tomate*
*1 bouquet garni*
*60 à 75 cl de fond de viande*
*1 cuillère à soupe de persil frais haché*
*Sel et poivre noir au moulin*

1 ▲ Découpez le bœuf en morceaux de 5 cm, et la poitrine ou le lard en très petits morceaux.

2 Dans une grande cocotte, faites bien dorer le porc ou le lard à feu moyen, sortez-le avec une écumoire, et faites-le égoutter. Jetez la graisse sauf 2 cuillères à soupe.

3 ▲ Montez à feu moyen. Ajoutez la viande sur une seule couche (sans bourrer) et laissez-la bien brunir sur tous les côtés. Transférez sur une assiette et faites de même avec le reste de la viande.

4 ▲ Dans une poêle, faites fondre 1/3 du beurre à feu moyen ; ajoutez les petits oignons et faites revenir en remuant fréquemment, jusqu'à ce qu'ils dorent. Réservez.

5 ▲ Dans la même poêle, faites fondre la moitié du beurre restant à feu moyen. Faites sauter les champignons en remuant, jusqu'à ce qu'ils soient dorés ; réservez avec les oignons.

6 ▲ Lorsque tout le bœuf est bien bruni, éliminez la graisse de la cocotte et ajoutez le reste de beurre. Une fois fondu, ajoutez oignon, carotte, ail, et cuisez 3 à 4 minutes à feu moyen, jusqu'à ce qu'ils s'amollissent, en remuant fréquemment. Saupoudrez de farine et cuisez 2 minutes, puis versez le vin, le concentré de tomate et le bouquet garni. Portez à ébullition, en grattant le fond de la cocotte.

7 ▲ Replacez le bœuf et le lard dans la cocotte. Mouillez avec le fond de viande, de manière à recouvrir viande et légumes. Couvrez, et laissez mijoter 3 heures environ, à feu très doux, en remuant de temps en temps, ou jusqu'à ce que la viande soit très tendre. Ajoutez les champignons et les oignons, et laissez cuire, à couvert, 30 minutes de plus. Jetez le bouquet garni, et parsemez de persil avant de servir.

Beaune

# Foie de veau au miel

*Une recette contemporaine, aisée et rapide. Si le foie doit être bien brun à l'extérieur, il doit rester rose à l'intérieur.*

**Pour 4 Personnes**

*4 tranches de foie de veau (de 175 g, 1,2 cm d'épaisseur chacune)*
*Farine*
*30 g de beurre*
*2 cuillères à soupe d'huile*
*2 cuillères à soupe de vinaigre de xerès ou de vin rouge*
*2 ou 3 cuillères à soupe de fond de volaille*
*1 cuillère à soupe de miel liquide*
*Sel et poivre noir au moulin*
*Cresson, pour garnir*

1 ▼ Essuyez les tranches de foie avec du papier absorbant humide, assaisonnez les deux faces de sel et de poivre, et saupoudrez légèrement de farine, sans excès.

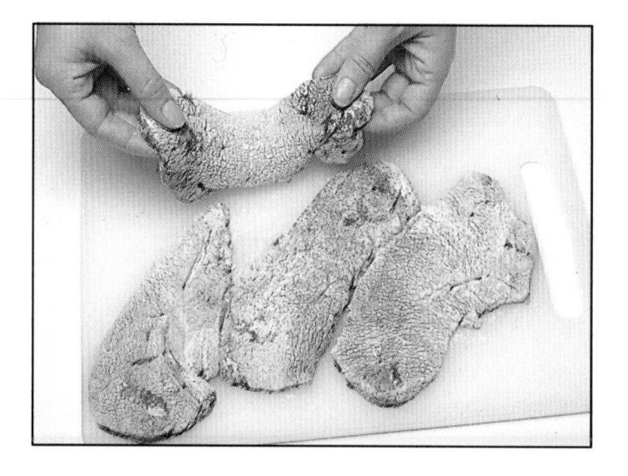

2 ▲ Dans une grande poêle à frire, faites fondre la moitié du beurre et l'huile, à feu vif, en tournant.

3 ▲ Ajoutez les tranches de foie, et faites revenir 1 à 2 minutes jusqu'à ce qu'elles soient bien brunies d'un côté. Retournez, cuisez 1 minute de plus. Transférez sur des assiettes chaudes, et gardez au chaud.

4 ▲ Versez le vinaigre, le fond de volaille et le miel dans la poêle, et faites bouillir 1 minute, en remuant constamment, puis ajoutez le reste de beurre que vous faites fondre en tournant. Versez cette sauce sur le foie et garnissez de cresson.

# ROGNONS DE VEAU À LA MOUTARDE

*La même recette peut se préparer avec des rognons d'agneau. La sauce ne doit pas cuire trop longtemps pour ne pas perdre sa saveur piquante.*

POUR 4 PERSONNES

*2 rognons de veau ou 8 à 10 d'agneau, nettoyés, sans membranes*
*30 g de beurre*
*1 cuillère à soupe d'huile*
*120 g de champignons de Paris, coupés en 4*
*4 cuillères à soupe de fond de volaille*
*2 cuillères à soupe de cognac (facultatif)*
*17,5 cl de crème fraîche*
*2 cuillères à soupe de moutarde de Dijon*
*Sel et poivre noir au moulin*
*Ciboulette hachée, pour garnir*

1 ▲ Détaillez les rognons en morceaux, en écartant la graisse. Pour les rognons d'agneau, enlevez la partie centrale en découpant un « V » au centre de chaque rognon. Découpez chaque rognon en 3 ou 4 morceaux.

2 ▲ Dans une grande poêle à frire, faites fondre le beurre et l'huile à feu vif, et mélangez. Ajoutez les rognons et faites-les sauter 3 à 4 minutes en remuant fréquemment, pour qu'ils soient bien brunis, puis mettez-les sur une assiette.

3 ▲ Versez les champignons dans la poêle, faites les sauter 2 à 3 minutes jusqu'à ce qu'ils dorent, en remuant souvent. Versez le fond de volaille et le cognac (facultatif), portez à ébullition et laissez bouillir 2 minutes.

4 ▼ Incorporez la crème fraîche et laissez cuire 2 à 3 minutes jusqu'à ce que la sauce épaississe. Incorporez la moutarde, assaisonnez, rajoutez les rognons et laissez réchauffer 1 minute. Parsemez de ciboulette fraîche avant de servir.

# Blanquette de veau

*Un grand plat traditionnel qui plaît généralement à tout le monde. Il peut aussi se préparer avec de la viande d'agneau.*

**Pour 6 Personnes**

*1,3 kg d'épaule de veau, sans os, détaillée en morceaux de 5 cm*
*1,5 litre de fond de volaille ou de veau (plus si nécessaire)*
*1 gros oignon, piqué de 2 clous de girofle*
*4 carottes en rondelles*
*2 poireaux en rondelles*
*1 gousse d'ail, coupée en 2*
*1 bouquet garni*
*1 cuillère à soupe de poivre en grains*
*70 g de beurre*
*225 g de champignons de Paris, coupés en 4*
*225 g de petits oignons*
*1 cuillère à soupe de sucre semoule*
*40 g de farine*
*12,5 cl de crème fraîche*
*1 pincée de muscade en poudre*
*4 cuillères à soupe de persil ou d'aneth frais*
*Sel et poivre blanc*

1 Placez le veau dans une grande cocotte, et couvrez-le de fond de volaille, ou d'eau. Portez à ébullition à feu moyen, en écumant la mousse de surface.

2 ▲ Ajoutez l'oignon piqué de clous de girofle, 1 des carottes en rondelles, les poireaux, l'ail, le bouquet garni, le poivre en grains ; couvrez et laissez mijoter 1 heure à feu moyen-doux, jusqu'à ce que le veau soit tendre.

3 ▲ Pendant ce temps faites dorer à la poêle les champignons dans 15 g de beurre. Transférez dans un grand bol, avec l'écumoire.

4 ▲ Remplacez 15 g de beurre et les petits oignons. Aspergez de sucre et ajoutez 6 cuillères à soupe du liquide de cuisson du veau. Couvrez et laissez mijoter 10 à 12 minutes, jusqu'à ce que les oignons soient tendres et le liquide évaporé. Transférez les oignons dans le bol des champignons.

**Le Conseil du Chef**

Si vous préférez utiliser le liant traditionnel à l'œuf et à la crème : incorporez celle-ci à 2 jaunes d'œufs avant de la fouetter dans la sauce blanche. Puis laissez mijoter jusqu'à ce que la sauce prenne, sans faire bouillir pour éviter les grumeaux.

5 ▲ Une fois le veau devenu tendre, égouttez-le. Filtrez le liquide de cuisson, jetez les légumes et le bouquet garni. Lavez la cocotte et faites-la chauffer.

6 ▲ Faites-y fondre le reste de beurre, ajoutez la farine en tournant, 1 à 2 minutes à feu moyen, sans laisser brunir. Incorporez le liquide de cuisson en fouettant doucement. Portez à ébullition et laissez mijoter 15 à 20 minutes jusqu'à ce que la sauce soit onctueuse et un peu épaisse. Ajoutez le reste des carottes, et cuisez 10 minutes jusqu'à ce qu'elles soient tendres.

7 Incorporez la crème au fouet, et laissez mijoter pour faire épaissir encore la sauce. Versez viande, champignons, légumes, et laissez mijoter 10 à 15 minutes, jusqu'à ce que le veau soit très tendre. Assaisonnez avec sel, poivre blanc, et muscade, parsemez de ciboulette ou d'aneth et servez.

# Côtes de veau au gril

*Les côtes de veau sont souvent plus savoureuses que les escalopes. Ici, elles sont préparées avec du basilic qui peut être remplacé par d'autres herbes fraîches.*

**Pour 2 Personnes**

*30 g de beurre*
*1 cuillère à soupe de moutarde de Dijon*
*1 cuillère à soupe de basilic frais*
*Huile d'olive, au pinceau*
*2 côtes de veau (de 225 g chacune), de 2,5 cm d'épaisseur*
*Sel et poivre noir au moulin*
*Brins de basilic, pour garnir*

**Le Conseil du Chef**

Vous pouvez remplacer le basilic par du thym frais ou de la marjolaine, ou un mélange des deux. Ou alors remplacez le beurre aux herbes par de la tapenade.

1 ▲ Pour préparer le beurre au basilic, écrasez-le avec la moutarde et le basilic ciselé dans un petit bol, et assaisonnez de poivre.

2 Huilez légèrement un gril de fonte. Chauffez-le à feu vif, sans faire fumer. Badigeonnez à l'huile d'olive et assaisonnez légèrement les côtes sur les deux côtés.

3 ▼ Placez les côtes sur le gril, et passez à température moyenne. Cuisez 4 à 5 minutes, retournez, et laissez cuire 3 à 4 minutes de plus selon le degré de cuisson souhaité. Déposez la moitié du beurre de basilic sur chaque part de viande, et servez immédiatement.

# Escalopes de veau à l'estragon

*Une recette ultra-rapide pour des escalopes très finement coupées.*

**Pour 4 Personnes**

*4 escalopes de veau (de 120 à 150 g chacune)*
*15 g de beurre*
*2 cuillères à soupe de cognac*
*25 cl de fond de volaille ou de bœuf*
*1 cuillère à soupe d'estragon frais haché*
*Sel et poivre noir au moulin*
*Brins d'estragon, pour garnir*

1 Placez les escalopes entre deux feuilles de papier sulfurisé ou de film transparent, et aplatissez-les à 6 mm au maillet ou au rouleau à pâtisserie. Assaisonnez.

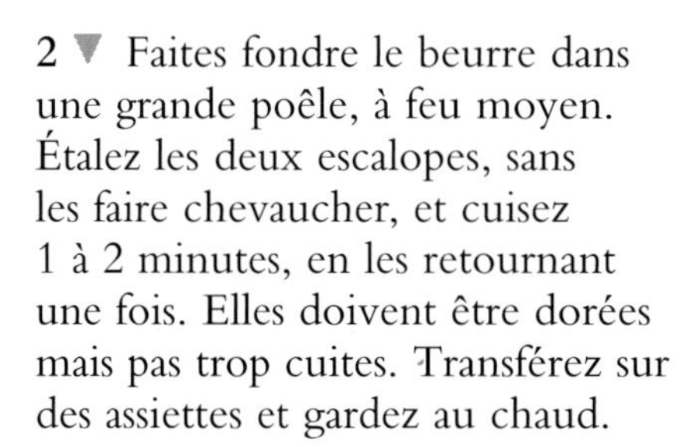

2 ▼ Faites fondre le beurre dans une grande poêle, à feu moyen. Étalez les deux escalopes, sans les faire chevaucher, et cuisez 1 à 2 minutes, en les retournant une fois. Elles doivent être dorées mais pas trop cuites. Transférez sur des assiettes et gardez au chaud.

3 ▲ Versez le cognac dans la poêle, puis le fond et portez à ébullition. Ajoutez l'estragon et continuez à bouillir, jusqu'à ce que le liquide soit réduit de moitié.

4 Replacez les escalopes dans la poêle, avec leur jus, et réchauffez. Servez immédiatement, garni de brins d'estragon.

MOUTARDE
PRÉPARÉE
DE DIJON
Poupon

# Sauté de veau Marengo

*En souvenir de la célèbre bataille napoléonienne, une recette facile pour un sauté de veau…*

Pour 6 Personnes

*4 cuillères à soupe de farine*
*1,3 kg d'épaule de veau, sans os, en morceaux de 4 cm*
*2 ou 3 cuillères à soupe d'huile d'olive*
*4 ou 5 échalotes hachées fin*
*2 gousses d'ail, hachées très fin*
*30 cl de vin blanc sec*
*1 livre de tomates, pelées, épépinées, concassées*
*Le zeste et le jus de 1 orange*
*1 bouquet garni*
*1 cuillère à soupe de concentré de tomate*
*15 g de beurre*
*350 g de champignons de Paris, coupés en 4*
*Sel et poivre noir au moulin*
*Persil frais haché, pour garnir*

1 ▼ Versez la farine dans un sac plastique avec du sel et du poivre. Placez 5 morceaux de viande dans ce sac. Secouez vivement pour les enduire de farine. Recommencez avec les autres morceaux.

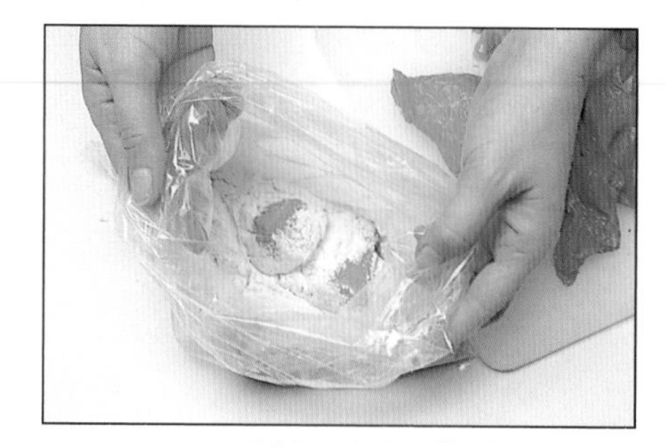

2 ▲ Chauffez 2 cuillères à soupe d'huile dans une cocotte à feu moyen. Faites revenir la viande sur une seule couche (procédez en plusieurs fois si la cocotte est petite). Faites revenir pour obtenir une belle couleur brune bien égale, puis transférez sur une assiette. Ajoutez un peu d'huile si nécessaire.

3 ▲ Dans la même cocotte, faites suer échalotes et ail à feu moyen, versez le vin, et portez à ébullition. Reversez la viande dans la cocotte, avec les tomates, le zeste et le jus d'orange, le bouquet garni et le concentré de tomate. Portez à ébullition, passez à feu doux, couvrez, et laissez mijoter 1 heure, doucement.

4 Faites fondre le beurre dans une poêle à feu moyen, et faites-y dorer les champignons. Versez-les dans la cocotte, couvrez, et cuisez 20 à 30 minutes de plus. Réglez l'assaisonnement, enlevez le bouquet garni avant de servir. Décorez de persil haché.

# Gigot d'agneau aux flageolets

*Grand classique des repas familiaux du dimanche, l'agneau ainsi rôti s'accompagne souvent de flageolets ou de haricots verts.*

Pour 8 à 10 Personnes

*1 gigot d'agneau de 2,75 à 3 kg*
*3 ou 4 gousses d'ail*
*Huile d'olive*
*Feuilles de romarin frais ou séché*
*450 g de flageolets, mis à tremper une nuit dans l'eau froide*
*1 feuille de laurier*
*2 cuillères à soupe de vin*
*15 cl de fond de volaille ou d'agneau*
*30 g de beurre*
*Sel et poivre noir au moulin*
*Cresson, pour garnir*

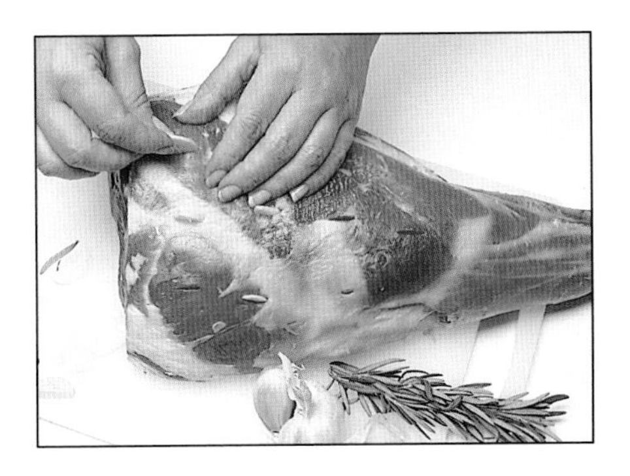

1 ▲ Préchauffez le four à 220 °C (th 7). Essuyez le gigot avec du papier absorbant humide. Détaillez l'ail en 10 à 12 grosses lamelles. Pratiquez au couteau une dizaine de petites incisions dans la viande, et glissez-y l'ail. Badigeonnez le rôti d'huile, assaisonnez et saupoudrez de romarin.

2 Placez le rôti sur une grille dans une lèchefrite, dans le four. Au bout de 15 minutes, baissez la température à 180 °C (th 5-6) et laissez cuire 1 heure 30 à 1 heure 45, ou jusqu'à ce que le thermomètre à viande, piqué au centre, indique 55 °C pour rose et 60 °C pour à point.

3 Pendant ce temps, rincez les flageolets et versez-les dans une casserole. Couvrez-les d'eau froide. Ajoutez le reste d'ail, la feuille de laurier, et portez à ébullition. Baissez le feu et laissez mijoter 45 à 60 minutes.

4 Transférez le rôti sur une planche, laissez-le reposer à couvert 10 à 15 minutes. Éliminez le gras du jus de cuisson, puis ajoutez le vin et le fond de volaille dans la lèchefrite. Faites bouillir à feu moyen, en remuant et grattant le fond, puis légèrement réduire. Filtrez au-dessus d'une saucière.

5 ▼ Égouttez les flageolets, jetez le laurier, mélangez les flageolets avec le beurre, assaisonnez. Garnissez le gigot de cresson, et servez sur un plat avec les flageolets et la sauce en saucière.

# ÉPAULE D'AGNEAU FARCIE

*Les agneaux de pré-salé qui paissent sur les côtes de Bretagne ou de Normandie sont parmi les meilleurs. La farce proposée ici convient aussi bien au gigot qu'à l'épaule.*

**POUR 6 À 8 PERSONNES**

*1,8 à 2 kg de gigot ou d'épaule d'agneau (non ficelé)*
*30 g de beurre*
*1 ou 2 cuillères à soupe de farine*
*12,5 cl de vin blanc*
*25 cl de fond de volaille ou de bœuf*
*Sel et poivre noir au moulin*
*Cresson, pour garnir*
*Pommes sautées, pour accompagner*

POUR LA FARCE
*70 g de beurre*
*1 petit oignon, haché fin*
*1 gousse d'ail, hachée fin*
*55 g de riz à long grain*
*15 cl de fond de volaille*
*2 grosses pincées de thym déshydraté*
*4 rognons d'agneau, parés, coupés en 2*
*275 g d'épinards en branches, rincés*
*Sel et poivre noir au moulin*

1 ▲ Pour la farce, faites fondre 30 g de beurre dans une casserole à feu moyen. Ajoutez l'oignon, faites cuire 2 à 3 minutes jusqu'à ce qu'il soit tendre, ajoutez l'ail et le riz et faites revenir 1 à 2 minutes jusqu'à ce que le riz devienne translucide, en remuant constamment. Versez le fond de volaille, le sel, le poivre, le thym, et portez à ébullition, en remuant à l'occasion, puis passez à feu doux, et laissez cuire 18 minutes, à couvert, pour que le riz soit tendre et le liquide absorbé. Versez le riz dans un bol.

2 Dans une petite poêle, faites fondre 30 g de beurre à feu moyen. Ajoutez les rognons et laissez revenir 2 à 3 minutes, en les retournant 1 fois, pour qu'ils soient bruns à l'extérieur, et encore roses à l'intérieur. Transférez sur une planche, et laissez refroidir. Découpez-les ensuite en petits morceaux, ajoutez-les au riz, assaisonnez et mélangez.

3 ▲ Dans une poêle, chauffez le reste du beurre à feu moyen jusqu'à ce qu'il mousse. Jetez dessus les épinards et faites-les revenir 1 à 2 minutes, pour qu'ils fondent ; jetez l'excès de liquide, transférez sur une assiette et laissez refroidir.

4 ▲ Préchauffez le four à 190 °C (th 5). Étalez la viande, côté peau, sur un plan de travail, et assaisonnez. Répartissez une fine couche d'épinards, puis la farce. Roulez la viande sur elle-même, et maintenez-la fermée avec une brochette.

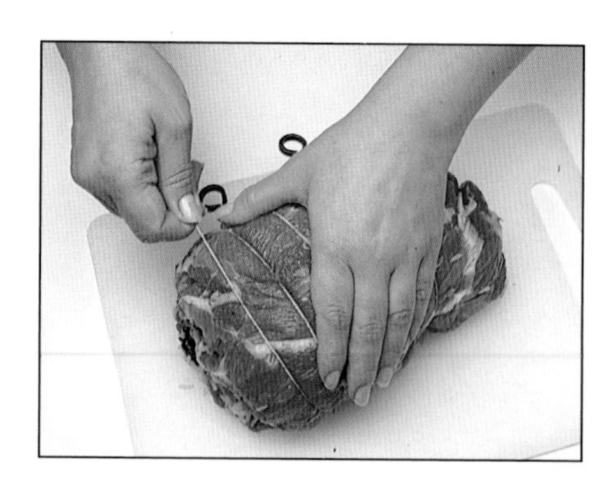

5 ▲ Ficelez l'épaule tous les 5 cm, pour bien garder la forme. Placez sur un grand plat allant au four, bien beurré, et assaisonnez. Faites rôtir 1 heure 30 à 2 heures, jusqu'à ce qu'un jus rose s'écoule quand vous percez avec la pointe d'un couteau, ou que le thermomètre à viande indique 55 à 60 °C (rose ou à point). Transférez le rôti sur une planche à découper, couvrez d'un papier d'aluminium, et laissez reposer 20 minutes.

6 Éliminez du plat le plus possible de gras de cuisson, puis portez le reste à ébullition à feu moyen. Saupoudrez de farine, et laissez cuire 2 à 3 minutes pour faire brunir cette sauce, en grattant le fond et en tournant. Versez dedans le vin et le fond de volaille ; portez à ébullition et cuisez 4 à 5 minutes jusqu'à ce que la sauce épaississe. Assaisonnez et versez dans une saucière. Découpez le rôti en tranches, garnies de cresson, et accompagnées de pommes sautées.

**VARIANTE**

Si vous ne trouvez pas de rognons, remplacez-les par 125 g de champignons, hachés grossièrement et cuits au beurre. Évitez les champignons de couleur foncée qui donneraient une vilaine couleur au riz.

# CARRÉ D'AGNEAU À LA MOUTARDE

*Une recette parfaite pour recevoir. Vous pouvez la préparer avant l'arrivée de vos invités, et mettre la viande en four pendant que vous servez l'entrée.*

POUR 6 À 8 PERSONNES

*3 carrés d'agneau (de 7 ou 8 côtes chacun), dégraissés, os dégagés*
*2 ou 3 gousses d'ail*
*120 g de mie de pain en petits morceaux*
*1 1/2 cuillère à soupe de feuilles de thym ou 1 de thym séché*
*1/2 cuillère à soupe de moutarde de Dijon*
*Poivre noir au moulin*
*2 cuillères à soupe d'huile d'olive*
*Romarin frais, pour garnir*
*Pommes de terre nouvelles*

1 ▼ Préchauffez le four à 220 °C (th 7). Otez toute graisse visible sur la viande, y compris celle qui recouvre la partie charnue.

2 ▲ Dans un mixer à lame en hélice, hachez l'ail très fin. Ajoutez par la cheminée le pain, les herbes, la moutarde, un peu de poivre. Une fois le tout bien mélangé, versez doucement l'huile d'olive.

3 ▲ Tartinez (à la main) la chair des carrés avec ce mélange d'agneau.

4 Placez les carrés sur une lèchefrite, laissez rôtir environ 25 minutes pour rose, et 3 à 5 minutes de plus pour à point (le thermomètre inséré dans la partie la plus épaisse doit indiquer de 55 à 60 °C). Transférez sur une planche à découper. Découpez entre les os, pour détacher les côtelettes. Servez garni de romarin et de pommes de terre nouvelles sautées.

# CÔTELETTES D'AGNEAU SAUCE LÉGÈRE À LA MENTHE

*Une idée empruntée à la « nouvelle cuisine » qui renouvelle les classiques côtelettes au gril.*

POUR 4 PERSONNES

*4 côtelettes d'agneau de 2 cm d'épaisseur*
*Poivre noir grossièrement moulu*
*Menthe fraîche, pour garnir*
*Pommes de terre sautées*

*POUR LA SAUCE LÉGÈRE À LA MENTHE*
*2 cuillères à soupe de vinaigre de vin blanc*
*1/2 cuillère à café de miel liquide*
*1 petite gousse d'ail, hachée très fin*
*4 cuillères à soupe d'huile d'olive*
*20 g de feuilles de menthe fraîche, hachée fin*
*1 tomate olivette, pelée, épépinée, concassée*
*Sel et poivre noir au moulin*

1 ▲ Pour la vinaigrette, fouettez dans un petit bol le vinaigre, le miel, l'ail, le sel et le poivre.

2 ▲ Lentement, incorporez l'huile, puis la menthe, la tomate, et laissez reposer 1 heure.

3 ▼ Sur une planche, dégraissez les côtes d'agneau. Saupoudrez de poivre, puis faites-le rentrer dans la viande par massage.

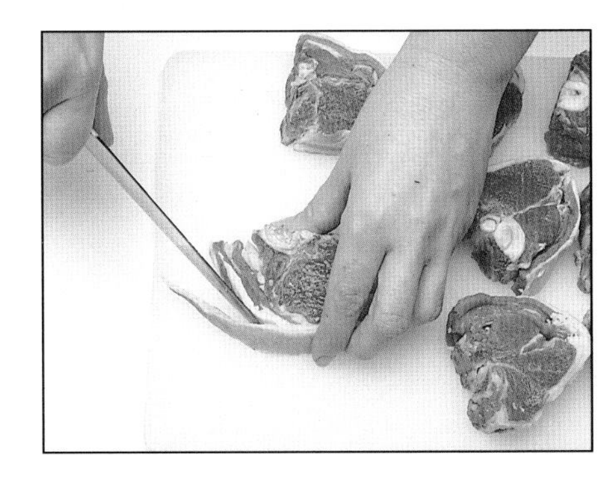

LE CONSEIL DU CHEF

Les côtes peuvent aussi être grillées au four, ou au barbecue.

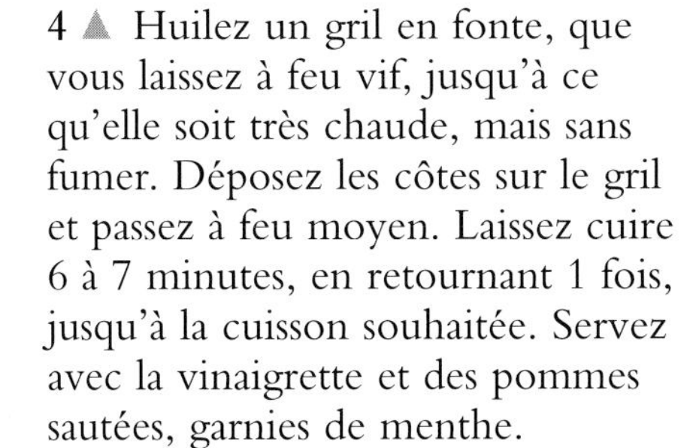

4 ▲ Huilez un gril en fonte, que vous laissez à feu vif, jusqu'à ce qu'elle soit très chaude, mais sans fumer. Déposez les côtes sur le gril et passez à feu moyen. Laissez cuire 6 à 7 minutes, en retournant 1 fois, jusqu'à la cuisson souhaitée. Servez avec la vinaigrette et des pommes sautées, garnies de menthe.

# NAVARIN D'AGNEAU PRINTANIER

*Un navarin est tout simplement un ragoût d'agneau préparé avec toutes sortes de légumes de printemps : carottes, pommes de terre nouvelles, petits oignons, petits pois, navets, etc.*

POUR 6 PERSONNES

*4 cuillères à soupe d'huile*
*1,3 kg d'épaule d'agneau ou autres morceaux tendres, dégraissés, en morceaux de 5 cm*
*3 ou 4 cuillères à soupe de farine*
*1 litre de fond de bœuf ou de volaille*
*1 gros bouquet garni*
*3 gousses d'ail, légèrement écrasées*
*3 tomates, pelées, épépinées, concassées*
*1 cuillère à soupe de concentré de tomate*
*675 g de petites pommes de terre, pelées ou non*
*12 petites carottes, grattées et en rondelles*
*120 g de haricots verts, en morceaux de 5 cm*
*30 g de beurre*
*12 à 18 petits oignons, épluchés*
*6 navets moyens, pelés et coupés en 4*
*2 cuillères à soupe de sucre*
*1 grosse pincée de thym déshydraté*
*175 g de petits pois*
*50 g de pois gourmands*
*Sel et poivre noir au moulin*
*3 cuillères à soupe de persil ou coriandre frais, pour garnir*

1 Chauffez 2 cuillères à soupe d'huile dans une grande poêle à feu moyen. Déposez la viande sur une seule couche (ne pas trop bourrer, pour bien dorer). Laissez cuire, en tournant de temps en temps, jusqu'à obtenir une belle couleur brune.

2 Transférez dans une grosse cocotte, et continuez à faire dorer le reste de la viande en plusieurs fois. Ajoutez de l'huile si nécessaire. Versez 4 cuillères à soupe d'eau dans la poêle, faites bouillir 1 minute en tournant et grattant le fond, et versez ce liquide de cuisson dans la cocotte.

3 ▲ Saupoudrez de farine la viande de la cocotte, et faites dorer 3 à 5 minutes à feu moyen. Versez le fond de bœuf ou de volaille, le bouquet garni, l'ail, les tomates, le concentré de tomate et assaisonnez.

4 ▲ Portez à ébullition à feu vif, en écumant la mousse de surface. Passez à feu doux et laissez mijoter en remuant de temps en temps, 1 heure environ, jusqu'à ce que la viande soit tendre. Laissez refroidir à la température ambiante, puis placez au réfrigérateur, pour une nuit.

5 Environ 1 heure 30 avant de servir, sortez la cocotte du réfrigérateur, dégraissez la surface de la viande et du liquide avec du papier absorbant, puis chauffez la cocotte à feu moyen jusqu'à ébullition.

6 Cuisez les pommes de terre dans de l'eau bouillante salée 15 à 20 minutes, jusqu'à ce qu'elles soient tendres, puis mettez dans un saladier. Jetez les carottes dans la même eau. Cuisez 4 à 5 minutes, pour qu'elles soient tendres et ajoutez-les aux pommes de terre. Ajoutez les haricots verts, laissez bouillir 2 à 3 minutes, et déposez-les avec les autres légumes.

7 ▲ Faites fondre le beurre dans une grosse poêle à feu moyen. Ajoutez les oignons, les navets, 3 ou 4 cuillères à soupe d'eau et laissez cuire 4 à 5 minutes, à couvert. Découvrez, ajoutez le sucre, le thym et faites caraméliser en remuant et secouant la poêle parfois, jusqu'à ce que les oignons et les navets soient luisants. Transférez avec les autres légumes. Versez 2 ou 3 cuillères à soupe d'eau dans la poêle pour déglacer, et faites bouillir 1 minute. Versez ce liquide sur la viande.

8 Lorsque l'agneau et la sauce sont chauds, ajoutez les légumes, et remuez doucement pour les répartir. Jetez par-dessus les petits pois et les pois gourmands, et laissez cuire 5 minutes jusqu'à ce qu'ils deviennent très verts. Parsemez de 2 cuillères à soupe de persil ou coriandre, et versez dans un plat. Garnissez de persil.

# Tajine d'agneau aux pois chiches

*La cuisine française s'est heureusement ouverte aux gastronomies des pays de la Méditerranée. La cuisine marocaine cultive les parfums et les épices avec un art consommé.*

Pour 6 à 8 Personnes

*225 g de pois chiches secs, trempés 1 nuit à l'eau froide*
*4 cuillères à soupe d'huile d'olive*
*2 cuillères à café de sucre*
*2 cuillères à café de cumin en poudre*
*1 cuillère à café de cannelle moulue*
*1 cuillère à café de gingembre en poudre*
*1/2 cuillère à café de curcuma en poudre*
*1/2 cuillère à café de safran ou paprika*
*1,3 kg d'épaule d'agneau, dégraissée, découpée en morceaux de 5 cm*
*2 oignons grossièrement hachés*
*3 gousses d'ail, hachées fin*
*2 tomates pelées, épépinées, concassées*
*75 g de raisins secs, trempés dans l'eau chaude*
*1 vingtaine d'olives noires grecques*
*2 citrons confits, en tranches fines, ou le zeste de 1 citron*
*6 cuillères à soupe de coriandre fraîche hachée*
*Sel et poivre noir au moulin*
*500 g de couscous*

1 Égouttez les pois chiches trempés, rincez-les à l'eau froide courante, et placez-les dans une grande casserole, couvrez d'eau, et laissez bouillir 10 minutes. Égouttez et reversez dans une casserole propre. Couvrez d'eau froide et portez à ébullition à feu vif. Baissez la température et laissez mijoter, à couvert 1 heure à 1 heure 30 jusqu'à ce qu'ils soient tendres. Otez du feu, ajoutez un peu de sel et réservez.

2 Dans un grand saladier, mélangez la moitié de l'huile avec sucre, cumin, cannelle, gingembre, curcuma, safran ou paprika, poivre et 1 cuillère à café de sel. Ajoutez l'agneau, enrobez-le du mélange d'épices, et laissez reposer 20 minutes.

3 ▲ Dans une grande poêle, chauffez le reste d'huile à feu moyen. Déposez l'agneau sur une couche, et faites-le revenir 4 à 5 minutes pour le colorer de tous les côtés. Transférez dans une cocotte, et faites de même avec le reste de la viande, en ajoutant un peu d'huile si nécessaire.

4 ▲ Jetez les oignons dans la poêle, et faites-les dorer en remuant constamment. Incorporez l'ail, les tomates, 25 cl d'eau, en remuant et grattant le fond de la poêle. Versez le tout dans la cocotte, et couvrez d'eau, puis portez à ébullition à feu vif, en éliminant la mousse de surface. Baissez le feu, et laissez mijoter 1 heure environ, ou jusqu'à ce que la viande soit bien tendre quand vous la piquez au couteau.

5 ▲ Égouttez les pois chiches, en conservant le liquide, puis versez-les dans la cocotte avec 25 cl de ce liquide. Ajoutez les raisins et leur liquide de trempage, et laissez mijoter 30 minutes. Ajoutez les olives, les citrons confits ou le zeste de citron. Laissez mijoter 20 à 30 minutes et ajoutez la moitié de la coriandre.

6 ▲ Environ 30 minutes avant de servir, préparez le couscous. Étalez-le sur un plat de service chaud, et disposez par-dessus la viande et les légumes. Parsemez de coriandre fraîche.

### Le Conseil du Chef

Les citrons confits sont fréquents dans la cuisine marocaine. On les trouve en épicerie, mais vous pouvez aussi les remplacer par un zeste de citron râpé.

# Médaillons de porc au camembert

*Les régions laitières proposent toujours mille façons d'accommoder leurs grands fromages. Ici la Normandie fait appel, d'un coup, à trois grands produits de son terroir.*

Pour 3 ou 4 Personnes

*450 g de filet de porc*
*15 g de beurre*
*3 cuillères à soupe de cidre sec ou de vin blanc sec*
*15 cl de crème fraîche*
*1 cuillère à soupe d'herbes fraîches hachées, mélangées : marjolaine, thym, sauge...*
*1/2 camembert (125 g), sans la croûte, en tranches*
*1 1/2 cuillère à café de moutarde de Dijon*
*Poivre noir au moulin*
*Persil frais, pour garnir*

1 ▼ Détaillez le filet de porc en petits steaks de 2 cm d'épaisseur. Placez-les entre deux feuilles de papier sulfurisé ou de film transparent, et aplatissez au maillet à viande ou au rouleau à pâtisserie, pour obtenir une épaisseur de 1 cm. Saupoudrez de poivre.

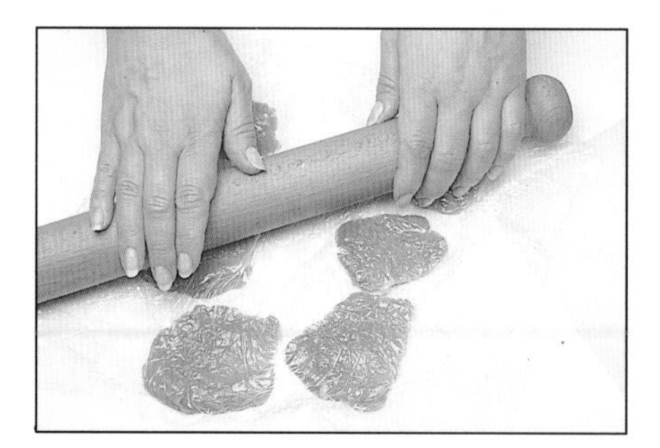

2 ▲ Faites fondre le beurre dans une poêle à feu moyen, jusqu'à ce qu'il commence à foncer. Ajoutez la viande, faites-la revenir pendant 5 minutes, en la retournant une fois, ou jusqu'à ce qu'elle soit souple quand vous la pressez. Gardez au chaud sur une assiette.

3 ▲ Versez le cidre ou le vin dans la poêle, portez à ébullition en grattant le fond. Incorporez la crème, les herbes, et reportez à ébullition.

4 ▲ Ajoutez le fromage, la moutarde, et le jus rendu par la viande. Complétez avec un peu de crème si nécessaire, et réglez l'assaisonnement. Servez avec la sauce, garnie de persil.

# FILETS MIGNONS DE PORC À LA SAUGE

*La sauge et le porc vont bien ensemble. L'addition d'orange fait ressortir encore davantage le parfum de la sauge.*

POUR 4 PERSONNES

*2 filets mignons de porc, de 350 g chacun environ*
*15 g de beurre*
*12,5 cl de xerès sec*
*17,5 cl de fond de volaille*
*2 gousses d'ail, hachées fin*
*Le zeste et jus de 1 orange*
*3 ou 4 feuilles de sauge, hachées fin*
*2 cuillères à café de Maïzena*
*Sel et poivre noir au moulin*
*Quartiers d'orange et feuilles de sauge, pour garnir*

1 ▼ Assaisonnez légèrement les filets de porc. Faites fondre le beurre dans une cocotte à feu moyen ; ajoutez la viande et faites-la dorer 5 à 6 minutes sur toutes ses faces.

2 Versez le xerès, faites bouillir 1 minute, ajoutez le fond de volaille, l'ail, le zeste d'orange et la sauge. Portez à ébullition, passez à feu doux ; couvrez, et laissez mijoter 20 minutes, en retournant une fois. Un jus clair doit sortir de la viande en la piquant au couteau, ou lorsque le thermomètre planté dans la partie la plus épaisse marque 66 °C. Transférez alors sur une assiette chaude, et conservez au chaud.

3 ▲ Portez la sauce à ébullition. Délayez la Maïzena dans le jus d'orange, et versez dans la sauce. Laissez bouillir doucement quelques minutes à feu moyen, en remuant souvent, jusqu'à ce que la sauce épaississe un peu. Filtrez-la au-dessus d'une saucière.

4 ▼ Découpez les filets en biais, et versez le jus de la viande dans la sauce. Nappez-en légèrement le porc, garnissez de quartiers d'orange et de sauge.

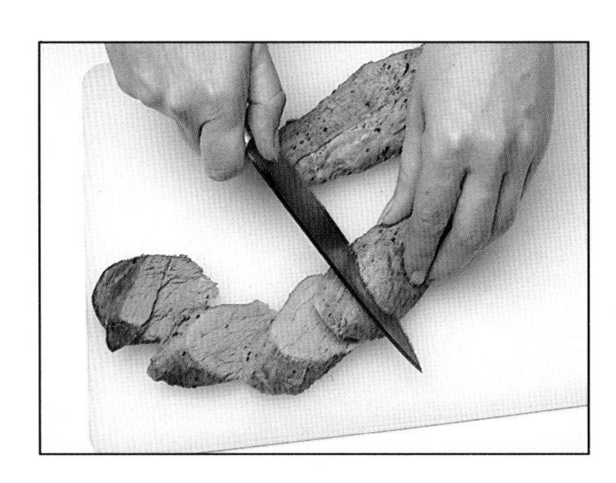

# RÔTI DE PORC AUX PRUNEAUX

*Les pruneaux se marient bien avec le porc, et le vin. Ils seront encore meilleurs si vous les laissez tremper une nuit.*

POUR 6 À 8 PERSONNES

*18 à 24 pruneaux dénoyautés*
*75 cl de vin blanc fruité (vouvray)*
*1,8 kg de rôti de porc, paré*
*2 cuillères à soupe d'huile*
*1 gros oignon, grossièrement haché*
*1 gros poireau, en rondelles*
*2 carottes, en rondelles*
*1 branche de céleri, en rondelles*
*2 cuillères à soupe de cognac (facultatif)*
*25 cl de fond de volaille*
*1 bouquet garni*
*2 ou 3 cuillères à soupe de Maïzena, délayées dans 3 cuillères à soupe d'eau froide*
*4 cuillères à soupe de crème épaisse*
*Sel et poivre noir au moulin*
*Cresson, pour garnir*
*Pommes de terre nouvelles, pour accompagner*

1 ▲ Placez les pruneaux dans un saladier, versez le vin par-dessus, et laissez tremper une nuit.

## LE CONSEIL DU CHEF

Il est important de ne pas trop cuire la viande de porc. Le mieux est d'utiliser un thermomètre à viande. Piquez-le dans la partie la plus épaisse, loin des os, avant de rôtir, ou, avec un modèle à lecture instantanée, insérez-le en fin de cuisson, selon le mode d'emploi.

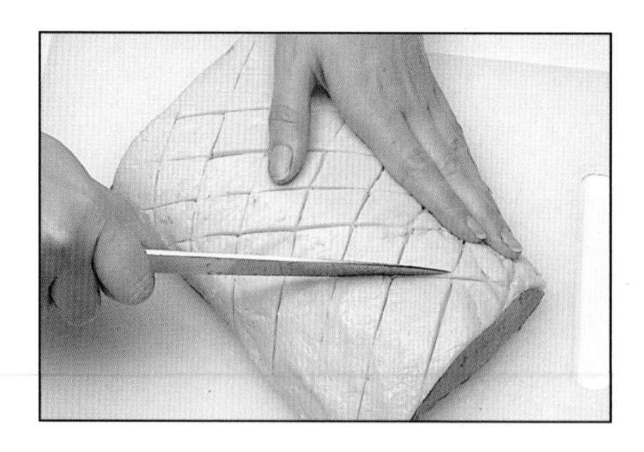

2 ▲ Préchauffez le four à 200 °C (th 6). Essuyez la viande avec du papier absorbant humide, puis la graisse. Quadrillez celle-ci avec la pointe du couteau.

3 Dans une cocotte, chauffez l'huile à feu vif. Ajoutez l'oignon, le poireau, les carottes et le céleri, et laissez cuire 3 à 5 minutes, jusqu'à ce qu'ils dorent, en remuant fréquemment. Ajoutez le cognac (facultatif), le bouillon, le bouquet garni et mélangez soigneusement.

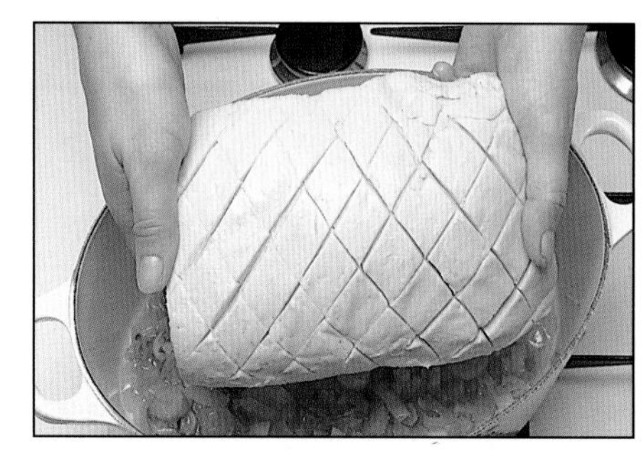

4 ▲ Placez le porc sur les légumes, et glissez la cocotte au four. Faites rôtir 1 heure 30 environ jusqu'à ce qu'un jus clair sorte en piquant la viande avec une brochette, ou que le thermomètre à viande indique 66 °C. (Si le liquide de cuisson s'évapore trop, rajoutez un peu de liquide de trempage des pruneaux, pour éviter aux légumes de brûler.) Transférez la viande sur un plat de service chaud, couvrez de papier d'aluminium et laissez reposer 15 minutes.

5 ▲ A l'écumoire, transférez les pruneaux dans une casserole moyenne. Éliminez le plus de gras possible de la cocotte, et chauffez à feu vif. Ajoutez le liquide des pruneaux et portez à ébullition, en remuant constamment, et en grattant le fond. Laissez bouillir 3 à 4 minutes.

6 ▲ Incorporez la Maïzena délayée dans la cocotte, et laissez cuire 2 à 3 minutes en remuant constamment, jusqu'à ce que la sauce épaississe, puis filtrez à travers un chinois le contenu de la cocotte au-dessus de la casserole de pruneaux, en pressant bien pour extraire tous les jus. Réchauffez la casserole à feu moyen, incorporez la crème, laissez mijoter 2 minutes, assaisonnez. Passez à feu doux, et laissez mijoter en remuant souvent, jusqu'au moment de servir.

7 Déposez les pruneaux sur le plat de viande, avec un peu de sauce. Proposez le reste de sauce en saucière. Servez avec du cresson et des pommes nouvelles.

PARIS

# Côtes de porc sauce moutarde

*Demandez à votre boucher un porc de bonne qualité pour cette recette, dont la sauce peut aussi accompagner du veau ou du poulet.*

Pour 4 Personnes

*15 g de beurre*
*1 cuillère à soupe d'huile*
*4 grosses côtes de porc, épaisses de 2,5 cm, dégraissées*
*Sel et poivre noir au moulin*
*4 cuillères à soupe de vin blanc ou de fond de volaille*
*1/2 cuillère à café de thym déshydraté*
*25 cl de crème fraîche*
*1 cuillère à soupe de concentré de tomate*
*1 cuillère à soupe de moutarde*
*1 tomate pelée, épépinée et concassée*
*1 cuillère à soupe d'estragon ou persil haché*
*Estragon frais ou autres herbes*
*Paillassons de pommes de terre*

1 ▼ Faites fondre le beurre et l'huile dans une grande poêle à feu vif, jusqu'à grésillement. Assaisonnez le porc et déposez-le dans la poêle ; passez à feu moyen. Laissez dorer 2 à 3 minutes de chaque côté, transférez sur une assiette ; jetez la graisse de la poêle.

2 ▲ Versez le vin ou le fond de volaille dans la poêle, et portez à ébullition 2 à 3 minutes pour faire évaporer presque tout le liquide.

3 ▲ Ajoutez la crème et le concentré de tomate ; laissez mijoter 2 minutes, en remuant fréquemment. Redéposez les côtes dans la poêle, et laissez cuire 4 à 5 minutes à feu moyen : la viande doit être ferme au toucher.

4 ▲ Ajoutez la moutarde, la tomate concassée et les herbes, en remuant et secouant la poêle pour bien les répartir. Réchauffez 1 minute. Servez avec la sauce et des paillassons de pommes de terre, garni de brins d'herbes fraîches.

# JAMBON BRAISÉ SAUCE MADÈRE

*Grâce à cette sauce, un bon jambon rustique du Morvan se transforme en un plat délicat.*

POUR 4 PERSONNES

*55 g de beurre*
*4 échalotes, hachées fin*
*30 g de farine*
*50 cl de fond de viande*
*1 cuillère à soupe de concentré de tomate*
*6 cuillères à soupe de madère*
*4 tranches de jambon assez épaisses de 175 g chacune*
*Sel et poivre noir au moulin*
*Cresson pour garnir*
*Purée de pommes de terre à la crème*

1 ▲ Faites fondre la moitié du beurre dans une casserole moyenne à fond épais, à feu moyen. Ajoutez les échalotes, et laissez revenir 2 à 3 minutes, en remuant souvent.

2 ▲ Saupoudrez de farine, et laissez cuire 3 à 4 minutes pour bien dorer, en remuant constamment, puis incorporez au fouet le fond de viande et le concentré de tomate. Poivrez. Laissez mijoter à feu doux, jusqu'à ce que la sauce soit réduite de moitié, en remuant à l'occasion.

3 ▼ Goûtez la sauce, et rectifiez l'assaisonnement. Versez le madère et laissez cuire 2 à 3 minutes. Filtrez au-dessus d'un bol, ou d'une saucière, et gardez au chaud (la sauce peut se préparer 2 à 3 jours à l'avance et se conserver au réfrigérateur).

LE CONSEIL DU CHEF

Pour donner à la sauce une couleur plus riche, ajoutez du concentré de tomate ou quelques gouttes de Viandox.

4 ▲ Pratiquez des incisions dans la couenne du jambon, pour lui éviter de se rétracter. Faites fondre le reste de beurre dans une grande poêle à feu moyen. Ajoutez le jambon, cuisez 4 à 5 minutes en retournant 1 fois, jusqu'à ce que la viande soit ferme au toucher. Disposez les tranches de jambon sur des assiettes chaudes, et versez un peu de sauce par-dessus. Garnissez de cresson, et servez accompagné de purée de pommes de terre.

# Choucroute garnie

*Une spécialité alsacienne très conviviale, encore meilleure quand elle est préparée à la maison, et succulente accompagnée de charcuterie fumée alsacienne…*

Pour 8 Personnes

*2 cuillères à soupe d'huile*
*1 oignon, en 2 et en rondelles*
*120 g de lard fumé, découpé en lardons*
*900 g de choucroute, rincée et égouttée*
*1 pomme épluchée, et coupée en tranches*
*1 ou 2 feuilles de laurier*
*1 1/2 cuillère à café de thym séché*
*4 ou 5 baies de genièvre*
*25 cl de vin blanc sec*
*12,5 cl d'eau ou de jus de pomme*
*6 saucisses de Strasbourg (ou de Francfort)*
*6 morceaux de travers de porc*
*900 g de petites pommes de terre, épluchées*
*Sel et poivre noir au moulin*

1 ▼ Préchauffez le four à 150 °C (th 4). Chauffez la moitié de l'huile dans une grande cocotte à feu moyen. Ajoutez l'oignon, le lard et laissez revenir 5 minutes, jusqu'à ce que l'oignon commence à fondre et le lard à colorer.

2 ▲ Videz la cocotte de la graisse liquide, puis versez la choucroute, la pomme, le laurier, le thym, le genièvre, le vin et l'eau ou le jus de pomme. Couvrez, mettez au four 30 minutes.

3 Dans une autre grande cocotte, chauffez le reste d'huile à feu moyen. Ajoutez les travers de porc. Cuisez en retournant : ils doivent être dorés de tous côtés. Remettez dans la cocotte contenant la choucroute, avec les saucisses et cuisez, à couvert 1 heure 30, en remuant.

4 ▲ Portez à ébullition une grande casserole d'eau salée. Ajoutez les pommes de terre et faites-les cuire 10 minutes. Égouttez et ajoutez-les à la cocotte. Faites-les glisser dans la choucroute et continuez à cuire, à couvert 30 à 45 minutes. Assaisonnez, si nécessaire, avant de servir.

# Cassoulet toulousain

*Dans le Sud-Ouest, on trouve autant de recettes de cassoulet que de villes et de villages.*

Pour 6 à 8 Personnes

*450 g de haricots blancs, trempés 1 nuit dans de l'eau froide, rincés et égouttés*
*675 g de saucisse de Toulouse*
*500 g d'épaule d'agneau, et 500 g d'épaule de porc, en morceaux de 5 cm*
*1 gros oignon, haché fin*
*3 ou 4 gousses d'ail, hachées très fin*
*4 tomates, pelées, épépinées, en morceaux*
*30 cl de fond de volaille*
*1 bouquet garni*
*4 cuillères à soupe de chapelure*
*Sel et poivre noir au moulin*

1 Placez les haricots dans une casserole. Couvrez d'eau. Faites bouillir 10 minutes à gros bouillons, égouttez, transvasez dans une autre casserole avec de l'eau, et faites bouillir. Baissez le feu et laissez mijoter 45 minutes, ajoutez un peu de sel, et laissez tremper dans l'eau de cuisson.

2 ▲ Préchauffez le four à 180 °C (th 5). Piquez les saucisses, jetez-les dans une grande poêle à feu moyen et faites-les dorer uniformément 20 à 25 minutes. Égouttez sur du papier absorbant, et jetez la graisse de la poêle, sauf 1 cuillère à soupe.

3 Montez le feu. Assaisonnez l'agneau et le porc, et faites revenir à la poêle, sur une seule couche, jusqu'à ce que les morceaux soient bien dorés. Procédez par petites quantités.

4 Placez l'oignon et l'ail dans la poêle, et cuisez-les 3 à 4 minutes en les retournant, pour les attendrir. Ajoutez les tomates, cuisez 2 à 3 minutes, puis transférez les légumes sur la viande. Ajoutez le fond de volaille, portez à ébullition, éliminez le gras de la surface.

5 ▲ Prélevez 1/4 des haricots que vous déposez dans une cocotte. Posez par-dessus 1/3 des saucisses, de la viande et des légumes.

6 Continuez couche par couche, en terminant par les haricots. Piquez au centre le bouquet garni ; versez le fond de volaille par-dessus et complétez avec le jus de cuisson des haricots, pour couvrir.

7 Couvrez la cocotte, et laissez cuire 2 heures (rajoutez éventuellement un peu de liquide en cours de cuisson). Découvrez, saupoudrez de chapelure, en pressant avec une cuillère pour l'imbiber. Continuez à cuire 20 minutes, jusqu'à ce que la chapelure soit dorée.

# TERRINE DE PORC AUX POIREAUX

*Dans cette recette fraîche et légère, la liaison à l'œuf est remplacée par des poireaux.*

POUR 8 À 10 PERSONNES

*450 g de poireaux nettoyés (le vert et le blanc)*
*15 g de beurre*
*2 ou 3 grosses gousses d'ail, hachées fin*
*1 kg de jarret ou d'épaule de porc*
*150 g de fines tranches de lard découenné*
*1 1/2 cuillère à café de thym séché*
*3 feuilles de sauge, hachées fin*
*1 grosse pincée de quatre-épices*
*1 grosse pincée de cumin en poudre*
*1/2 cuillère à café de sel*
*1 cuillère à café de poivre noir au moulin*
*1 feuille de laurier*

1 ▲ Coupez les poireaux dans le sens de la longueur, lavez-les et détaillez-les en petits morceaux. Faites fondre le beurre dans une grande poêle, versez-y les poireaux, couvrez et cuisez 10 minutes à feu moyen, en remuant de temps en temps. Ajoutez l'ail et continuez à cuire 10 minutes pour que les poireaux soient fondus. Laissez refroidir.

LE CONSEIL DU CHEF

Cette terrine ne saurait se servir sans cornichons, petits oignons au vinaigre, et pain grillé.

2 ▲ Éliminez toute la graisse, les tendons, les cartilages du porc, et détaillez en cubes de 3,5 cm. En 2 ou 3 fois, passez la viande au mixer, par bol à moitié plein. Hachez fin. Éventuellement passez au hachoir à viande à lame fine. Transférez dans un saladier et éliminez les filaments blancs restants.

3 Gardez 2 tranches de lard pour garnir, et hachez menu le reste. Ajoutez dans le saladier de porc.

4 Préchauffez le four à 180 °C (th 5). Chemisez le fond et les parois d'une terrine de 1,5 litre avec du papier sulfurisé.

5 ▲ Ajoutez les poireaux, les herbes, les épices, le sel et le poivre dans le saladier, et, à la cuillère en bois ou avec les doigts, mélangez très soigneusement.

6 ▲ Versez le mélange dans la terrine, en pressant bien. Tapez la terrine sur le plan de travail pour bien la compacter et égalisez le dessus. Disposez par-dessus les 2 tranches de lard et les feuilles de laurier, et couvrez hermétiquement de papier d'aluminium.

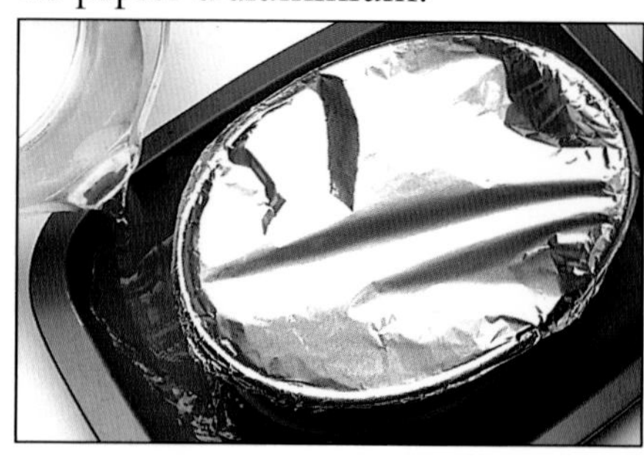

7 ▲ Placez la terrine dans une lèchefrite, versez tout autour de l'eau bouillante à mi-hauteur. Laissez cuire 1 heure 15.

8 Sortez la terrine du four, videz l'eau. Replacez la terrine dans la lèchefrite et posez sur le dessus une feuille de papier de cuisson ou un carton. Si le pâté n'a pas dépassé les bords de la terrine, placez directement dessus une feuille de papier d'aluminium. Appuyez avec des poids pendant toute la durée du refroidissement (du liquide va ressortir, raison pour laquelle vous devez garder la terrine dans la lèchefrite). Laissez refroidir de préférence une nuit, avant de découper.

Mustard Pommery
HUIC CONDIMENTO EST IMPERARE OMNIBUS CIBIS
A.D. 1632
PACKED BY
UTARDE DE MEAUX
POMMERY
AROMATISÉE

# Pâtisseries et Gourmandises

La pâtisserie a souvent la réputation d'être difficile à réussir. Et pourtant, quel plaisir de servir au dessert ne serait-ce qu'une simple tarte, mais préparée à la maison ! Alors, un peu de courage, et découvrez dans les recettes qui suivent comment terminer en beauté un déjeuner ou un dîner entre amis, ou en famille.

# TARTE AUX POMMES

*Une tarte aux pommes, mais pas n'importe laquelle, une tarte rustique, dont le secret est de cuire les pommes avant de les disposer sur la pâte.*

POUR 6 PERSONNES

*900 g de pommes à cuire, pelées, cœurs enlevés*
*1 cuillère à soupe de jus de citron*
*55 g de sucre semoule*
*40 g de beurre*
*350 g de pâte sablée*
*Crème épaisse ou fouettée*

VARIANTE

Pour une tarte aux poires épicées, remplacez les pommes par des poires. Faites dorer les poires 10 minutes. Saupoudrez de 1/2 cuillère à café de cannelle et d'une pincée de clous de girofle moulus. Mélangez bien avant de mettre les fruits en place.

1 Coupez chaque pomme en 4, puis chaque quartier en 3 ou 4. Aspergez de jus de citron et de sucre. Mélangez.

2 ▲ Faites fondre le beurre dans une grande poêle à feu moyen et jetez-y les pommes. Faites dorer 12 minutes, en remuant souvent. Otez du feu et réservez. Préchauffez le four à 190 °C (th 5-6).

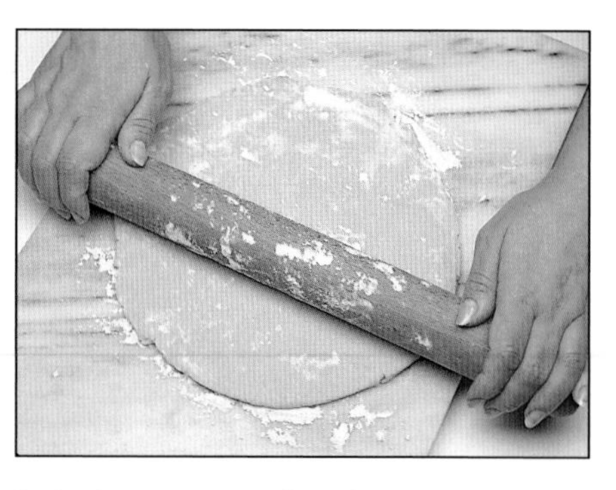

3 ▲ Sur une surface légèrement farinée, étalez la pâte pour obtenir un rond de 30 cm de diamètre. Coupez ce qui dépasse. Transférez délicatement sur une plaque à pâtisserie.

4 ▲ A la cuillère, déposez les pommes sur la pâte, en cercle, en les chevauchant légèrement et en laissant une bande libre de 5 cm tout autour de la pâte.

5 ▲ Roulez les bords de la pâte sur les pommes, en pressant. Laissez cuire 35 à 40 minutes, jusqu'à ce que la pâte soit cassante et dorée. Servez chaud avec de la crème fraîche épaisse ou fouettée.

# Tarte Tatin

*Le secret des sœurs Tatin n'est pas resté longtemps une confidence. Il existe même aujourd'hui des moules à tarte Tatin, dont on peut aussi se passer.*

Pour 8 à 10 Personnes

*225 g de pâte brisée*
*10 à 12 grosses pommes Reinettes*
*Jus de citron*
*120 g de beurre, en morceaux*
*120 g de sucre semoule*
*1/2 cuillère à café de cannelle moulue*
*Crème fraîche, pour accompagner*

1 Sur une surface légèrement farinée, étalez la pâte pour obtenir un rond de 28 cm de diamètre et 6 mm d'épaisseur. Posez sur une plaque farinée, et mettez au frais.

2 Pelez les pommes, coupez-les en 2 ; ôtez le cœur. Aspergez généreusement de jus de citron.

3 ▲ Dans un moule métallique de 25 cm à petits bords, faites cuire le beurre, le sucre et la cannelle à feu moyen, jusqu'à ce que le beurre soit fondu et le sucre dissous. Cuisez 6 à 8 minutes de plus, pour obtenir une couleur de caramel. Otez du feu, et disposez immédiatement les pommes dans ce moule, les unes contre les autres, en bourrant légèrement : leur volume diminuera à la cuisson.

4 Replacez le moule sur le feu, et laissez mijoter 20 à 25 minutes à feu moyen, jusqu'à ce que les pommes soient cuites et colorées. Otez du feu et laissez refroidir un peu.

5 ▼ Préchauffez le four à 230 °C (th 7). Déposez la pâte sur les pommes et rabattez-la autour des fruits. Piquez la pâte 2 fois avec une fourchette, puis faites-la cuire 25 à 30 minutes jusqu'à ce qu'elle soit dorée et que l'intérieur bouillonne. Laissez refroidir 10 à 15 minutes dans le moule.

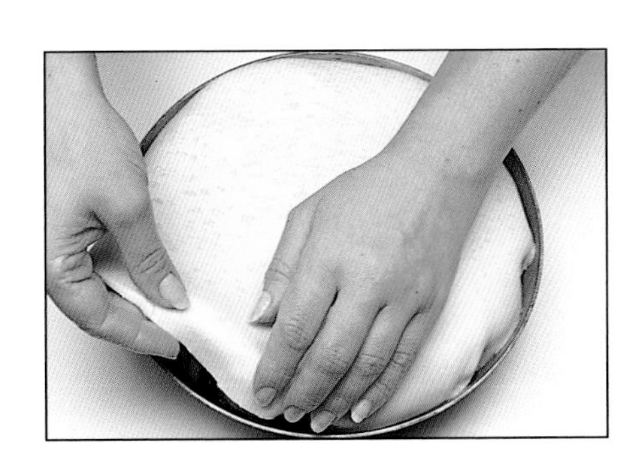

6 Pour servir, passez la pointe d'un couteau entre le bord et la pâte, pour détacher celle-ci. Couvrez avec un plat de service et, en tenant bien serré, retournez brusquement (au-dessus d'un évier, pour éviter les coulures de caramel). Soulevez délicatement le moule, et égalisez les pommes. Servez chaud avec de la crème.

Le Conseil du Chef

Si vous n'avez pas de moule, vous pouvez vous servir d'une poêle sans manche, ou entourer celui-ci de plusieurs épaisseurs de papier d'aluminium pour le protéger de la chaleur.

# TARTE AU CITRON

*Une tarte acidulée et rafraîchissante, à servir au dessert ou avec le thé.*

POUR 8 À 10 PERSONNES

*340 g de pâte brisée*
*Le zeste râpé de 2 ou 3 citrons*
*15 cl de jus de citron frais*
*100 g de sucre semoule*
*6 cl de crème fraîche épaisse*
*4 œufs, plus 3 jaunes d'œufs*
*Sucre glace*

1 ▼ Préchauffez le four à 190 °C (th 5-6). Étalez la pâte au rouleau, garnissez un moule de 23 cm de diamètre. Piquez le fond à la fourchette.

2 ▲ Garnissez la pâte d'aluminium, et remplissez de pois chiches. Laissez cuire 15 minutes, jusqu'à ce que les bords soient fermes. Enlevez l'aluminium et les pois. Continuez à cuire 5 à 7 minutes.

3 ▲ Versez le jus, le zeste de citron et le sucre dans un bol. Mélangez-les intimement au batteur, puis incorporez petit à petit la crème fraîche.

4 ▲ Battez tous les œufs dans le mélange, un à la fois, puis versez sur la pâte. Laissez cuire 15 à 20 minutes, jusqu'à ce que la crème soit prise. Si la pâte devient trop brune, couvrez les bords au papier d'aluminium. Saupoudrez de sucre glace avant de servir.

# Tarte aux poires à la frangipane

*Cette tarte peut se préparer avec toutes sortes de fruits, comme des nectarines, des pêches, des abricots ou des pommes.*

Pour 6 Personnes

*3 poires fermes*
*Jus de citron*
*350 g de pâte brisée*
*1 cuillère à soupe de cognac ou d'eau*
*4 cuillères à soupe de sirop de pêches, au naturel*

Pour la pâte aux amandes
*100 g d'amandes entières mondées*
*55 g de sucre en poudre*
*70 g de beurre*
*1 œuf, plus un blanc d'œuf*
*Quelques gouttes d'essence d'amande*

1 ▲ Aplatissez bien la pâte au rouleau et chemisez un moule de 23 cm. Placez au réfrigérateur. Versez les amandes et le sucre dans un mixer et réduisez en poudre, sans aller jusqu'à une pâte. Ajoutez le beurre et mixez en crème. Ajoutez l'œuf, le blanc d'œuf et l'essence d'amande.

2 Glissez une plaque à pâtisserie dans le four, et préchauffez à 190 °C (th 5-6). Pelez les poires, coupez-les en 2, enlevez le cœur, et passez-les au jus de citron. Sur une planche, détaillez-les en fines lamelles, en conservant la forme du fruit.

3 ▲ Versez la crème d'amande sur la pâte. Glissez une spatule sous chaque demi-poire et, délicatement, disposez-les en étoile sur la tarte. Vous pouvez prélever quelques lamelles pour combler l'espace vide au centre.

4 Placez la tarte sur la plaque à pâtisserie chaude, et cuisez 50 à 55 minutes. Laissez refroidir.

5 ▼ Pendant ce temps, chauffez le cognac ou l'eau et le sirop dans une petite casserole, et badigeonnez-en le dessus de la tarte pour obtenir un glaçage. Servez à la température ambiante.

# TARTE AUX FRAISES

*Cette tarte sera encore meilleure, assemblée juste avant de servir. Vous pouvez en effet préparer la pâte à l'avance et disposer les fraises à la dernière minute.*

POUR 6 PERSONNES

*350 g de pâte feuilletée*
*225 g de fromage blanc à 40 % bien égoutté*
*Le zeste gratté de 1 orange*
*2 cuillères à soupe de Cointreau ou jus d'orange*
*4 cuillères à soupe de sucre glace*
*450 g de fraises, équeutées*

1 Étalez votre pâte au rouleau sur 3 mm d'épaisseur pour garnir un moule rectangulaire de 28 x 10 cm. Découpez et pressez nettement les bords, laissez reposer au froid 20 à 30 minutes. Préchauffez le four à 200 °C (th 6).

2 ▼ Piquez le fond de la pâte à la fourchette, chemisez d'aluminium, remplissez de pois chiches, et cuisez 15 minutes. Enlevez l'aluminium et les pois, continuez à cuire 10 minutes : la pâte doit être dorée. Pressez sur le fond pour le faire dégonfler ; laissez refroidir.

3 ▲ Au batteur électrique, battez ensemble fromage blanc, zeste d'orange, liqueur ou jus d'orange et sucre glace. Étalez sur le fond de pâte. Coupez les fraises en 2, et disposez-les au-dessus de la crème. Saupoudrez de sucre glace.

# TARTELETTES AUX FRUITS D'ÉTÉ

*Voici de jolies tartelettes estivales qui s'adaptent avec d'autres fruits à toutes les saisons.*

POUR 6 PERSONNES

*350 g de pâte brisée*
*4 cuillères à soupe de gelée de pommes ou de groseilles*
*1 ou 2 cuillères à soupe de kirsch ou de jus de fruit*
*450 g de fruits divers (fraises, groseilles, mûres, cassis, figues, kiwis, abricots...) équeutés, détaillés en tranches*

**VARIANTE**

Vous pouvez tapisser le fond de la tartelette d'un peu de crème fouettée avec du sucre glace et la parfumer au cognac ou à une liqueur de fruit.

1 Préchauffez le four à 200 °C (th 6). Beurrez légèrement 6 moules à tartelettes.

2 ▲ Étalez la pâte sur 3 mm d'épaisseur. A l'aide d'un moule, découpez 6 ronds de pâte, en étalant de nouveau les restes, si nécessaire. Avec ces ronds, chemisez les moules, puis passez le rouleau sur les rebords pour couper l'excès de pâte. Piquez les fonds à la fourchette.

3 Chemisez les fonds de pâte avec du papier d'aluminium, et ajoutez une couche de pois chiches. Cuisez 15 minutes, jusqu'à ce que la pâte soit prise, et un peu sèche. Enlevez l'aluminium et les pois, et cuisez 5 minutes de plus. Faites refroidir.

4 ▲ Peu avant de servir, faites fondre la confiture dans une petite casserole à feu moyen, avec le kirsch ou le jus de fruit. Disposez les fruits sur la pâte et glacez généreusement avec la confiture.

# Tarte alsacienne aux prunes

*La tarte alsacienne est, d'une certaine manière, une sorte de quiche. D'autres fruits, comme les pommes, les quetsches et les poires conviennent parfaitement à cette recette.*

**Pour 6 à 8 Personnes**

*450 g de prunes, coupées en 2 et dénoyautées*
*2 cuillères à soupe de kirsch ou alcool de prune*
*350 g de pâte brisée*
*2 cuillères à soupe de gelée de groseilles*

*Pour la liaison*
*2 œufs*
*55 g de sucre semoule*
*17,5 cl de crème fraîche*
*Le zeste râpé de 1/2 citron*
*1/4 de cuillère à café de vanille liquide*

**Le Conseil du Chef**

Si vous avez le temps, réfrigérez le moule garni de pâte pendant 15 minutes avant de le faire cuire au four.

1 ▼ Préchauffez le four à 200 °C (th 6). Mélangez les prunes au kirsch ou alcool de prune, et laissez reposer 30 minutes.

2 Étalez la pâte très finement et chemisez-en un moule à tarte de 23 cm. Piquez le fond avec une fourchette. Couvrez d'aluminium et d'une couche de pois chiches. Faites cuire 15 minutes : la pâte doit être un peu ferme et sèche. Otez aluminium et pois.

3 ▲ Badigeonnez le fond de tarte d'une fine couche de gelée, puis faites cuire 5 minutes. Transférez sur une grille et baissez la température à 180 °C (th 5).

4 ▲ Pour la liaison, battez soigneusement les œufs et le sucre, le zeste de citron, la crème vanille et le jus éventuel des prunes.

5 ▲ Disposez les prunes, peau vers le haut, sur la pâte, et versez par-dessus la liaison. Cuisez 30 à 35 minutes, jusqu'à ce qu'un couteau planté au centre en ressorte propre. Servez tiède ou à température ambiante.

# TARTE FEUILLETÉE AUX NECTARINES

*Une tarte individuelle aisée à préparer, mais à laquelle la pâte feuilletée confère un certain style. Pêches, brugnons et abricots peuvent remplacer les nectarines.*

POUR 4 PERSONNES

*225 g de pâte feuilletée*
*450 g de nectarines*
*15 g de beurre*
*2 cuillères à soupe de sucre semoule*
*Noix de muscade râpée*
*Crème fraîche ou fouettée (facultatif)*

1 Beurrez légèrement une plaque à pâtisserie, et aspergez-la de quelques gouttes d'eau.

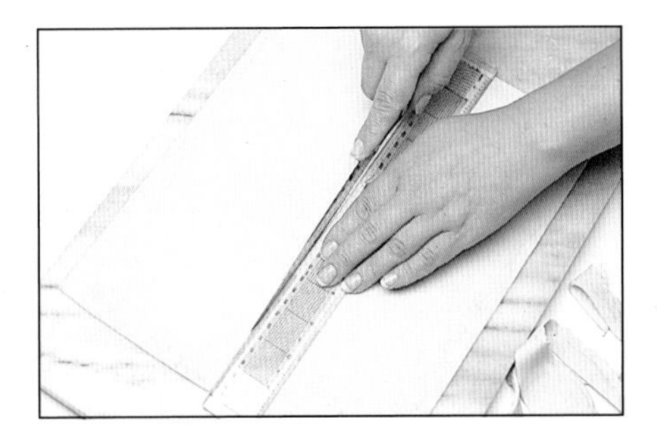

2 ▲ Sur une surface légèrement farinée, étalez la pâte feuilletée en un rectangle de 40 x 25 cm, que vous divisez en 6 petits rectangles.

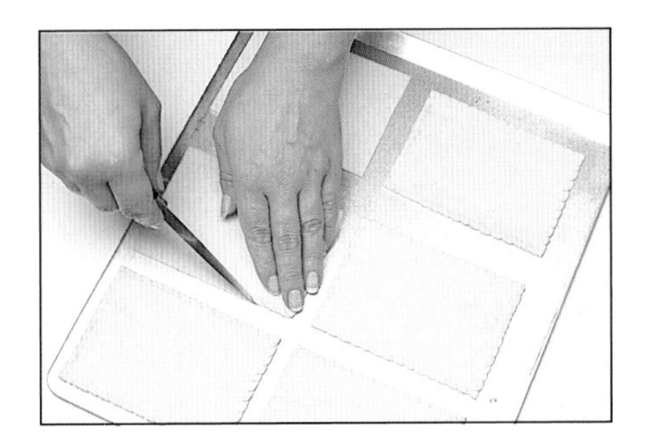

3 ▲ Transférez sur la plaque à pâtisserie. Du dos d'un petit couteau, festonnez les bords de la pâte. Puis, avec la pointe du couteau, dessinez une ligne à 1,2 cm tout autour de la pâte, sans la couper. Laissez au frais 30 minutes. Préchauffez le four à 200 °C (th 6).

4 ▲ Découpez les nectarines en 2, dénoyautez-les, puis coupez-les en tranches fines. Disposez-les, peau vers le haut, sur les rectangles de pâte, en évitant le bord que vous avez tracé. Saupoudrez de sucre et de muscade.

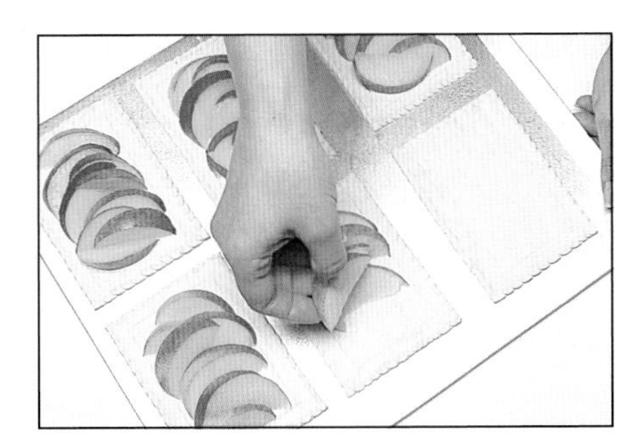

5 Laissez cuire 12 à 15 minutes, jusqu'à ce que les bords de la pâte soient gonflés et les fruits soient tendres.

6 Transférez sur une grille pour laisser refroidir légèrement. Servez tiède éventuellement avec de la crème fouettée.

LE CONSEIL DU CHEF

La forme rectangulaire n'est pas impérative. Vous pouvez faire ces tartelettes en rond, en carré, en losange, mais en délimitant toujours bien la bande de pâte qui fera bordure.

# PETITS MILLE-FEUILLES AUX FRAMBOISES

*Cette recette fait fureur dans les meilleurs restaurants. Un feuilleté étant toujours difficile à découper, l'idée consiste ici à préparer directement des portions individuelles.*

POUR 8 PERSONNES

*450 g de pâte feuilletée*
*6 jaunes d'œufs*
*70 g de sucre semoule*
*3 cuillères à soupe de farine*
*35 cl de lait*
*2 cuillères à soupe de kirsch ou liqueur de cerises (facultatif)*
*450 g de framboises*
*Sucre glace*
*Coulis de fraises ou de framboises*

1 Beurrez légèrement 2 plaques à pâtisserie, et aspergez-les de très peu d'eau.

2 ▼ Sur une surface légèrement farinée, étalez la pâte à 3 mm d'épaisseur. Avec une soucoupe de 10 cm de diamètre, découpez 12 ronds. Placez-les sur les plaques, piquez à la fourchette. Placez au refrigérateur 30 minutes. Préchauffez le four à 200 °C (th 6).

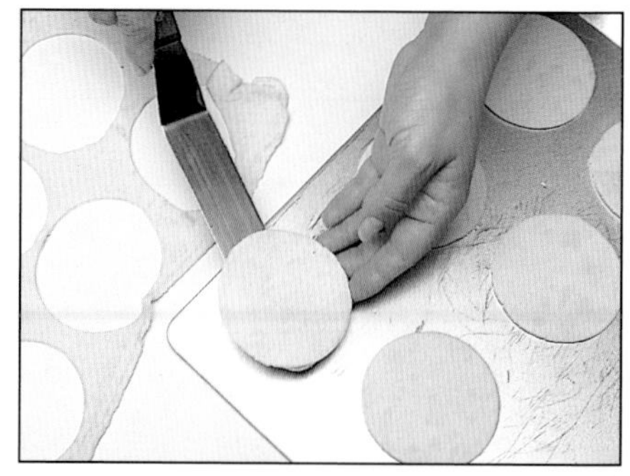

3 Faites cuire les ronds de pâte 15 à 20 minutes, jusqu'à ce qu'ils soient dorés, et laissez-les refroidir sur une grille.

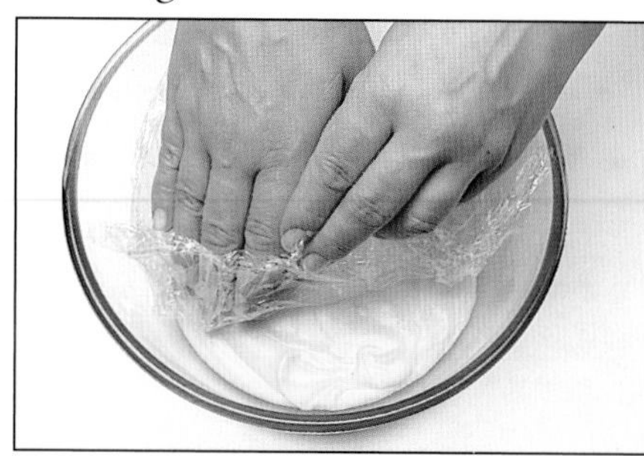

4 ▲ Mélangez pendant 2 minutes au fouet les jaunes d'œufs et le sucre, pour obtenir une crème légère, puis incorporez soigneusement la farine. Portez le lait à ébullition à feu moyen, et versez sur le mélange précédent, en battant au fouet. Reversez le tout dans la casserole, portez à ébullition, faites bouillir 2 minutes en fouettant constamment. Otez du feu, et incorporez éventuellement le kirsch ou la liqueur. Versez dans un saladier. Recouvrez d'un film transparent. Laissez refroidir.

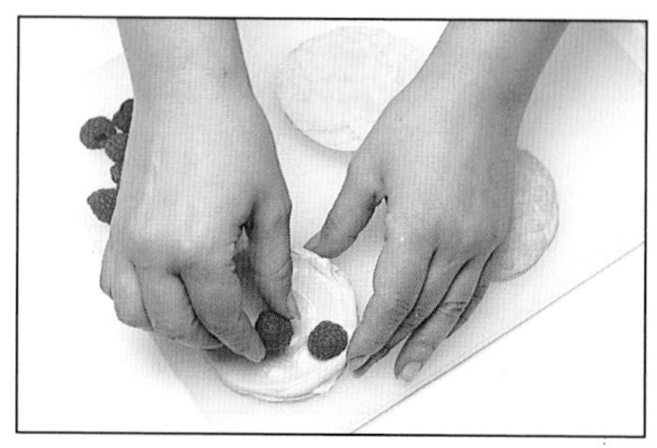

5 ▲ Assemblage : dédoublez délicatement chaque rond de pâte. Tartinez-les de crème. Disposez par-dessus une couche de framboises, surmontez d'un second rond, tartinez légèrement de crème, ajoutez quelques framboises, terminez avec un troisième rond. Saupoudrez de sucre glace et servez avec un coulis de fruits rouges.

# PROFITEROLES AU CHOCOLAT

*Le classique des gourmets-gourmands. Les profiteroles peuvent être fourrées de glace ou de crème, mais le chocolat chaud est de règle.*

POUR 4 À 6 PERSONNES

*275 g de chocolat noir*
*12 cl d'eau chaude*
*75 cl de glace à la vanille*

POUR LES PETITS CHOUX
*110 g de farine*
*1/4 de cuillère à café de sel*
*1 pincée de muscade râpée*
*17,5 cl d'eau*
*85 g de beurre, en 6 morceaux*
*3 œufs*

1 Préchauffez le four à 200 °C (th 6), et beurrez légèrement une plaque à pâtisserie.

2 Pour les choux : passez au tamis ensemble farine, sel et muscade. Dans une casserole moyenne, portez l'eau et le beurre à ébullition. Otez du feu, et ajoutez les ingrédients tamisés d'un seul coup. Battez pendant 1 minute à la cuillère en bois, jusqu'à ce que le mélange se détache des parois de la casserole, puis placez celle-ci à feu doux et faites cuire 2 minutes environ, en battant constamment. Otez du feu.

3 ▲ Battez un œuf dans un bol et réservez. Ajoutez les autres œufs, 1 par 1, dans la casserole, en battant. Ajoutez ensuite l'œuf battu par petites cuillerées, en tournant : le mélange doit être moelleux et brillant et retomber lentement en le soulevant à la cuillère.

4 ▼ Avec une cuillère à soupe, faites 12 petits tas de pâte sur la plaque à pâtisserie. Faites cuire 25 à 30 minutes, jusqu'à ce que la pâte soit bien gonflée et dorée. Éteignez le four, et laissez refroidir porte ouverte.

5 Pour la sauce, faites fondre le chocolat dans l'eau au bain-marie, en remuant de temps en temps. Conservez au chaud jusqu'au moment de servir, ou réchauffez au-dessus de l'eau frémissante.

6 Coupez en 2 les choux et remplissez-les de 1 cuillère de glace. Disposez sur un plat, ou sur des assiettes à dessert, versez le chocolat chaud par-dessus, et servez immédiatement.

# Génoise fourrée aux fruits rouges

*Une génoise se prête à de multiples variations ; elle peut même se consommer simplement sucrée ou recouverte d'une couche de fruits frais.*

**Pour 6 Personnes**

*120 g de farine*
*4 œufs à température ambiante*
*120 g de sucre semoule*
*1/2 cuillère à café de vanille liquide*
*55 g de beurre, fondu, et refroidi*

*Pour la garniture*
*450 g de fraises ou framboises*
*2 à 4 cuillères à soupe de sucre semoule*
*50 cl de crème fleurette*
*1 cuillère à café de vanille liquide*

1 Préchauffez le four à 180 °C (th 5). Beurrez légèrement un moule à ressort de 23 cm. Chemisez le fond de papier sulfurisé fariné. Tamisez 2 fois, et ensemble, la farine et le sel.

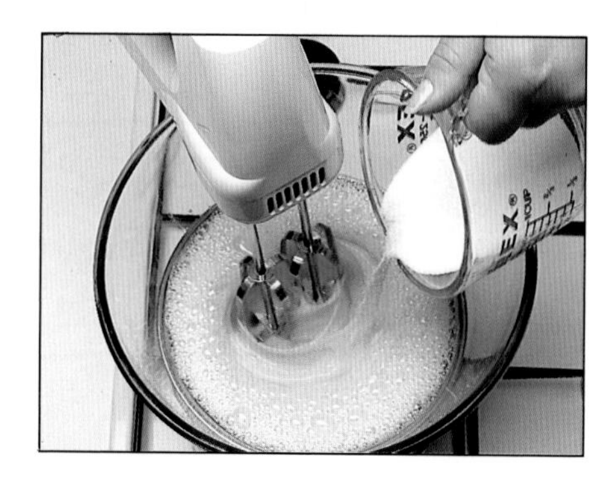

2 ▲ Remplissez à moitié une casserole moyenne d'eau chaude et chauffez-la à feu doux. Cassez les œufs dans un bol placé au-dessus de la casserole, mais sans toucher l'eau. Au batteur électrique, battez 8 à 10 minutes les œufs à vitesse moyenne, en ajoutant peu à peu le sucre, jusqu'à ce que le mélange soit très épais et retombe en ruban quand vous soulevez le batteur. Otez le bol de la casserole, ajoutez la vanille, et continuez à battre jusqu'à ce que le mélange ait refroidi.

3 ▲ Incorporez la farine tamisée et salée en 3 fois, au fouet. Avant la troisième adjonction, prélevez une grosse cuillerée du mélange et incorporez-la au beurre clarifié fondu pour l'alléger, puis versez ce beurre dans le premier mélange avec le reste de la farine. Travaillez ce mélange rapidement, mais délicatement, pour qu'il ne dégonfle pas. Versez dans le moule en appuyant légèrement sur le dessus pour que le centre soit un peu moins haut que les côtés.

4 ▲ Faites cuire 25 à 30 minutes au four jusqu'à ce que le dessus soit souple, et que les bords se détachent du moule. Placez 5 à 10 minutes sur une grille pour refroidir, puis retournez le gâteau sur la grille pour qu'il finisse de refroidir. Enlevez le papier de cuisson.

5 ▲ Pour la garniture, coupez les fraises en morceaux dans un saladier, et saupoudrez-les de 1 à 2 cuillères à soupe de sucre. Réservez. Fouettez la crème avec 1 à 2 cuillères à soupe de sucre et la vanille jusqu'à ce qu'elle forme des pics.

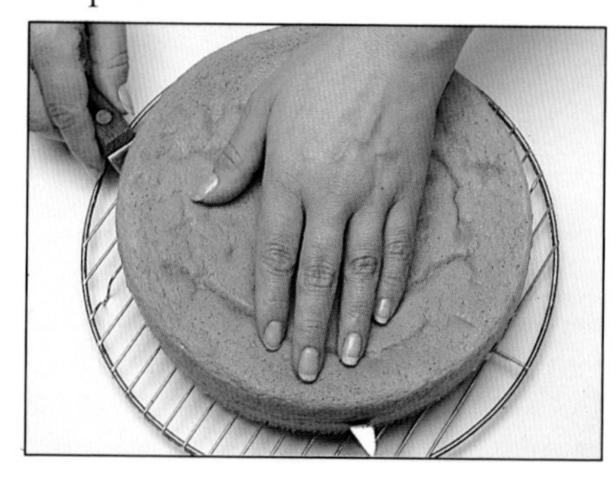

6 ▲ Pour assembler le gâteau (4 heures au maximum avant de servir), partagez-le en 2 horizontalement avec un couteau-scie. Placez le dessus, à l'envers, sur un plat de service. Répartissez sur la surface 1/3 de la crème et recouvrez d'une couche de fraises.

7 Placez le second fond de pâte sur les fraises, et appuyez légèrement. Répartissez le reste de crème sur le dessus et les côtés du gâteau. Laissez au réfrigérateur jusqu'au moment de servir. Servez avec le reste de fraises.

# REINE DE SABA

*Ce gâteau au chocolat et aux amandes, particulièrement onctueux, peut se préparer longtemps à l'avance et se conserver recouvert de film transparent, 2 ou 3 jours au réfrigérateur.*

POUR 8 À 10 PERSONNES

*100 g d'amandes entières, mondées et légèrement grillées*
*120 g de sucre semoule*
*40 g de farine*
*120 g de beurre*
*150 g de chocolat noir, fondu*
*3 œufs, jaunes et blancs séparés*
*2 cuillères à soupe de liqueur d'amandes*

POUR LE GLAÇAGE AU CHOCOLAT
*17,5 cl de crème fleurette*
*225 g de chocolat, en morceaux*
*30 g de beurre*
*2 cuillères à soupe de liqueur d'amandes*
*Amandes grillées concassées, pour le décor*

1 ▲ Préchauffez le four à 180 °C (th 5-6). Beurrez légèrement un moule à manqué de 20 à 25 cm, ou un moule à gâteau à fond amovible. Chemisez le fond de papier sulfurisé, et saupoudrez légèrement de farine.

2 Passez au mixer à lame en hélice les amandes et 2 cuillères à soupe de sucre. Transférez cette poudre dans un saladier et tamisez la farine au-dessus. Mélangez et réservez.

3 ▲ Dans un saladier, fouettez le beurre au batteur électrique jusqu'à ce qu'il soit crémeux, ajoutez la moitié du sucre restant et battez 1 à 2 minutes pour obtenir une crème légère. Incorporez petit à petit le chocolat, puis les jaunes d'œufs, un à un, en battant bien chaque œuf. Ajoutez la liqueur en dernier.

4 ▲ Dans un autre saladier, battez les œufs en neige bien ferme. Ajoutez le reste de sucre pour obtenir un blanc solide et brillant, mais pas trop dur. Incorporez 1/4 de ces blancs au chocolat, puis le mélange d'amandes, et enfin le reste des blancs, en 3 fois. Versez avec une cuillère dans le moule préparé. Égalisez et tapez doucement le moule sur le plan de travail pour éliminer les bulles d'air.

5 Faites cuire 30 à 35 minutes jusqu'à ce que les bords soient gonflés mais le centre encore moelleux (une lame de couteau insérée à 5 cm des bords doit cependant ressortir propre). Transférez le gâteau dans son moule sur une grille pour refroidir (environ 15 minutes). Démoulez, ôtez le papier et laissez refroidir complètement.

6 Pour le glaçage, portez la crème à ébullition dans une casserole. Otez du feu et ajoutez le chocolat. Remuez doucement jusqu'à ce que le chocolat soit fondu et crémeux. Fouettez en incorporant le beurre et la liqueur. Laissez tiédir 20 minutes en remuant de temps en temps.

7 ▲ Placez le gâteau sur une grille au-dessus d'une plaque à pâtisserie et versez par-dessus la sauce au chocolat pour recouvrir complètement le dessus. Avec une spatule, répartissez la sauce sur le pourtour. Laissez reposer 5 minutes, puis, délicatement, pressez les amandes concassées sur le pourtour du gâteau. Avec 2 grandes spatules, transférez sur un plat de service et gardez au réfrigérateur jusqu'au moment de servir.

Reine de Saba

# Gâteau au chocolat

*Une tarte moelleuse, véritable rêve des amateurs de chocolat.*

Pour 6 à 8 Personnes

*250 g de chocolat noir, concassé*
*225 g de beurre, en morceaux*
*5 œufs*
*100 g, plus 2 cuillères à soupe de sucre semoule*
*2 cuillères à soupe de cacao en poudre, plus un peu pour la fin*
*2 cuillères à café de vanille liquide*
*Copeaux de chocolat, pour le décor*

1 Préchauffez le four à 170 °C (th 3). Beurrez légèrement un moule à fond amovible de 23 cm dont vous chemisez le fond de papier sulfurisé que vous beurrez et saupoudrez d'un peu de sucre, sans excès.

2 ▲ Ce gâteau se cuisant au bain-marie, recouvrez bien hermétiquement le fond et les parois du moule d'une double épaisseur de papier d'aluminium.

3 Faites fondre le chocolat et le beurre dans une casserole à feu doux, en remuant souvent, pour obtenir une crème onctueuse. Otez du feu. Battez 1 minute les œufs avec 100 g de sucre, au batteur.

4 ▲ Mélangez le cacao et le reste de sucre, et incorporez-les soigneusement aux œufs. Ajoutez la vanille, le chocolat fondu et mélangez délicatement le tout. Versez le mélange dans le moule, en le tapotant légèrement pour éliminer les bulles d'air.

5 ▲ Placez le moule dans un plat à four dans lequel vous versez de l'eau bouillante jusqu'à 2 cm du bord supérieur du moule. Laissez cuire 45 à 50 minutes, jusqu'à ce que les bords soient pris et le centre encore mou (un couteau piqué à 5 cm des bords doit ressortir propre). Otez le moule, enlevez l'aluminium, placez sur une grille, démontez les côtés, et laissez refroidir complètement (le centre s'affaissera légèrement).

6 Renversez le gâteau sur la grille. Enlevez le fond et le papier. Saupoudrez généreusement de cacao, et disposez les copeaux de chocolat autour du bord. Glissez le gâteau sur un plat à tarte.

# Fondant au chocolat

*Le gâteau au chocolat des familles : dense, bien noir, délicieux. Il peut se servir avec de la crème Chantilly ou un coulis de framboises, ou d'oranges.*

Pour 6 à 8 Personnes

*150 g de sucre semoule*
*275 g de chocolat noir, concassé*
*175 g de beurre, en morceaux*
*2 cuillères à café de vanille liquide*
*5 œufs, blancs et jaunes séparés*
*40 g de farine*
*1 pincée de sel*
*Sucre glace*
*Crème Chantilly, pour accompagner*

1 ▲ Préchauffez le four à 170 °C (th 5). Beurrez généreusement un moule à fond amovible de 24 cm, que vous saupoudrez de sucre, sans excès.

2 Réservez 3 cuillères à soupe de sucre. Placez le chocolat, le beurre et le reste de sucre dans une casserole à fond épais, et faites chauffer à feu doux jusqu'à ce que le beurre et le chocolat soient fondus, et le sucre dissous. Otez du feu, versez la vanille, et laissez refroidir un peu.

3 ▼ Battez les jaunes d'œufs dans le chocolat, un par un, puis incorporez la farine.

4 Dans un saladier bien propre, battez les blancs en neige. Augmentez la vitesse, ajoutez le sel et continuez à battre jusqu'à ce qu'ils soient bien fermes. Saupoudrez du sucre réservé, et battez encore pour obtenir un mélange solide et brillant. Incorporez 1/3 des blancs dans le chocolat, puis le reste.

5 ▲ Versez le mélange dans le moule, et tapez légèrement pour éliminer les bulles d'air.

6 Faites cuire le gâteau 35 à 45 minutes jusqu'à ce qu'il soit bien gonflé et que le centre soit souple au toucher (si la levée est inégale, tournez le moule dans le four après 20 minutes). Transférez le gâteau sur une grille, démontez le moule, et laissez refroidir complètement. Enlevez le fond. Saupoudrez de sucre glace. Servez avec de la crème Chantilly ou un coulis.

# Quatre-quarts au coulis de fruits rouges

*Délicieux avec du thé, ce gâteau traditionnel est encore plus succulent accompagné d'un coulis de fruits rouges.*

Pour 6 à 8 Personnes

*450 g de framboises, de fraises ou de cerises dénoyautées, ou un mélange des 3*
*175 g, plus une cuillère à soupe de sucre semoule*
*1 cuillère à soupe de jus de citron*
*175 g de farine*
*1 pincée de sel*
*2 cuillères à café de levure chimique*
*175 g de beurre mou*
*3 œufs, à la température ambiante*
*Le zeste gratté de 1 orange*
*1 cuillère à soupe de jus d'orange*

1 Réservez quelques fruits entiers pour la présentation, et passez le reste au mixer.

2 ▼ Ajoutez 1 ou 2 cuillères à soupe de sucre et le jus de citron dans le mixer pour obtenir un coulis. Filtrez et conservez au froid.

3 Beurrez le fond et les côtés d'un moule à cake de 20 x 10 cm. Chemisez le fond de papier sulfurisé. Beurrez le papier, et de nouveau les côtés, saupoudrez de sucre. Préchauffez le four à 180 °C (th 5-6).

4 ▲ Tamisez ensemble farine, sel et levure. Dans un saladier moyen, battez le beurre en pommade durant 1 minute au mixer électrique. Ajoutez le sucre, battez 4 à 5 minutes : le mélange devient léger et aérien ; ajoutez les œufs, un par un, en battant énergiquement à chaque fois. Finissez avec le zeste et le jus d'orange.

5 ▲ Délicatement, incorporez le mélange de farine dans le beurre en 3 fois. Répartissez cette pâte dans le moule, que vous tapez légèrement pour éliminer les bulles d'air.

6 Faites cuire 35 à 40 minutes jusqu'à ce que le dessus soit doré et souple au toucher. Posez le gâteau sur une grille, et laissez refroidir 10 minutes. Démoulez, puis laissez refroidir 30 minutes. Enlevez le papier et servez en tranches avec un peu de coulis et quelques fruits frais.

# PETITES BRIOCHES

*Ces petites brioches sont délicieuses avec une cuillerée de crème ou de confiture, ou même remplies d'œufs brouillés.*

POUR 8 BRIOCHES

*1 cuillère à soupe de levure de boulanger déshydratée*
*1 cuillère à soupe de sucre en poudre*
*2 cuillères à soupe de lait chaud*
*2 œufs*
*200 g de farine*
*1 cuillère à café de sel*
*85 g de beurre, en 6 morceaux, à température ambiante*
*1 jaune d'œuf battu avec 2 cuillères à soupe d'eau, pour dorer*

1 ▲ Beurrez légèrement 8 moules à brioche individuels. Placez la levure et le sucre dans un bol, ajoutez le lait et remuez pour bien dissoudre. Laissez reposer 5 minutes. Le mélange devient mousseux. Battez les œufs dedans.

2 ▲ Versez la farine et le sel dans un mixer à lame en hélice. Mixez tout en versant la levure par la cheminée. Raclez les côtés et continuez à mixer 2 à 3 minutes, ou jusqu'à ce que la pâte forme une boule. Ajoutez le beurre, mixez en 10 impulsions, ou jusqu'à ce que le beurre soit incorporé.

3 Disposez la pâte dans un saladier beurré et couvrez d'un linge. Réservez dans un endroit chaud pendant 1 heure. La pâte double de volume. Pétrissez encore quelques minutes.

4 ▲ Réservez 1/4 de la pâte. Faites 8 petites boules avec le reste que vous déposez dans les moules. Faites 8 boules du 1/4 réservé. Créez un petit cratère au sommet de la pâte des moules et déposez par-dessus ces mini-boules.

5 Laissez doubler de volume dans un endroit chaud pendant 30 minutes. Préchauffez le four à 200 °C (th 6).

6 Badigeonnez les brioches avec l'œuf battu, et faites-les cuire 15 à 18 minutes, jusqu'à ce qu'elles soient bien dorées. Laissez refroidir sur une grille avant de servir.

LE CONSEIL DU CHEF

La même pâte peut servir à faire une grande brioche dans un moule conique festonné. Vous pouvez préparer de même une grosse boule, pour la base, et une petite, pour le chapeau. Couvrez et laissez monter 1 heure. Temps de cuisson : 35 à 45 minutes.

# Savarin aux fruits

*Ce savarin, qui n'est pas très éloigné du célèbre baba, est une agréable façon de mettre en valeur les fruits d'été.*

Pour 10 à 12 Personnes

*1 cuillère à soupe de levure de boulanger déshydratée*
*55 g de sucre semoule*
*4 cuillères à soupe d'eau*
*300 g de farine*
*4 œufs battus*
*1 cuillère à café de vanille liquide*
*100 g de beurre mou*
*450 g de framboises ou de fraises*
*Feuilles de menthe, pour décorer*
*30 cl de crème Chantilly*

*Pour le sirop*
*225 g de sucre semoule*
*60 cl d'eau*
*6 cuillères à soupe de gelée de groseilles*
*3 cuillères à soupe de kirsch (facultatif)*

1 ▲ Beurrez généreusement un moule à savarin de 23 cm de diamètre. Mélangez la levure et 1 cuillère à soupe de sucre dans un bol, ajoutez l'eau, remuez pour dissoudre et laissez reposer 5 minutes environ jusqu'à ce que cela mousse.

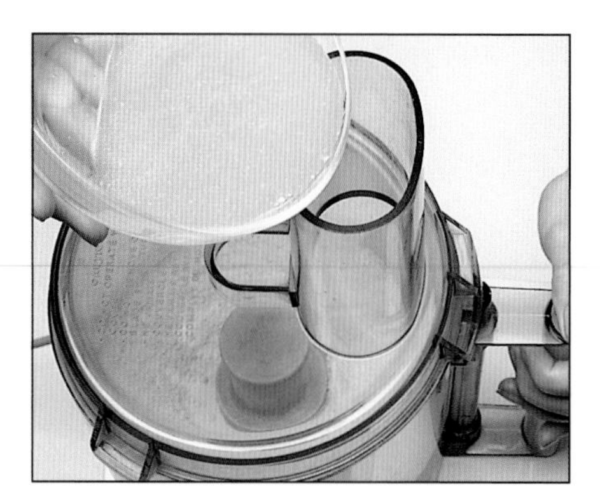

2 ▲ Versez la farine et le reste de sucre dans un mixer à lame en hélice, et mixez. En même temps versez doucement le mélange de levure, les œufs et la vanille par la cheminée. Arrêtez, raclez les parois, et mixez encore 2 à 3 minutes, pour obtenir une pâte molle. Ajoutez le beurre, mélangez-le en 10 impulsions, jusqu'à ce qu'il soit bien incorporé.

3 ▲ Déposez la pâte dans le moule, à la cuillère, en laissant un espace entre chaque cuillerée (il disparaîtra à la montée). Tapez doucement le moule pour éliminer les bulles d'air, couvrez d'une serviette et laissez monter dans un endroit chaud, pendant 1 heure. La pâte doit doubler de volume et arriver au bord du moule. Préchauffez le four à 200 °C (th 6).

4 Placez le moule sur une plaque à pâtisserie dans le four et passez immédiatement à 180 °C (th 5). Cuisez 25 minutes environ, jusqu'à ce que le dessus soit bien doré et souple au toucher. Démoulez le gâteau sur une grille et laissez un peu refroidir.

5 ▲ Pour le sirop, mélangez le sucre, l'eau et 4 cuillères à soupe de gelée dans une casserole. Portez à ébullition à feu moyen, et laissez bouillir 3 minutes. Otez du feu, et laissez refroidir un peu, puis incorporez le kirsch (facultatif). Dans un bol, mélangez 2 cuillères à soupe de ce sirop chaud avec le reste de gelée de groseilles. Réservez.

6 Placez la grille et le gâteau sur un plat creux. Lentement, versez avec une cuillère le sirop sur le gâteau en récupérant le sirop tombant au fond du plat. Tout doit être absorbé. Délicatement, transférez le gâteau – très fragile – sur un plat à gâteau, et versez par-dessus le reste de sirop. Badigeonnez avec le glaçage, remplissez le centre de framboises, ou de fraises, et décorez de feuilles de menthe. Réservez au réfrigérateur, et servez avec de la crème.

Kirsch

# Macarons

*Des amandes entières, fraîchement hachées et légèrement grillées pour faire ressortir leur parfum, sont le secret de ce délicat biscuit.*

Pour 12 Pièces

*120 g d'amandes mondées, grillées*
*160 g de sucre semoule*
*2 blancs d'œufs*
*1/2 cuillère à café d'essence d'amande ou de vanille liquide*
*Sucre glace*

1 Préchauffez le four à 180 °C (th 5). Garnissez une plaque à pâtisserie de papier sulfurisé. Réservez 12 amandes pour le décor. Dans un mixer à lame en hélice, broyez ensemble et finement le reste des amandes et le sucre.

2 Pendant que la lame tourne, versez par la cheminée assez de blanc d'œuf pour former une pâte légère ; ajoutez l'essence d'amande ou la vanille, mixez par impulsions.

3 ▲ Avec le mains mouillées, formez de petites boules de pâte de la taille d'une noix, et alignez-les sur la plaque.

4 Pressez une des amandes réservées sur chacune des boules, en les aplatissant légèrement, et saupoudrez-les d'un peu de sucre glace. Laissez cuire 10 à 12 minutes jusqu'à ce que le dessus soit doré et assez ferme. Posez le papier sur une grille, laissez refroidir un peu, puis détachez les macarons et laissez refroidir complètement.

**Le Conseil du Chef**

Pour griller les amandes, étalez-les sur une plaque à pâtisserie et laissez-les cuire 10 à 15 minutes dans le four préchauffé, jusqu'à ce qu'elles soient dorées. Laissez refroidir avant de les broyer.

# Madeleines

*Un petit gâteau qui plaît à tous et doit, de préférence, se consommer le jour même de sa fabrication.*

Pour 12 Pièces

*165 g de farine*
*1 cuillère à café de levure chimique*
*2 œufs*
*85 g de sucre glace, un peu plus pour saupoudrer*
*Le zeste râpé de 1 orange ou de 1 citron*
*1 cuillère à soupe de jus de citron ou d'orange*
*85 g de beurre, fondu, et refroidi*

**Le Conseil du Chef**

La pâte de cette recette peut évidemment convenir à d'autres formes de petits gâteaux, si vous n'avez pas de moule à madeleines : le goût sera le même, si le résultat est moins esthétique.

1 Préchauffez le four à 190 °C (th 5-6). Beurrez généreusement un moule à 12 madeleines. Mélangez ensemble la farine et la levure.

2 ▲ Au batteur électrique, battez pendant 5 à 7 minutes les œufs et le sucre glace pour obtenir un mélange crémeux et épais, retombant en ruban quand vous soulevez l'appareil. Incorporez doucement zeste et jus de fruit.

3 ▲ Commencez avec la farine, mélangez en 4 fois alternativement farine et beurre fondu. Laissez reposer 10 minutes, puis versez délicatement à la cuillère dans le moule, que vous taperez pour éliminer les bulles d'air. Laissez cuire 12 à 15 minutes, en tournant le moule en cours de cuisson, jusqu'à ce qu'un couteau planté au centre d'une madeleine ressorte propre. Démoulez sur une grille, laissez refroidir. Saupoudrez de sucre glace.

PARIS

# Tuiles aux amandes

*Ces petits gâteaux rappellent les tuiles romaines, d'où leur nom. Comme elles sont un peu difficiles à réussir du premier coup, entraînez-vous au début sur de petites quantités...*

Pour 24 Pièces

*70 g d'amandes entières mondées et légèrement grillées*
*70 g de sucre semoule*
*40 g de beurre mou*
*2 blancs d'œufs*
*1/2 cuillère à café d'essence d'amande*
*35 g de farine tamisée*
*55 g d'amandes effilées*

1 Préchauffez le four à 200 °C (th 6). Beurrez généreusement 2 plaques à pâtisserie épaisses.

### Le Conseil du Chef

Si les biscuits s'aplatissent, ou perdent de leur fermeté, réchauffez-les à feu doux sur une plaque, jusqu'à ce qu'ils s'étalent, puis remettez-les en forme sur le rouleau à pâtisserie.

2 Placez les amandes et 2 cuillères à soupe de sucre dans un mixer à lame en hélice, et broyez le tout en poudre fine.

3 ▼ Au batteur électrique, battez le beurre, en pommade, puis ajoutez le reste de sucre et battez 1 minute de plus. Le mélange s'allège. Peu à peu, incorporez les blancs d'œufs en les battant, puis l'essence d'amande. Tamisez la farine au-dessus de ce mélange, et incorporez les amandes broyées.

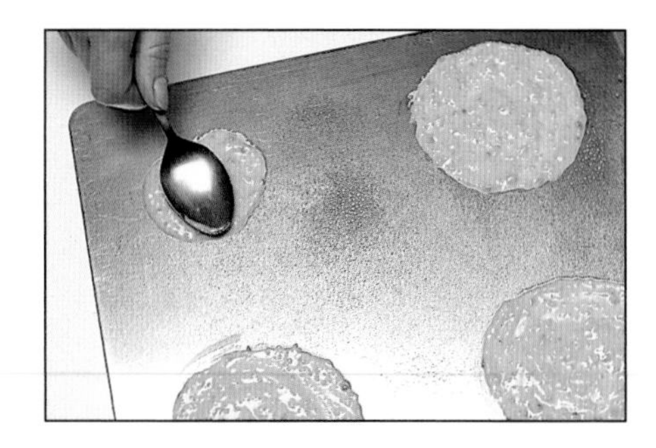

4 ▲ A la cuillère, déposez sur les plaques à pâtisserie de petites quantités de pâte, séparées de 15 cm. Avec le dos d'une cuillère mouillée, écrasez la pâte pour obtenir un rond très fin de 7,5 cm de diamètre. Saupoudrez d'amandes effilées.

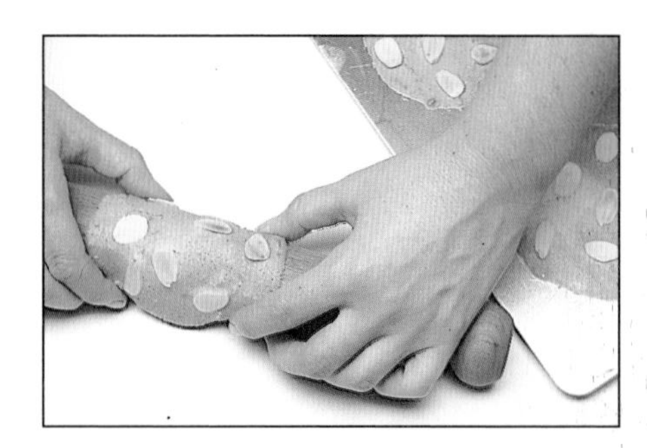

5 ▲ Faites cuire 5 à 6 minutes, 1 plaque à la fois, jusqu'à ce que les bords soient dorés et les centres encore pâles. Détachez rapidement les ronds de pâte à la spatule. Déposez-les sur un rouleau à pâtisserie et pressez les bords pour donner la forme d'une tuile.

6 Dès que les biscuits ont pris forme, transférez-les sur une grille où ils refroidiront en se raffermissant. Si la pâte est trop dure pour être courbée, repassez 15 à 30 secondes la plaque au four. Conservez ces tuiles sur une seule couche dans une boîte de fer.

# Palmiers

*Ces petits palmiers sont un grand classique des pâtisseries et des boulangeries. En voici une recette plus subtile au bon goût de cannelle.*

Pour 40 Pièces

*15 g d'amandes, de noix ou de noisettes broyées*
*2 cuillères à soupe de sucre semoule, plus un peu pour le saupoudrage*
*1/2 cuillère à café de cannelle en poudre*
*225 g de pâte feuilletée*
*1 œuf, légèrement battu*

1 ▲ Beurrez légèrement 2 grandes plaques à pâtisserie, de préférence antiadhésives. Dans un mixer à lame en hélice, broyez très fin les noix, le sucre et la cannelle. Transférez dans un petit bol.

2 ▲ Saupoudrez de sucre votre plan de travail et la pâte, et étalez celle-ci en un rectangle de 50 x 20 cm x 3 mm. Badigeonnez-la rapidement d'œuf battu, et saupoudrez-la avec la moitié du mélange mixé.

3 ▼ Repliez la pâte sur le centre, dans le sens de la longueur pour former une sorte de baguette, que vous étalez au rouleau. Badigeonnez d'œuf et parsemez du reste de noix broyées. Repliez la pâte comme précédemment.

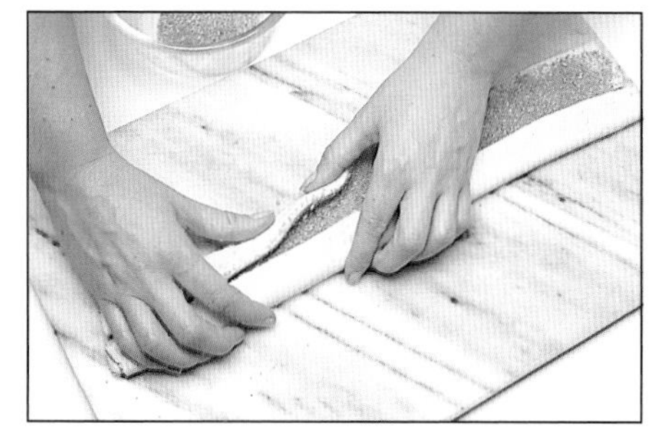

4 Au couteau pointu, coupez la pâte, en tranches de 8 mm d'épaisseur, que vous disposerez sur les plaques à pâtisserie, espacées de 2,5 cm.

5 ▲ Repliez ces petites tranches en forme de « V ». Réfrigérez pendant au moins 15 minutes. Préchauffez le four à 220 °C (th 7).

6 Faites cuire 8 à 10 minutes les palmiers, pour qu'ils soient bien dorés, en les retournant à mi-cuisson. Attention à ce que le sucre ne caramélise pas trop. Laissez refroidir sur une grille.

# Petites galettes bretonnes

*Ces petits biscuits, beaucoup plus riches qu'ils n'en ont l'air, sont préparés avec du beurre légèrement salé.*

Pour 18 à 20 Pièces

*6 jaunes d'œufs, légèrement battus*
*1 cuillère à soupe de lait*
*250 g de farine*
*175 g de sucre semoule*
*200 g de beurre salé, en copeaux, à température ambiante*

**Le Conseil du Chef**

Pour faire un grand sablé breton, étalez la pâte dans un moule à fond amovible, avec les mains très farinées. Badigeonnez avec le glaçage à l'œuf, et dessinez sur le dessus des croisillons. Cuisez 45 minutes à 1 heure, jusqu'à ce qu'il soit bien ferme au toucher et très doré.

1 Préchauffez le four à 180 °C (th 5-6). Beurrez une plaque à pâtisserie épaisse. Pour le glaçage, mélangez 1 cuillère à soupe de jaune d'œuf avec le lait et réservez.

2 ▲ Tamisez la farine dans un grand saladier, et ouvrez un cratère au milieu. Versez-y les jaunes d'œufs, le sucre, le beurre, et du bout des doigts, malaxez jusqu'à obtenir une pâte onctueuse.

3 ▲ Petit à petit, ramenez un peu de farine des bords vers le centre. La pâte doit devenir légèrement collante.

4 ▲ Les mains farinées, aplatissez la pâte sur 8 mm d'épaisseur, et découpez dedans des ronds de 7,5 cm de diamètre. Rangez-les sur la plaque à pâtisserie, badigeonnez d'un peu de glaçage à l'œuf, puis, du dos du couteau, tracez des croisillons sur chaque rond.

5 Laissez cuire 12 à 15 minutes. Quand les sablés sont dorés, ôtez la plaque du four et laissez refroidir sur une grille. Doucement, détachez les gâteaux et laissez-les refroidir sur la grille. Conservez au sec.

# Truffes au chocolat

*Pas de Noël sans truffes, qu'elles soient enrobées de cacao, de noix de coco, ou plongées dans le chocolat. Essayez-les aussi avec du chocolat blanc.*

Pour 20 à 30 Pièces

*17,5 cl de crème épaisse*
*275 g de chocolat noir, concassé*
*30 g de beurre, en morceaux*
*3 cuillères à soupe de cognac (facultatif)*

Pour l'enrobage
*Poudre de cacao*
*Pistaches ou noisettes finement broyées*
*400 g de chocolat noir ou blanc, ou mélangé*

1 ▲ Dans une casserole, faites bouillir la crème à feu moyen. Otez du feu, et ajoutez le chocolat que vous faites fondre en tournant. Incorporez le beurre et le cognac (facultatif), passez au tamis au-dessus d'un saladier et laissez refroidir. Couvrez et réfrigérez 6 à 8 heures ou une nuit.

2 ▲ Garnissez une plaque à pâtisserie de papier sulfurisé. Avec 1 cuillère à glace ou 2 cuillères à café, prélevez 20 à 30 boules dans le mélange de chocolat. Réfrigérez, si le mélange se ramollit.

3 ▲ Pour enrober : versez la poudre de cacao dans un bol, et roulez-y délicatement les boules de chocolat, 1 par 1. Faites de même avec les noisettes broyées. Se conserve enveloppé au froid pendant 10 jours.

4 Pour l'enrobage de chocolat, congelez les truffes pendant 1 bonne heure. Dans un bol, faites fondre le chocolat (noir, au lait, ou blanc) au bain-marie, puis laissez légèrement refroidir.

5 A la fourchette, piquez les truffes et trempez-les dans le chocolat liquide, puis tapez la fourchette sur le rebord du bol pour les détacher. Placez sur une plaque garnie de papier sulfurisé et mettez immédiatement au réfrigérateur. Si le chocolat fondu épaissit, réchauffez-le un peu. Conservez au froid, enveloppé.

A L'OLIVIE

# Les Entremets

Il faut un bon dessert pour bien terminer un repas. Si possible, essayez de l'harmoniser avec le reste du menu. Un repas un peu riche se terminera par une glace, ou des fruits en salade. Un dîner plus léger, de poisson, par exemple, pourra s'achever sur une préparation plus élaborée. Dans les grandes occasions, multipliez les propositions – glaces, coulis, tartes, salades de fruits, gâteau au chocolat, etc. – et vos invités se composeront une assiette de desserts exactement à leur goût.

# Crème caramel

*Quoi de plus simple que la crème caramel ? Celle que vous préparerez vous-même a toutes les chances d'être bien meilleure que les fades versions du commerce.*

Pour 6 à 8 Personnes

*250 g de sucre semoule*
*4 cuillères à soupe d'eau*
*1 gousse de vanille ou 2 cuillères à café de vanille liquide*
*42,5 cl de lait*
*22,5 cl de crème fraîche*
*5 gros œufs*
*2 jaunes d'œufs*

1 Versez 175 g de sucre et l'eau dans une petite casserole à fond épais. Portez à ébullition à feu vif, en tournant la casserole pour bien dissoudre le sucre. Faites bouillir, sans remuer, jusqu'à ce que le sirop devienne brun foncé (environ 4 à 5 minutes).

2 ▼ Immédiatement, versez ce caramel dans un moule à soufflé de 1 litre. En le tenant avec des gants, faites-le tourner pour que le caramel en tapisse le fond et les parois (il durcit très vite en refroidissant).

3 ▲ Préchauffez le four à 170 °C (th 5). Avec un petit couteau pointu, coupez la gousse de vanille en 2 dans la longueur, et grattez les grains noirs au-dessus d'une casserole moyenne. Ajoutez le lait et la crème, et amenez juste à ébullition à feu moyen, en remuant souvent. Otez du feu, couvrez, et laissez reposer 15 à 20 minutes.

4 Dans un bol, fouettez 2 à 3 minutes les œufs et les jaunes d'œufs avec le reste du sucre pour obtenir un mélange crémeux. Ajoutez en fouettant le lait chaud, et passez ce mélange au chinois au-dessus du moule caramélisé. Couvrez de papier d'aluminium.

5 Placez ce moule dans un plat à four, que vous remplissez à moitié d'eau. Laissez cuire 40 à 45 minutes, jusqu'à ce que la lame d'un couteau plantée à 5 cm du bord ressorte sèche. Otez du plat, laissez refroidir au moins 30 minutes, et mettez au réfrigérateur toute une nuit.

6 Pour démouler, passez délicatement une lame de couteau tout autour du moule. Couvrez d'un plat de service, et en tenant fermement, renversez. Soulevez délicatement un côté du moule – le caramel coule – puis l'autre.

# CRÈME BRÛLÉE

*Voici une version facile à réaliser de la crème catalane. Vous pouvez la parfumer à la liqueur ou à un alcool de votre choix.*

POUR 6 PERSONNES

*1 gousse de vanille*
*1 litre de crème épaisse*
*6 jaunes d'œufs*
*100 g de sucre semoule*
*2 cuillères à soupe de liqueur d'orange ou d'amande*
*85 g de cassonade blonde*

1 Préchauffez le four à 150 °C (th 4). Placez 6 ramequins dans un plat à four et réservez.

2 ▲ Avec un petit couteau pointu, coupez la vanille en 2 dans la longueur, et grattez les graines au-dessus d'une casserole moyenne. Ajoutez la crème et amenez au point d'ébullition, en remuant fréquemment. Otez du feu, et couvrez. Laissez reposer 15 à 20 minutes.

3 ▲ Dans un saladier, fouettez soigneusement ensemble les jaunes d'œufs, le sucre semoule et la liqueur. Fouettez dans ce mélange la crème chaude et passez le tout au chinois au-dessus d'un pot. Répartissez dans les ramequins.

4 ▲ Versez de l'eau bouillante dans le plat à four à mi-hauteur des ramequins. Couvrez de papier d'aluminium, et faites cuire 30 minutes jusqu'à ce que la crème soit juste prise. Sortez les ramequins du plat, et laissez refroidir. Replacez dans le plat essuyé et mettez au réfrigérateur.

5 Préchauffez le gril. Saupoudrez les ramequins de sucre et passez sous le gril 30 à 60 secondes, jusqu'à ce que le sucre caramélise (il ne doit pas brûler, ni la crème bouillonner). Remettez au réfrigérateur, et laissez refroidir jusqu'au moment de servir.

LE CONSEIL DU CHEF

Pour vérifier la cuisson, faites le test du couteau. Lorsque une lame plantée au centre en ressort propre, c'est cuit !

# Œufs à la neige

*La recette pour enfin réussir ce dessert qui se mange sans faim.*

Pour 4 à 6 Personnes

*1 gousse de vanille*
*60 cl de lait*
*8 jaunes d'œufs*
*55 g de sucre semoule*

*Pour la « neige »*
*4 blancs de gros œufs*
*225 g de sucre semoule*

*Pour le caramel*
*150 g de sucre en poudre*

1 Fendez la vanille en 2 dans le sens de la longueur, et grattez les graines au-dessus d'une casserole moyenne. Ajoutez le lait et portez juste à ébullition à feu moyen, en remuant fréquemment. Otez du feu, et couvrez. Laissez reposer 15 à 20 minutes.

2 Dans un saladier moyen, fouettez 2 à 3 minutes les jaunes d'œufs et le sucre pour obtenir une crème. Ajoutez en fouettant dedans le lait chaud et reversez le mélange dans la casserole. A la cuillère en bois, tournez à feu doux, sans bouillir, jusqu'à ce que la sauce commence à épaissir et nappe le dos de la cuillère. Filtrez au-dessus d'un saladier froid, en remuant parfois. Réfrigérez.

3 Remplissez à moitié une grande poêle ou casserole d'eau, et amenez au point d'ébullition. Dans un saladier bien propre, fouettez lentement les blancs jusqu'à ce qu'ils moussent. Augmentez la vitesse et continuez à battre jusqu'à ce qu'ils forment des pics. Peu à peu, incorporez le sucre, et fouettez jusqu'à ce que les blancs soient fermes et brillants.

4 ▲ Avec 2 cuillères à soupe, formez des boules, et glissez-les dans l'eau frémissante (procédez en plusieurs fois). Laissez pocher 2 à 3 minutes, en les retournant une fois jusqu'à ce que cette meringue devienne ferme. Avec une grande écumoire, faites égoutter sur une plaque à pâtisserie recouverte de papier absorbant.

5 Versez la sauce froide dans des assiettes, et déposez les boules au milieu.

6 ▲ Pour le caramel, versez le sucre dans une petite casserole avec 3 cuillères à soupe d'eau. Portez à ébullition à feu vif, en tournant la casserole pour accélérer la dissolution du sucre. Laissez bouillir, sans remuer, jusqu'à ce que le sirop devienne brun foncé. Nappez-en immédiatement les « œufs » et la sauce en zigzag. Servez froid (le caramel ramollit, s'il est préparé trop à l'avance.)

# Petits pots de crème au moka

*Un dessert esthétique, et assez peu courant qui fera les délices de vos invités.*

Pour 8 Personnes

*1 cuillère à soupe de café instantané*
*50 cl de lait*
*85 g de sucre semoule*
*225 g de chocolat noir, concassé*
*2 cuillères à café de vanille liquide*
*2 cuillères à soupe de liqueur de café (facultatif)*
*7 jaunes d'œufs*
*Crème fouettée et sucre mimosa, pour le décor*

1 Préchauffez le four à 170 °C (th 5). Placez 8 petits pots ou ramequins dans un plat à four.

2 ▲ Versez le café en poudre et le lait dans une casserole, ajoutez le sucre et portez à ébullition, jusqu'à dissolution complète, en remuant constamment.

3 ▲ Otez du feu, et ajoutez le chocolat. Remuez jusqu'à ce qu'il fonde et que la sauce soit onctueuse. Incorporez la vanille et la liqueur de café (facultative.)

4 ▲ Dans un saladier, fouettez légèrement les jaunes d'œufs. Doucement et soigneusement, incorporez le chocolat, et versez le mélange obtenu dans un pot. Répartissez dans les pots ou ramequins. Versez de l'eau bouillante dans le plat à four, à mi-hauteur des pots.

5 ▼ Faites cuire 30 à 35 minutes jusqu'à ce que la crème soit prise et qu'un couteau inséré au milieu ressorte propre. Otez les pots du plat. Laissez refroidir. Placez-les sur une plaque, recouvrez d'un film d'aluminium et mettez au réfrigérateur. Décorez de crème fouettée et de petits sucres mimosa.

# CŒUR À LA CRÈME

*Pour préparer ce joli petit cœur appelé aussi « crémet d'Angers », vous devez vous procurer un moule de la même forme, en vente dans les grands magasins et les boutiques spécialisées.*

POUR 6 À 8 PERSONNES

*225 g de fromage blanc gras (non salé)*
*25 cl de crème fraîche allégée*
*1 cuillère à café d'essence de vanille*
*3 cuillères à soupe de sucre semoule, à votre goût*
*2 blancs d'œufs*
*Framboises ou groseilles, pour décorer*

*POUR LA SAUCE AUX FRUITS DE LA PASSION*
*6 fruits de la passion bien mûrs*
*1 cuillère à café de Maïzena délayée dans 1 cuillère à café d'eau*
*4 cuillères à soupe de jus d'orange*
*2 ou 3 cuillères à soupe de sucre semoule*
*1 ou 2 cuillères à soupe de Cointreau (facultatif)*

1 ▲ Chemisez de mousseline 6 moules en forme de cœur. Dans un grand saladier, battez le fromage blanc pour l'alléger. Ajoutez, en battant, la crème, la vanille, et le sucre.

2 Dans un bol bien propre, battez les blancs d'œufs au batteur électrique jusqu'à ce qu'ils moussent. Augmentez la vitesse et continuez à battre jusqu'à ce qu'ils soient fermes et forment des pics.

3 Mélangez 1 cuillère à soupe de blanc dans le fromage, pour l'aérer, et incorporez tous les blancs d'œufs.

4 ▲ Remplissez les moules à la cuillère, en égalisant le dessus. Placez-les sur un plateau, que vous recouvrez de film transparent, et laissez au réfrigérateur une nuit.

5 ▲ Pour la sauce, coupez chaque fruit de la passion en 2, et évidez-le de sa chair et de ses graines dans une casserole moyenne. Ajoutez la Maïzena, le jus d'orange et le sucre. Portez la sauce à ébullition à feu moyen et laissez mijoter 2 à 3 minutes, jusqu'à ce qu'elle épaississe, en remuant fréquemment. Otez du feu, laissez refroidir un peu, filtrez au-dessus d'une terrine et ajoutez le Cointreau (facultatif).

6 Pour servir, démoulez les fromages sur des assiettes individuelles et enlevez la mousseline. Versez un peu de coulis, et décorez de quelques fruits.

# Marquise au chocolat

*Une version légère d'un succulent dessert qui peut se servir glacé.*

Pour 6 à 8 Personnes

*175 de chocolat noir, concassé*
*55 g de beurre*
*4 gros œufs, blancs et jaunes séparés*
*2 cuillères à soupe de rhum ou de cognac (facultatif)*
*Copeaux ou grains de chocolat, pour le décor*

*Pour la sauce au café*
*60 cl de lait*
*9 jaunes d'œufs*
*55 g de sucre semoule*
*1 cuillère à café de vanille liquide*
*1 cuillère à soupe de café instantané dissous dans 2 cuillères à soupe d'eau chaude*

1 ▲ Chemisez un moule à cake de 1,25 litre avec un film transparent, en évitant les plis.

2 ▲ Placez le chocolat dans un saladier et faites-le fondre au-dessus d'une casserole d'eau chaude. Attendez 3 à 5 minutes, puis tournez pour le rendre onctueux. Incorporez le beurre, les jaunes d'œufs – un à un – le rhum ou le cognac (facultatif).

3 ▲ Dans un saladier propre, battez lentement les blancs d'œufs au batteur électrique, jusqu'à ce qu'ils moussent. Augmentez la vitesse, et continuez à battre jusqu'à ce qu'ils soient assez fermes et forment des pics. Incorporez 1/3 de ces blancs dans le chocolat, puis le reste. Versez dans le moule, et égalisez le dessus. Couvrez et mettez au réfrigérateur très froid, jusqu'au moment de servir.

4 Pour la sauce au café : portez le lait à ébullition à feu moyen. Fouettez les jaunes d'œufs et le sucre 2 à 3 minutes jusqu'à ce qu'ils soient onctueux et épais, versez le lait chaud, fouettez encore, et reversez le tout dans la casserole. Avec une cuillère en bois, tournez à feu moyen jusqu'à ce que la sauce commence à épaissir et nappe au dos de la cuillère. Filtrez au-dessus d'un grand saladier, incorporez la vanille et le café, et placez au réfrigérateur, en tournant de temps en temps.

5 Pour servir, découvrez le moule et plongez le fond dans de l'eau très chaude pendant 10 secondes. Démoulez, ôtez le film transparent. Découpez en tranches. Servez avec la sauce, décoré de copeaux et de grains de chocolat.

# MOUSSE AU CHOCOLAT AMER

*Le dessert par excellence, dont la saveur dépend pour une bonne part de la qualité du chocolat que vous emploierez.*

POUR 8 PERSONNES

*225 g de chocolat noir, concassé*
*4 cuillères à soupe d'eau*
*2 cuillères à soupe de Cointreau ou de cognac*
*30 g de beurre*
*4 œufs, blancs et jaunes séparés*
*6 cuillères à soupe de crème fleurette*
*3 cuillères à soupe de sucre semoule*
*Crème fraîche et copeaux de chocolat, pour décorer*

LE CONSEIL DU CHEF

N'hésitez pas à prendre un très bon chocolat noir, amer, à fort pourcentage en cacao, pour bien réussir cette mousse qui peut se préparer à l'avance.

1 Faites fondre à feu doux le chocolat dans une casserole d'eau à fond épais, en remuant pour obtenir un mélange onctueux. Otez du feu, et incorporez au fouet l'alcool et le beurre.

2 ▲ Au batteur électrique, battez 2 à 3 minutes les jaunes d'œufs jusqu'à ce qu'ils soient épais et crémeux, puis ajoutez-les lentement et soigneusement dans le chocolat fondu. Réservez.

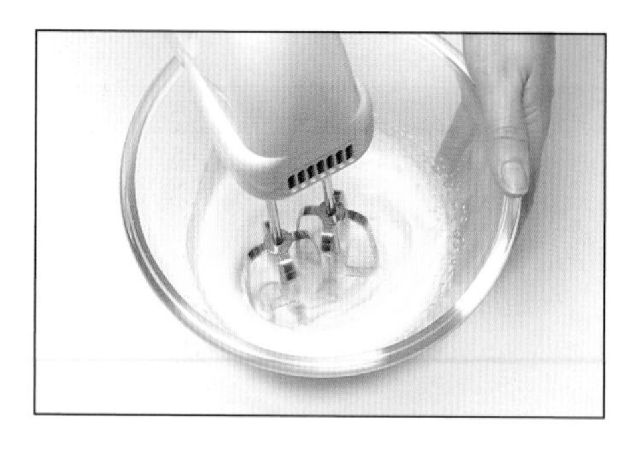

3 ▲ Fouettez la crème jusqu'à former de petits pics. Incorporez 1 cuillerée du mélange de chocolat pour l'alléger, puis sa totalité.

4 Dans un bol très propre, battez lentement les blancs d'œufs au batteur électrique, jusqu'à ce qu'ils moussent. Augmentez la vitesse et battez jusqu'à formation de pics, en relevant le batteur. Saupoudrez peu à peu de tout le sucre, et battez jusqu'à ce que les blancs soient fermes et brillants.

5 ▲ Avec une spatule en caoutchouc ou une grande cuillère, incorporez 1/4 des blancs dans le chocolat, puis le reste, en soulevant par en dessous, en un mouvement semi-circulaire (ne vous préoccupez pas des traces blanches). Versez dans une coupe de 2 litres ou 8 petites coupes. Mettez au réfrigérateur au moins 2 heures.

6 Déposez un peu de crème fraîche sur la mousse et décorez de copeaux de chocolat.

# Petits soufflés au chocolat

*Ces spectaculaires soufflés peuvent se préparer une heure à l'avance. Il ne vous reste qu'à passer au four les ramequins remplis au moment du dessert.*

Pour 6 Personnes

*175 g de chocolat noir, concassé*
*150 g de beurre, en petits morceaux*
*4 gros œufs, blancs et jaunes séparés*
*2 cuillères à soupe de Cointreau (facultatif)*
*3 cuillères à soupe de sucre semoule*
*Sucre glace*

*Pour la sauce au chocolat blanc*
*6 cuillères à soupe de crème fleurette*
*75 g de chocolat blanc, en morceaux*
*1 ou 2 cuillères à soupe de Cointreau*
*Le zeste râpé d'une orange*

1 Beurrez généreusement 6 ramequins de 15 cl. Saupoudrez-les avec un peu de sucre semoule, sans excès. Placez-les sur une plaque à pâtisserie.

2 ▲ Dans une casserole à fond épais, faites fondre à feu très doux le chocolat et le beurre, jusqu'à obtenir un mélange onctueux. Otez du feu, laissez refroidir un peu, puis battez dedans les jaunes d'œufs, le Cointreau (facultatif).

3 Préchauffez le four à 220 °C (th 7). Dans un bol, battez lentement les blancs d'œufs, jusqu'à ce qu'ils moussent. Augmentez la vitesse et battez jusqu'à formation de pics, en relevant le batteur. Saupoudrez le reste du sucre, et battez jusqu'à ce que les blancs soient fermes et brillants.

4 ▼ Incorporez 1/3 des blancs au mélange de chocolat refroidi pour l'alléger. Avec une spatule en caoutchouc, ou une grande cuillère, incorporez le reste du chocolat dans les blancs, en partant bien du fond, en un mouvement semi-circulaire (ne vous préoccupez pas de quelques traces blanches). Versez dans les ramequins.

5 ▲ Pour la sauce au chocolat blanc, versez la crème dans une petite casserole et portez à ébullition. Otez du feu, ajoutez le chocolat blanc et laissez-le fondre en tournant. Ajoutez le Cointreau et le zeste d'orange. Gardez au chaud dans une saucière.

6 Faites cuire 10 à 12 minutes les soufflés, jusqu'à ce qu'ils soient montés et pris et un peu mous au centre. Saupoudrez de sucre glace, et servez immédiatement avec la sauce.

# GRATIN DE POIRES AU GINGEMBRE

*Un dessert léger pour un dîner tardif. Choisissez de préférence des poires Comice ou Anjou, pas trop mûres.*

POUR 4 PERSONNES

*4 grosses poires*
*30 cl de crème fleurette*
*55 g de sucre semoule*
*1/2 cuillère à café de vanille liquide*
*1/4 de cuillère à café de cannelle en poudre*
*1 pincée de muscade râpée*
*1 cuillère à café de racine râpée de gingembre frais*

VARIANTE

Vous pouvez remplacer la racine fraîche par 1 cuillère à soupe de gingembre en poudre, et ajouter un peu de sirop de gingembre dans la sauce.

1 Préchauffez le four à 190 °C (th 5-6). Beurrez légèrement un grand plat à four.

2 ▼ Pelez les poires, coupez-les en 2 dans la longueur, enlevez le cœur. Disposez-les dans le plat, cœurs vers le fond, sur une couche.

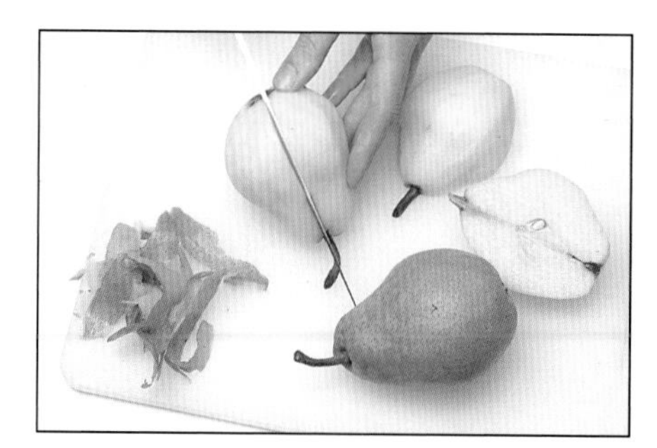

3 ▲ Mélangez crème, sucre, vanille, cannelle, muscade, gingembre. Versez sur les poires.

4 Laissez cuire 30 à 35 minutes, en secouant de temps en temps, jusqu'à ce que les poires soient molles, et dorées sur le dessus, la crème épaisse et bouillonnante. Laissez refroidir.

# COMPOTE DE PRUNEAUX AGENAISE

*Choisissez de bons gros pruneaux bien charnus, pour préparer ce dessert savoureux et sans prétention.*

POUR 8 À 10 PERSONNES

*1 orange non traitée*
*1 citron non traité*
*75 cl de vin rouge fruité*
*50 cl d'eau*
*55 g de sucre semoule*
*1 bâton de cannelle*
*2 ou 3 clous de girofle*
*1 cuillère à café de poivre noir en grains*
*1 feuille de laurier*
*1 kg de gros pruneaux dénoyautés, mis à gonfler dans de l'eau*
*Zeste d'orange en ruban, pour décorer*

1 Au couteau économe, pelez 2 ou 3 rubans de zeste de l'orange et du citron. Pressez les fruits au-dessus d'une grande casserole.

2 Ajoutez le vin, l'eau, le sucre, les épices, le poivre, le laurier et les zestes.

3 ▲ Portez à ébullition à feu moyen, en remuant de temps en temps pour dissoudre le sucre. Égouttez les pruneaux, versez-les dans la casserole ; passez à feu doux et laissez mijoter 10 à 15 minutes à couvert : les fruits doivent être tendres. Otez du feu, laissez refroidir.

4 ▼ Avec une écumoire, déposez les pruneaux sur un plat de service. Faites rebouillir le liquide de cuisson à feu moyen, jusqu'à ce qu'il devienne sirupeux, et versez-le sur les pruneaux à travers un chinois. Laissez refroidir, mettez au réfrigérateur. Décorez avec les zestes.

# CLAFOUTIS AUX CERISES

*Un grand dessert, originaire du Limousin, qui peut aussi se préparer avec des pêches, des abricots, ou des poires bien mûres.*

POUR 4 PERSONNES

*450 g de cerises mûres*
*2 cuillères à soupe de kirsch ou alcool de fruit, ou 1 cuillère à soupe de jus de citron*
*1 cuillère à soupe de sucre glace*
*3 cuillères à soupe de farine*
*3 cuillères à soupe de sucre cristallisé*
*17,5 cl de crème fleurette ou de lait*
*2 œufs*
*Le zeste râpé de 1 citron*
*1 pincée de muscade râpée*
*1/4 de cuillère à café de vanille liquide*

1 ▼ Dénoyautez les cerises, puis mélangez-les avec le kirsch, l'alcool de fruit ou le jus de citron, le sucre glace, et laissez reposer 2 heures.

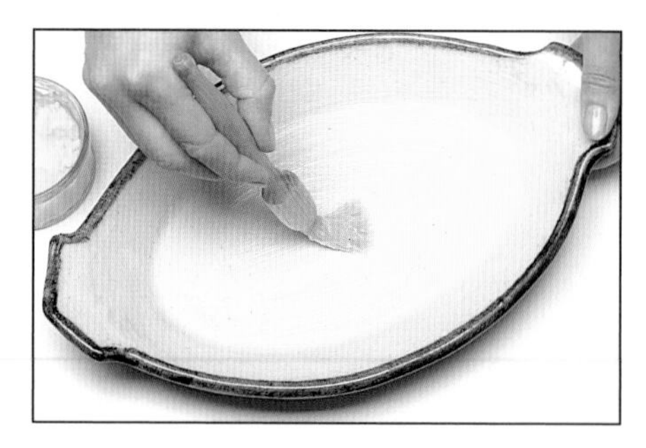

2 ▲ Préchauffez le four à 190 °C (th 5-6). Beurrez généreusement un plat à gratin ovale de 28 cm, ou un plat allant au four.

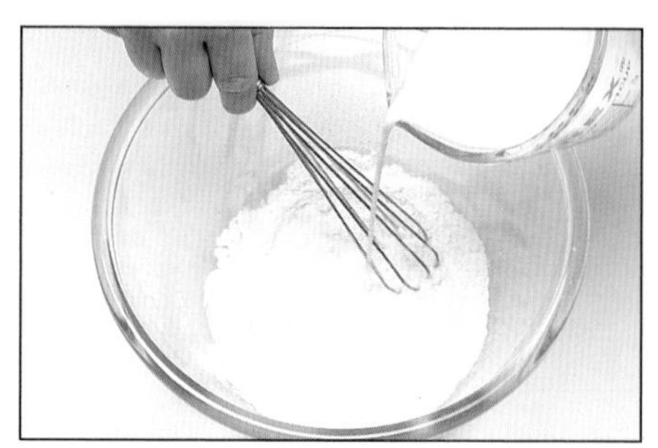

3 ▲ Versez la farine dans un saladier, ajoutez le sucre et incorporez au fouet le lait, lentement. Ajoutez les œufs, le zeste de citron, la muscade et la vanille, et fouettez pour obtenir un mélange onctueux.

4 ▲ Répartissez les cerises sur le fond du plat. Versez dessus la pâte, et laissez cuire 45 minutes, jusqu'à ce que les côtés commencent à gonfler. Un couteau planté au centre doit ressortir propre. Servez chaud ou à température ambiante.

# CHARLOTTE AUX POMMES

*Le moule à charlotte, aux poignées en forme de cœur, est indispensable pour cette recette d'automne et d'hiver.*

POUR 6 PERSONNES

*1,3 kg de pommes à cuire acidulées*
*2 cuillères à soupe d'eau*
*120 g de sucre roux*
*1/2 cuillère à café de cannelle en poudre*
*1/4 de cuillère à café de muscade râpée*
*7 tranches de pain de mie*
*80 g de beurre, fondu*
*Crème anglaise (facultatif)*

1 ▲ Pelez les pommes, coupez-les en 4, et ôtez le cœur. Détaillez en tranches épaisses, et jetez dans une casserole avec l'eau. Laissez cuire 5 minutes, à couvert et à feu moyen. Découvrez, et cuisez 10 minutes de plus pour que les pommes deviennent très moiles. Ajoutez sucre, cannelle et muscade ; continuez à cuire 5 à 10 minutes, en remuant souvent. Vous devez obtenir environ 3/4 de litre de compote de pomme.

LE CONSEIL DU CHEF

Vous pouvez réaliser cette purée au four à micro-ondes : placez les pommes 15 minutes, sans eau, dans un récipient fermé, à pleine puissance. Ajoutez le sucre, les épices et cuisez à découvert 15 minutes de plus, en remuant 1 ou 2 fois.

2 ▼ Préchauffez le four à 200 °C (th 6). Enlevez la croûte des tranches de pain, et tartinez-les de beurre. Coupez 2 tranches en triangle et garnissez-en le fond d'un moule à charlotte de 1,4 litre. Tapissez les parois avec les autres, bien serrées et se recouvrant, face beurrée vers l'extérieur.

3 ▲ Versez la compote de pomme au milieu. Couvrez le dessus de tranches de pain, beurre vers l'extérieur, en retaillant si nécessaire.

4 Faites cuire pendant 20 minutes, puis baissez le feu à 180 °C (th 5-6), et cuisez 25 minutes jusqu'à ce que le tout soit doré et ferme. Laissez reposer 15 minutes. Pour démouler, placez un plat de service au-dessus du moule, et en le maintenant fermement, renversez, puis soulevez-le délicatement. Servez avec de la crème anglaise.

# CRÊPES SUZETTE

*Un dessert « à l'ancienne », que l'on redécouvre avec d'autant plus de plaisir qu'il est délicieux et facile à réaliser à la maison.*

POUR 6 PERSONNES

*120 g de farine*
*1/4 de cuillère à café de sel*
*30 g de sucre semoule*
*2 œufs, légèrement battus*
*25 cl de lait*
*4 cuillères à soupe d'eau*
*2 cuillères à soupe d'eau de fleur d'oranger ou de Cointreau (facultatif)*
*30 g de beurre*
*85 g de beurre non salé*

*POUR LA SAUCE À L'ORANGE*
*55 g de sucre semoule*
*Le zeste râpé et le jus d'une orange non traitée*
*Le zeste râpé et le jus d'un citron non traité*
*15 cl de jus d'orange frais*
*4 cuillères à soupe de Cointreau, un peu plus pour le flambage (facultatif)*
*Quartiers d'orange, pour décorer*

1 ▲ Dans un saladier, mélangez farine, sel et sucre. Creusez un cratère au centre et versez-y les œufs battus. Battez les œufs, ramenez peu à peu la farine vers le centre. Incorporez le lait et l'eau pour obtenir une pâte homogène. Ajoutez l'eau de fleur d'oranger, ou le Cointreau, puis versez cette pâte liquide dans une jatte, et laissez reposer 20 à 30 minutes. Si elle épaissit, ajoutez un peu de lait ou d'eau.

2 ▲ Chauffez à feu moyen une poêle à crêpes de 20 cm, antiadhésive. Mélangez le beurre fondu à la pâte. Badigeonnez la poêle d'un peu de beurre et versez-y environ 2 cuillères à soupe de pâte. Rapidement faites tourner pour bien napper le fond d'une fine couche de pâte. Laissez cuire 1 minute jusqu'à ce que le dessus soit pris, et le dessous doré. Soulevez le bord, contrôlez la couleur, puis retournez la crêpe, et cuisez 20 à 30 secondes. Déposez sur une assiette.

3 ▲ Continuez de même avec toute la pâte, en tournant celle-ci de temps en temps, et en beurrant la poêle si nécessaire. Placez une feuille de papier sulfurisé entre chaque crêpe, pour leur éviter de coller. Vous pouvez les conserver ainsi quelque temps au frais.

4 Pour la sauce, faites fondre le beurre dans une poêle à feu moyen-doux, puis incorporez le sucre, le zeste et le jus de l'orange et du citron, le jus d'orange et le Cointreau.

5 ▲ Déposez la crêpe dans la poêle, face dorée vers le bas, en la tournant avec précaution pour la couvrir de sauce. Pliez-la en 2, puis de nouveau en 2, pour former un triangle que vous repoussez sur un côté de la poêle. Continuez avec les autres crêpes.

6 ▲ Pour les flamber, chauffez 2 ou 3 cuillères à soupe de Cointreau et 2 ou 3 de cognac dans une petite casserole à feu moyen. Otez du feu, enflammez prudemment le liquide avec une allumette et versez sur les crêpes. Décorez de quartiers d'orange et servez immédiatement.

# Les fruits frais

*Un fruit bien mûr, tel quel ou présenté de manière originale, constitue souvent le plus délicieux et le plus léger des desserts. Suivez les saisons, votre goût et votre sens des couleurs...*

Chaque saison apporte ses trésors : les fraises au printemps, les pêches, au plus fort de l'été, les figues, les poires et les premières pommes au début de l'automne. Certains fruits se marient bien ensemble, d'autres développent une saveur nouvelle accompagnés de quelques herbes ou épices. Par exemple, découpez en fines lamelles un brugnon, que vous recouvrez de framboises saupoudrées d'une cuillerée de sucre en poudre et d'une de jus de citron. Faites revenir à la poêle dans une noix de beurre une pomme en tranches, saupoudrez de sucre et de cannelle, et servez avec un yaourt... Faites revenir au beurre un poire, en tranches, avec du sucre et du gingembre, une lamelle de gingembre frais et du sirop d'érable.

Les oranges aussi se prêtent à toutes les fantaisies. Détaillez-les en quartiers, enlevez la peau en préservant le jus. Mélangez à des tranches fines de kiwis et de grains de grenades.

Fraises, framboises et myrtilles aiment être servies ensemble, avec juste un peu de sucre, quelques gouttes de liqueur d'orange et une cuillerée de crème fraîche liquide. Cette crème peut elle-même se parfumer d'une feuille de laurier, quelques grains de cardamome, ou des feuilles de menthe fraîche. Mini-dessert sophistiqué : prenez une cuillerée de fraises coupées en deux que vous placez dans une coupe à champagne avec quelques gouttes de liqueur de framboises. Ajoutez un peu de sucre, et enfin, noyez de champagne rose…

Le melon et le kiwi aiment leur compagnie réciproque. Une coupe de tranches de mangue bien mûre, est encore meilleure avec quelques gouttes de citron vert et une dizaine de grains de raisin rouge, ne serait-ce que pour le plaisir des yeux.

Les figues fraîches se marient bien avec les framboises. Incisez en croix la partie supérieure d'une figue, et glissez par cet orifice une cuillerée de fromage blanc enrichi de miel liquide battu avec un peu de crème. Accompagnez de framboises et de liqueur de framboises.

Respectez les saisons, pour avoir toujours des fruits au meilleur de leur forme et de leur goût.

## Ananas au kirsch

Pour 6 à 8 Personnes

*1 gros ananas*
*2 cuillères à soupe de sucre semoule*
*1 ou 2 cuillères à soupe de kirsch*
*Feuilles de menthe, pour décorer*

Avec un grand couteau bien aiguisé, tranchez le haut et la base de l'ananas. Placez-le debout sur une planche. Enlevez la peau à

partir du haut avec un petit couteau pointu ; couchez l'ananas sur le côté, et supprimez les « yeux » par une découpe en forme de « V », dans le sens de leur implantation. Vous obtiendrez une forme en spirale. Découpez alors le fruit en tranches et prélevez la partie centrale fibreuse au couteau à pomme. Disposez les tranches sur un plat de service. Saupoudrez de sucre, puis aspergez de kirsch. Placez au réfrigérateur, et décorez de feuilles de menthe au moment de servir.

## Melon aux framboises

Pour 2 Personnes

*2 petits melons*
*120 g de framboises fraîches*
*2 cuillères à soupe de liqueur de framboises (facultatif)*

Si le melon est très petit, découpez une fine tranche de peau à sa base,

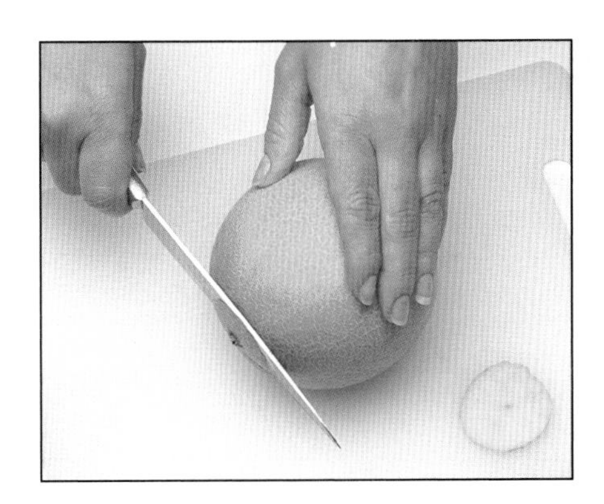

pour le rendre stable, puis tranchez-le aux 2/3 et raclez la chair de la partie supérieure. Avec un melon plus gros, prélevez une fine tranche en haut et en bas, puis coupez-le en 2 moitiés. Éliminez les pépins. Remplissez le centre de framboises et de quelques gouttes de liqueur. Passez au réfrigérateur avant de servir, ou présentez sur un lit de glace pilée.

## Brochettes de fruits grillés

Pour 4 à 6 Personnes

*4 ou 5 sortes de fruits différents (ananas, mangue, tranches de nectarine et de poire, raisins, quartiers d'orange)*
*30 g de beurre fondu*
*Le zeste et le jus de 1 orange*
*Sucre, à votre goût*
*1 pincée de cannelle ou de muscade*
*Yaourt, crème fraîche ou coulis de fruits*

Préchauffez le gril. Garnissez une plaque à pâtisserie de papier d'aluminium. Enfilez les fruits sur

4 à 6 brochettes (humidifiées si elles sont en bois), en alternant les couleurs et les formes. Posez ces brochettes sur la plaque, mouillez du mélange de beurre, de zeste, et de jus d'orange, et saupoudrez d'un peu de sucre avec 1 pincée de cannelle ou de muscade. Passez au gril 2 à 3 minutes, jusqu'à ce que le sucre commence à caraméliser. Servez accompagné de yaourt, de crème, ou d'un coulis de fruits frais.

# Pêche Melba

*Ce dessert d'été aurait été créé par le célèbre cuisinier Auguste Escoffier pour la cantatrice Nellie Melba, lui assurant du même coup une célébrité absolue et universelle.*

**Pour 6 Personnes**

*1 litre d'eau*
*55 g de sucre semoule*
*1 gousse de vanille, coupée en longueur*
*3 grosses pêches*

*Pour la sauce aux framboises*
*450 g de framboises*
*1 cuillère à soupe de jus de citron*
*30 à 40 g de sucre semoule*
*3 cuillères à soupe de liqueur de framboises (facultatif)*
*Glace vanille*
*Feuilles de menthe et framboises, pour le décor*

1 Dans une casserole assez grande pour contenir toutes les 1/2 pêches sur une seule couche, mélangez l'eau, le sucre et la vanille. Portez à ébullition à feu moyen, en remuant parfois pour dissoudre le sucre.

2 ▼ Coupez les pêches en 2, en faisant pivoter les 2 moitiés pour les détacher du noyau que vous prélevez à la cuillère. Ajoutez les moitiés de pêches dans la casserole, face bombée vers le haut. Complétez d'eau pour bien couvrir les fruits. Pressez un morceau de papier sulfurisé à la surface, baissez le feu, puis couvrez et laissez mijoter 10 à 15 minutes jusqu'à ce que les fruits soient cuits. Otez du feu et laissez refroidir dans le sirop.

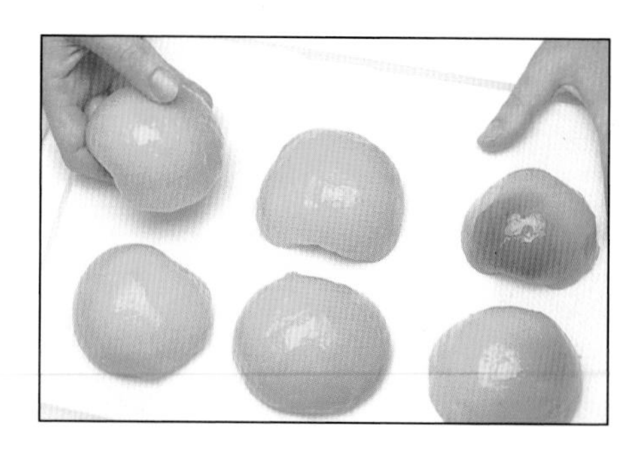

3 ▲ Sortez les pêches, et pelez-les. Déposez-les sur plusieurs épaisseurs de papier absorbant pour les égoutter (conservez le sirop pour un autre usage). Couvrez et mettez au réfrigérateur.

4 ▲ Versez les framboises, le sucre, le jus de citron dans un mixer à lame en hélice. Mixez 1 minute, en raclant une fois les parois du bol. Passez le mélange à travers un chinois. Incorporez la liqueur de framboises (facultative), et mettez au froid.

5 Pour servir, déposez chaque 1/2 pêche (face coupée vers le haut), sur une assiette. Remplissez d'une cuillerée de glace à la vanille, et recouvrez de sauce aux framboises. Décorez de feuilles de menthe et de quelques framboises.

**Le Conseil du Chef**

Préparez les pêches et la sauce un jour à l'avance. Conservez les pêches dans leur sirop et couvrez le tout avant de mettre au réfrigérateur.

# Fruits frais au coulis de mangue

*Le coulis est une simple sauce aux fruits, mais qui révèle leur saveur. Il peut accompagner tous les desserts, aussi bien les pâtisseries que d'autres fruits.*

Pour 6 Personnes

*1 grosse mangue, épluchée, dénoyautée, et en morceaux*
*Le zeste de 1 orange non traitée*
*Le jus de 3 oranges*
*Sucre semoule, à votre goût*
*2 pêches*
*2 nectarines*
*1 petite mangue, pelée*
*2 prunes*
*1 poire ou 1/2 petit melon*
*2 grosses cuillères à soupe de framboises*
*2 cuillères à soupe de fraises des bois (facultatif)*
*2 cuillères à soupe de myrtilles*
*Le jus de 1 citron*
*1 brin de menthe, pour décorer*

1 ▲ Dans un mixer à lame en hélice, mixez les morceaux de mangue en purée. Ajoutez le zeste et le jus d'orange, le sucre, et mixez de nouveau, pour obtenir une purée homogène. Passez au chinois, et réservez au réfrigérateur.

2 Pelez les pêches (facultatif) et détaillez-les en tranches, ainsi que les nectarines, la petite mangue et les prunes ; coupez les poires en 4, ôtez le cœur, et détaillez-les en tranches fines, ainsi que le melon.

3 ▼ Disposez les tranches de fruits sur une grande assiette. Aspergez de jus de citron, et laissez 3 heures au réfrigérateur avant de servir (préparés trop longtemps à l'avance, certains fruits peuvent s'oxyder).

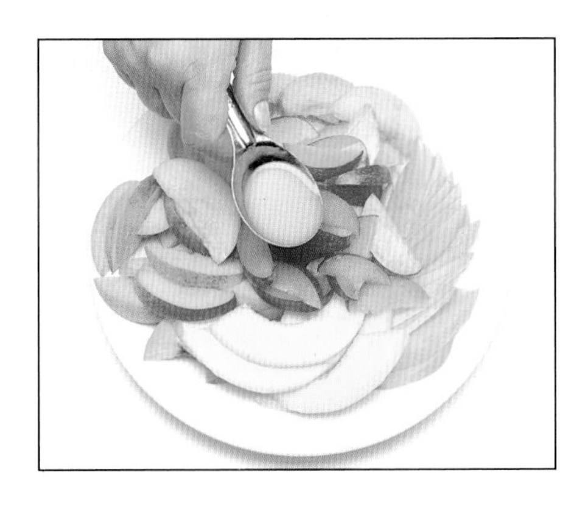

4 ▲ Disposez les fruits de façon régulière, par-dessus les framboises et les myrtilles, puis une cuillerée de coulis de mangue, et décorez de menthe. Servez le reste de coulis à part.

# ORANGES CARAMÉLISÉES

*Intéressant contraste entre la saveur acide de l'orange et la douceur du caramel. Pratique pour une réception, ce dessert peut se préparer à l'avance.*

POUR 6 PERSONNES

*6 grosses oranges sans pépins, non traités*
*100 g de sucre semoule*

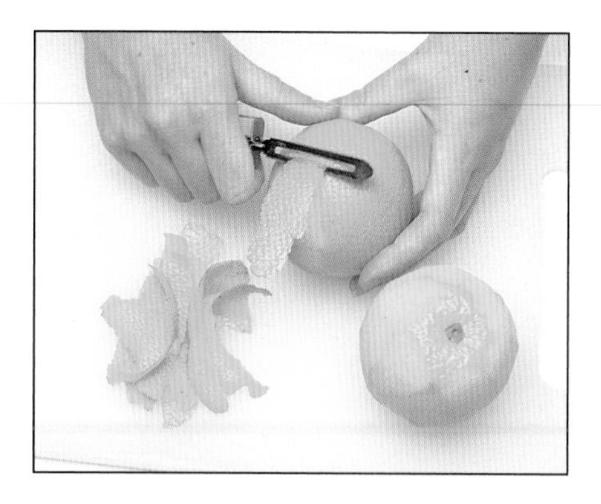

1 ▲ Au couteau économe, prélevez le zeste de 2 des oranges. Découpez-les en fine julienne.

2 ▼ Sur une planche à découper, avec un couteau pointu, coupez une fine tranche en haut et en bas de chaque fruit. Pelez-les à vif, en bande, en partant du haut, puis détaillez-les en tranches de 1 cm d'épaisseur. Placez-les dans une coupe, en récupérant le jus.

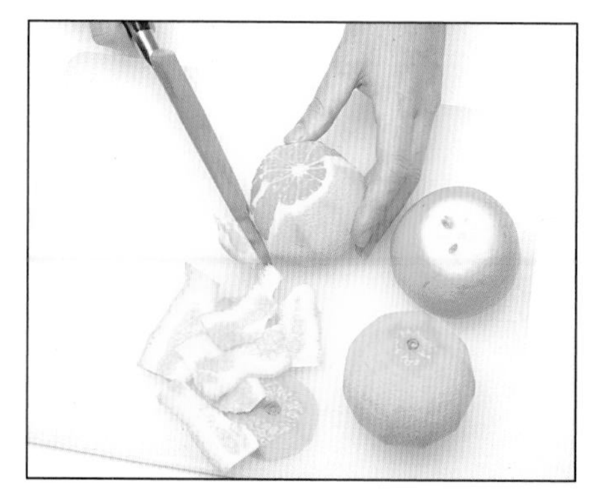

3 ▲ Remplissez un récipient d'eau froide et réservez. Versez le sucre et 3 cuillères à soupe d'eau dans une petite casserole à fond épais, et portez à ébullition à feu vif, en tournant la casserole pour bien dissoudre le sucre. Laissez bouillir, sans tourner, jusqu'à ce que le sucre commence à caraméliser. Écartez du feu, et, en vous éloignant, plongez le fond de la casserole dans l'eau froide, pour stopper l'ébullition.

4 ▲ Ajoutez 2 cuillères à soupe d'eau à ce caramel, en les faisant couler sur les parois, et mélangez. Ajoutez la julienne de zeste d'orange, et remettez sur le feu. Laissez mijoter 8 à 10 minutes à feu moyen : le zeste doit être légèrement translucide. Remuez parfois.

5 Versez le caramel et le zeste sur les oranges, mélangez. Réfrigérez au moins 1 heure avant de servir.

# Coupes de fraises au Cointreau

*Les fraises sont un des grands plaisirs de l'été. Voici une façon inhabituelle de les servir, éventuellement mélangées à des framboises.*

Pour 4 Personnes

*1 orange non traitée*
*40 g de sucre semoule*
*5 cuillères à soupe d'eau*
*3 cuillères à soupe de Cointreau*
*450 g de fraises, équeutées*
*25 cl de crème fleurette*

1 ▲ Au couteau économe, prélevez le zeste de l'orange et détaillez-le en fine julienne.

2 ▲ Mélangez le sucre et l'eau dans une petite casserole. Portez à ébullition à feu vif, en tournant la casserole pour bien dissoudre le sucre. Jetez-y la julienne d'orange, et laissez mijoter 10 minutes. Otez du feu, laissez le sirop refroidir complètement, puis ajoutez le Cointreau.

3 ▼ Réservez 4 fraises pour le décor, et découpez les autres en 2 ou en 4. Placez-les dans une coupe, recouvrez-les de sirop. Laissez reposer au moins 30 minutes, 2 heures maximum.

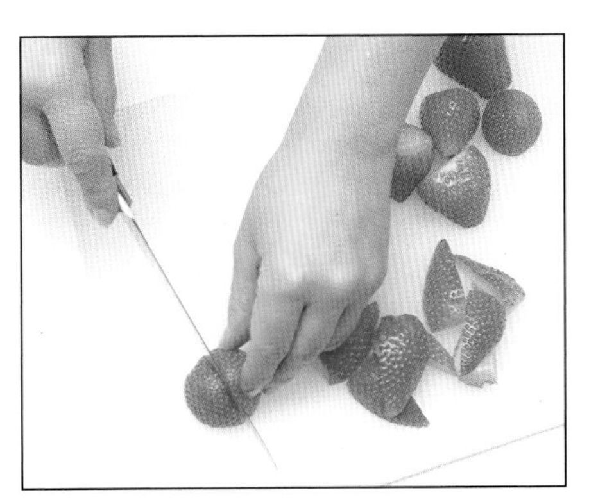

4 ▲ Fouettez la crème jusqu'à ce qu'elle forme des pics neigeux. Sucrez-la avec un peu du sirop.

5 Pour servir, répartissez les fraises dans des coupes à dessert en verre. Décorez d'une cuillerée de crème et d'une fraise entière.

# Gâteau-mousse au chocolat

*Le chocolat sous toutes ses formes : une mousse recouverte d'un glaçage de ganache et décorée de copeaux de chocolat... Le rêve de tout vrai amateur !*

Pour 8 à 10 Personnes

*275 g de chocolat noir, concassé*
*125 g de beurre, en morceaux*
*8 œufs, blancs et jaunes séparés*
*3 cuillères à soupe de cognac ou rhum (facultatif)*
*Copeaux de chocolat, pour le décor*

*Pour la ganache*
*25 cl de crème épaisse*
*225 g de chocolat noir, râpé*
*2 cuillères à soupe de cognac ou rhum (facultatif)*
*30 g de beurre*

1 Préchauffez le four à 180 °C (th 5-6). Beurrez légèrement 2 moules à fond amovible de 20 à 25 cm, et chemisez le fond de papier sulfurisé.

2 ▲ Dans une casserole, faites fondre le chocolat et le beurre à feu doux, pour obtenir un mélange onctueux, en remuant fréquemment. Éloignez du feu, et incorporez soigneusement au fouet les jaunes d'œufs. Ajoutez le cognac ou le rhum (facultatif), et versez dans un grand saladier. Réservez, en remuant de temps en temps.

3 Dans un bol très propre, montez les blancs d'œufs au batteur électrique jusqu'à ce qu'ils forment des pics quand vous relevez l'appareil.

4 Allégez le mélange de chocolat avec une bonne cuillerée de blancs, puis incorporez tous les blancs (ne vous préoccupez pas des quelques traces blanches).

5 ▲ Répartissez les 2/3 de la mousse dans les 2 moules, en égalisant le dessus, et en les tapant pour éliminer les bulles d'air. Gardez le reste de mousse au froid.

6 Faites cuire 30 à 35 minutes : le gâteau gonfle, il retombera en refroidissant. Laissez refroidir 15 minutes sur une grille, dégagez les côtés des moules, et laissez refroidir complètement. Retournez les gâteaux sur la grille, enlevez les fonds et les papiers.

7 ▲ Pour l'assemblage, placez un gâteau dans un des moules. Répartissez également le reste de mousse par-dessus. Déposez sur cette couche l'autre gâteau, face la plus plate vers le haut. Pressez pour répartir la mousse. Réfrigérez 2 à 4 heures, ou une nuit.

8 ▲ Pour la ganache : portez la crème à ébullition dans une casserole à feu moyen. Otez du feu, et ajoutez d'un seul coup le chocolat, en remuant jusqu'à ce qu'il soit fondu et le mélange homogène. Ajoutez le cognac ou le rhum (facultatif), puis le beurre mou. Laissez reposer 5 minutes pour faire épaissir. (La ganache doit attacher au dos de la cuillère).

9 ▲ Passez un couteau autour du gâteau, puis ouvrez le moule. Renversez sur une grille, enlevez le fond et placez la grille sur une plaque à pâtisserie. Versez la ganache chaude sur le gâteau d'un seul coup, en l'aidant à bien se répartir. A la spatule, égalisez la ganache. Décorez le dessus de copeaux de chocolat, et laissez reposer au frais.

# MONTS-BLANCS

*Une petite montagne de plaisir…*

POUR 6 PERSONNES

*2 blancs d'œufs*
*100 g de sucre semoule*
*1/2 cuillère à café d'essence de vanille*
*Copeaux de chocolat, pour le décor*

POUR LA CRÈME DE MARRONS
*60 g de sucre semoule*
*12,5 cl d'eau*
*450 g de purée de marrons en boîte, non sucrée*
*1 cuillère à café de vanille liquide*
*35 cl de crème fleurette*

POUR LA SAUCE AU CHOCOLAT
*225 g de chocolat noir, broyé*
*17,5 cl de crème fleurette*
*2 cuillères à soupe de rhum ou cognac (facultatif)*

1 ▲ Préchauffez le four à 100 °C (th 2). Garnissez une plaque à pâtisserie de papier sulfurisé. A l'aide d'un verre, tracez sur le papier 6 ronds de 9 cm de diamètre, et retournez la feuille pour que les meringues ne touchent pas le trait de crayon.

2 Dans un saladier très propre, montez les blancs au batteur électrique. Augmentez la vitesse, jusqu'à ce qu'ils forment des pics. Versez le sucre, 2 cuillères à la fois, et continuez à battre jusqu'à ce que les blancs soient fermes et brillants. Ajoutez la vanille.

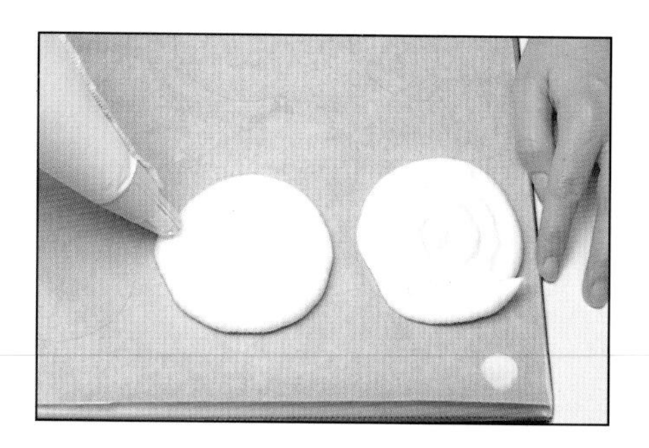

3 ▲ Remplissez avec les œufs en neige dans une poche à douille moyenne, et décrivez 6 cercles en spirale sur les marques du papier. Faites cuire 1 heure, jusqu'à ce que ces meringues soient fermes et craquantes, en baissant la température si elles venaient à colorer. En vous aidant d'une spatule en acier, transférez-les sur une grille pour refroidir.

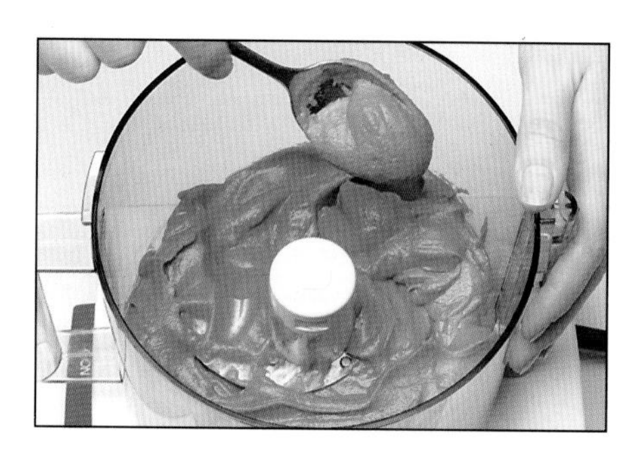

4 ▲ Pour la crème de marrons : placez l'eau et le sucre dans une petite casserole à feu moyen. Portez à ébullition pour faire dissoudre le sucre. Laissez bouillir 5 minutes environ, ôtez du feu et laissez refroidir. Versez la purée de marrons dans un mixer à lame en hélice et faites bien tourner. Laissez couler lentement le sirop de sucre par la cheminée, pour détendre la purée qui doit cependant rester ferme (vous aurez peut-être trop de sirop). Ajoutez la vanille.

5 ▲ Dans un autre saladier, fouettez la crème jusqu'à ce qu'elle forme des pics en relevant l'appareil. Incorporez 1 cuillerée de ce mélange. Mélangez dans le mixer. Gardez au froid le reste de crème.

6 ▲ A la cuillère, remplissez une poche à douille en étoile. Formez une sorte de monticule de marrons sur chaque meringue, puis recouvrez le dessus d'un peu de crème. Placez au réfrigérateur.

7 Pour la sauce au chocolat : chauffez le chocolat et la crème dans une petite casserole à feu moyen, en remuant fréquemment. Otez du feu, et ajoutez le rhum ou le cognac (facultatif). Laissez refroidir, en remuant de temps en temps. (Ne mettez pas au réfrigérateur, la sauce se solidifierait).

8 Pour servir, placez chaque meringue sur une assiette et saupoudrez de copeaux de chocolat. Servez la sauce à part.

# PARFAIT GLACÉ AUX FRAMBOISES

*Délicieux soufflé glacé, cette crème se prépare de préférence dans un moule à baba. Au moment de servir, pourquoi ne pas remplir le centre de framboises trempées dans un peu de jus d'orange ?*

POUR 6 PERSONNES

*350 g de framboises, plus pour servir*
*3 cuillères à soupe de sucre glace*
*2 blancs d'œufs*
*100 g de sucre semoule*
*1 1/2 cuillère à soupe de jus de citron*
*25 cl de crème fraîche*
*1 cuillerée d'alcool de framboises ou de kirsch*
*feuilles de menthe, pour décorer*

1 Placez les framboises dans un mixer à lame en hélice et mixez pour obtenir une purée homogène que vous passez au chinois. Vous pouvez aussi les passer au moulin.

2 Versez environ 1/3 de cette purée dans une petite coupe, incorporez le sucre glace, couvrez et placez au réfrigérateur. Réservez le reste pour la mousse.

3 ▼ Remplissez à moitié une casserole moyenne d'eau chaude que vous chauffez – sans bouillir – à feu doux. Mélangez les blancs d'œufs, le sucre et le jus de citron dans un bol en verre posé sur la casserole, sans qu'il touche l'eau. Battez au batteur électrique à vitesse moyenne jusqu'à ce que les fouets laissent des traces sur le fond du bol, puis augmentez la vitesse et battez 7 minutes, jusqu'à ce que le mélange forme des pics neigeux.

4 ▲ Otez le bol de la casserole, et continuez à battre 2 à 3 minutes, jusqu'à ce que le mélange soit refroidi. Incorporez la purée de fruits réservée.

5 Fouettez la crème en Chantilly, et incorporez-la délicatement à la mousse de framboises. Ajoutez la liqueur. Versez dans un moule à baba de 1,4 litre, couvrez et placez au congélateur 4 heures au moins.

6 ▲ Pour démouler, plongez 5 secondes le moule dans l'eau chaude. Essuyez le fond. Placez un plat de service au-dessus du moule, et renversez d'un coup sec. La mousse se détache du moule.

7 Vous pouvez remplir le centre de framboises, décorer de feuilles de menthe, et accompagner d'un peu de purée de framboises sucrées.

# MERINGUE GLACÉE AU CAFÉ

*Ce dessert glacé facile à préparer impressionne toujours beaucoup.*

POUR 8 À 10 PERSONNES

*100 g de noisettes grillées*
*275 g de sucre semoule*
*5 blancs d'œufs*
*1 litre de glace au café*

*POUR LA CRÈME DE CHOCOLAT*
*50 cl de crème fleurette*
*275 g de chocolat noir, fondu et refroidi*
*2 cuillères à soupe de liqueur de café*
*Copeaux de chocolat blanc, et framboises, pour le décor*

1 ▲ Préchauffez le four à 150 °C (th 4). Garnissez 3 plaques à pâtisserie de papier sulfurisé, puis, à l'aide d'une assiette, tracez sur chaque papier un cercle de 20 cm de diamètre, et retournez le papier. Dans un mixer à couteaux, broyez finement les noisettes. Ajoutez 1/3 du sucre et broyez de nouveau.

2 ▲ Dans un bol en verre bien propre, montez les blancs en neige jusqu'à obtenir un pic en relevant l'appareil. Peu à peu saupoudrez de sucre, par cuillerées, tout en fouettant pour que les œufs deviennent fermes et brillants. Répartissez cette meringue sur les cercles des plaques à pâtisserie. Laissez cuire 1 heure, jusqu'à ce qu'elle soit ferme et sèche. Laissez refroidir four éteint, et enlevez le papier.

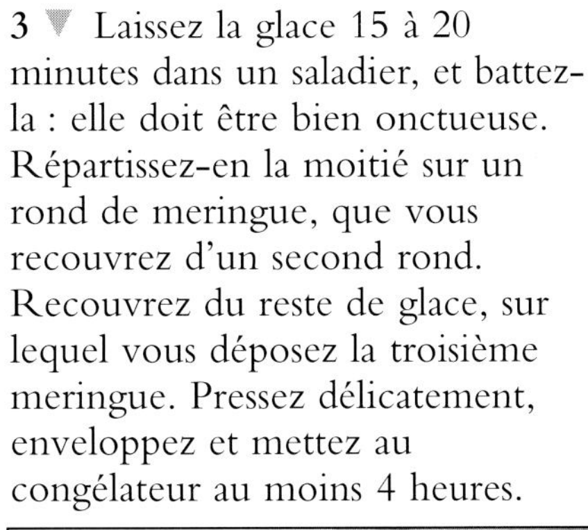

3 ▼ Laissez la glace 15 à 20 minutes dans un saladier, et battez-la : elle doit être bien onctueuse. Répartissez-en la moitié sur un rond de meringue, que vous recouvrez d'un second rond. Recouvrez du reste de glace, sur lequel vous déposez la troisième meringue. Pressez délicatement, enveloppez et mettez au congélateur au moins 4 heures.

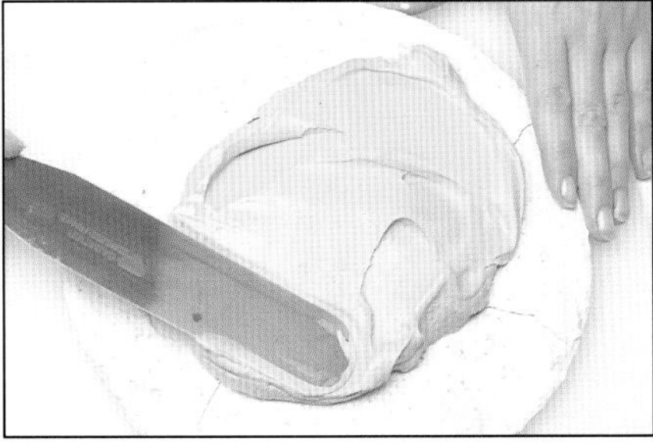

4 ▲ Pour la crème de chocolat : battez la crème en Chantilly. Incorporez rapidement le chocolat fondu froid et la liqueur. Sortez le gâteau glacé du congélateur, et placez-le sur un plat de service. Répartissez la crème de chocolat sur le dessus et les côtés. Replacez au congélateur. Sortez-le 15 minutes avant de servir.

# SORBET AU CASSIS

*Le cassis, très répandu en Bourgogne, donne toujours un sorbet merveilleusement parfumé.*

POUR 4 À 6 PERSONNES

*100 g de sucre semoule*
*12,5 cl d'eau*
*500 g de cassis*
*Le jus de 1/2 citron*
*1 cuillère à soupe de blanc d'œuf*

1 Dans une petite casserole, portez à ébullition à feu moyen l'eau et le sucre, en remuant jusqu'à ce que le sucre soit dissous. Faites bouillir 2 minutes, et laissez refroidir.

2 ▼ Égrappez les grains de cassis à l'aide d'une fourchette.

3 Dans un mixer à lame en hélice, réduisez en purée onctueuse les cassis avec le jus de citron. Ajoutez le sirop de sucre, et passez au chinois fin pour éliminer les pépins.

4 ▲ Versez la purée dans un bol que vous placez au congélateur pour la rendre solide, mais pas totalement prise.

5 ▲ Découpez le sorbet en carrés que vous placez dans le mixer. Remixez en une purée, puis versez le blanc d'œuf et mélangez soigneusement. Reversez le tout dans le bol et remettez au congélateur.

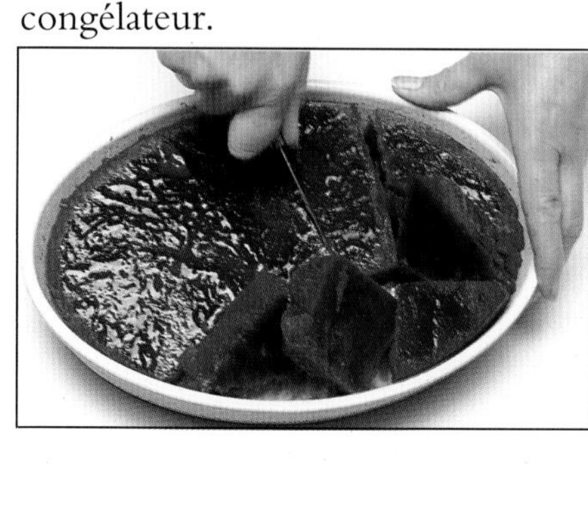

6 ▲ Quand le sorbet est bien ferme, découpez-le de nouveau en carrés, mixez et servez immédiatement ou congelez (il se conserve 1 semaine). Sortez 5 à 10 minutes avant de servir.

# Sorbet au chocolat amer

*Pour réussir pleinement ce sorbet onctueux et velouté, choisissez un chocolat bien amer et riche en cacao.*

Pour 6 Personnes

*150 g de chocolat amer*
*120 g de chocolat noir, concassé*
*200 g de sucre semoule*
*50 cl d'eau*
*Copeaux de chocolat, pour le décor*

1 ▲ Versez tout le chocolat dans un mixer à lame en hélice, et broyez-le très fin.

2 ▲ Dans une casserole, portez l'eau et le sucre à feu moyen soutenu, en remuant jusqu'à ce que le sucre soit dissous. Laissez bouillir environ 2 minutes, puis ôtez du feu.

### Le Conseil du Chef

Si vous ne disposez pas d'une sorbetière, placez le sorbet au congélateur jusqu'à ce qu'il soit bien pris sur les bords. Passez-le au mixer, puis recongelez-le.

3 ▼ Tout en mixant versez le sirop chaud sur le chocolat. Laissez tourner 1 à 2 minutes jusqu'à ce que le chocolat soit bien fondu, et le mélange onctueux. Raclez une fois les parois du bol.

4 ▲ Passez le mélange au chinois au-dessus d'un grand bol, puis refroidissez-le au réfrigérateur en remuant de temps en temps. Versez le mélange dans la sorbetière et suivez les instructions du fabricant. Sortez le sorbet 5 à 10 minutes avant de servir, et décorez de copeaux de chocolat.

# TULIPES DE GLACE PRALINÉE

*Le praliné est un délicieux mélange de caramel craquant et de noisettes, qui peut aussi se préparer avec des amandes, ou un mélange des deux.*

POUR 6 À 8 PERSONNES

*55 g d'amandes ou de noisettes blanchies*
*175 g de sucre semoule*
*4 cuillères à soupe d'eau*
*25 cl de crème épaisse*
*50 cl de lait*
*6 jaunes d'œufs*

*POUR LES TULIPES EN BISCUIT*
*70 g d'amandes entières mondées, légèrement grillées*
*100 g de sucre semoule*
*40 g de beurre mou*
*2 blancs d'œufs*
*1/2 cuillère à café d'essence d'amande*
*35 g de farine tamisée*

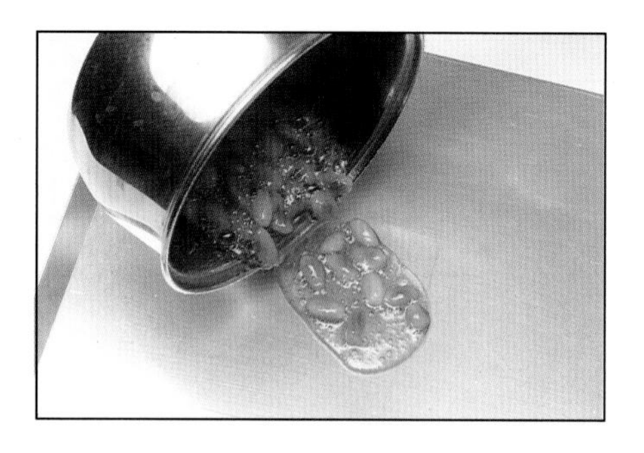

1 ▲ Badigeonnez légèrement d'huile une plaque à pâtisserie. Jetez les noisettes dans une casserole avec 75 g de sucre et l'eau. Portez à ébullition à feu vif, en tournant la casserole pour dissoudre le sucre. Laissez bouillir 4 à 5 minutes sans tourner, jusqu'à ce que le sirop commence à caraméliser et les noisettes à éclater. Immédiatement, versez sur la plaque (sans toucher le caramel). Laissez refroidir complètement.

2 Cassez cette nougatine en petits morceaux. Broyez-la finement dans un mixer à lame, ou dans un sac plastique que vous écrasez au rouleau à pâtisserie.

3 ▼ Versez la crème dans un bol froid et réservez. Faites bouillir le lait à feu moyen. Dans un saladier moyen, fouettez 2 à 3 minutes les jaunes d'œufs et le reste du sucre pour obtenir un mélange épais et crémeux, incorporez au fouet le lait chaud, et reversez le mélange dans la casserole.

4 Avec une cuillère en bois, remuez 3 à 4 minutes à feu doux jusqu'à ce que la sauce épaississe et nappe le dos de la cuillère. Immédiatement, passez cette sauce dans le bol de crème pour arrêter la cuisson. Laissez refroidir, puis placez au réfrigérateur. Incorporez ensuite le praliné et versez dans une sorbetière.

5 Préchauffez le four à 200 °C (th 6). Beurrez généreusement 2 plaques à pâtisserie. Pour les tulipes de biscuit : versez les amandes et environ 2 cuillères à soupe de sucre dans un mixer équipé à lame en hélice, et broyez finement. Dans un bol à part, battez le beurre en pommade au batteur électrique.

6 Ajoutez le sucre restant ; battez 1 minute pour obtenir un mélange léger et aéré, puis incorporez peu à peu et soigneusement les blancs d'œufs, et l'essence d'amande. Tamisez la farine au-dessus du mélange de beurre, incorporez-la, et ajoutez le mélange aux amandes.

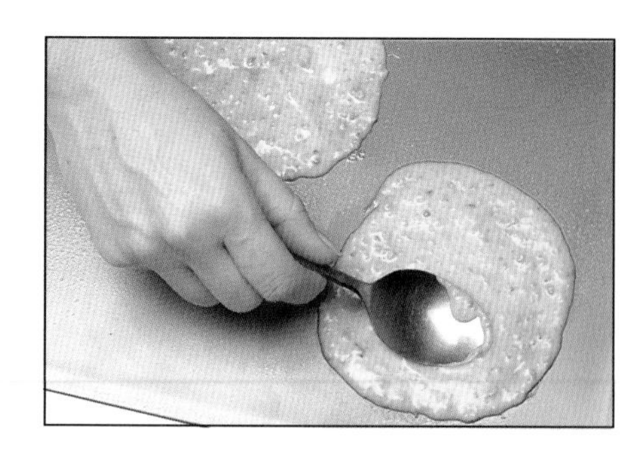

7 ▲ Déposez sur la plaque préparée des cuillerées de cette pâte à 20 cm l'une de l'autre. Du dos d'une cuillère mouillée, étalez le mélange en rond très mince de 10 cm de diamètre (les trous éventuels se bouchent à la cuisson).

8 ▲ Faites cuire les tulipes 4 à 5 minutes, une à une, jusqu'à ce que leur bord soit doré et leur centre encore pâle. Transférez sur une grille et déposez l'un après l'autre les ronds de pâte sur un verre ou un ramequin, en pressant doucement les bords pour obtenir une forme de tulipe ou de panier. Si le biscuit devient trop cassant, repassez-le 15 à 30 secondes au four, pour le ramollir et recommencez l'opération. Laissez refroidir complètement.

9 Pour servir, laissez 15 à 20 minutes la glace à température ambiante, disposez les tulipes sur des assiettes et emplissez-les de boules de glace.

# Recettes de base

*Ces quelques recettes vous expliquent comment réussir un certain nombre de composants de base de la cuisine traditionnelle, aussi bien pour les viandes, les sauces que la pâtisserie.*

## BOUILLONS MAISON

La qualité d'une sauce dépend souvent de celle du bouillon – le fond – qui lui sert de base. Le bouillon est enfantin à préparer, mais il est nécessaire de disposer des bons ingrédients.

### Fond de viande

POUR 3 LITRES

*3,5 à 4,5 kg de bœuf cru ou cuit, os de veau, carcasse de volaille, abats, déchets*
*2 gros oignons, coupés en 2, pied fibreux supprimé*
*2 carottes moyennes, grattées et grossièrement coupées*
*1 grosse branche de céleri, coupée idem*
*2 poireaux, coupés idem*
*1 ou 2 navets, coupés idem*
*2 à 4 gousses d'ail*
*1 gros bouquet garni*
*1 cuillère à soupe de poivre noir en grains*

Placez tous les ingrédients dans un grand faitout, et recouvrez d'eau, 2,5 cm au-dessus des ingrédients. Portez à ébullition à feu moyen. Écumez la mousse qui remonte à la surface dès son apparition et jusqu'à l'ébullition (environ 5 minutes). Baissez le feu et laissez mijoter à feu très doux, non couvert, pendant 4 à 5 heures. Ne faites jamais rebouillir, ce qui troublerait le bouillon ou le rendrait acide. Complétez le niveau d'eau en cours de cuisson s'il descend en dessous des os et des légumes. Filtrez au-dessus d'un grand saladier pour séparer les os et les légumes.

Laissez refroidir, puis placez au réfrigérateur. La graisse se solidifiera à la surface, ce qui vous permettra de la retirer facilement. Passez ensuite un papier absorbant à la surface du liquide, qui ôtera le reste de gras. Le fond s'utilise tel quel, concentré par réduction, ou congelé.

### Fond brun

Sa couleur – et sa puissante saveur – sont obtenues en faisant dorer au préalable les viandes et les légumes. Placez la viande et les légumes dans un grand plat et laissez les brunir 30 à 40 minutes au four à 230 °C (th 7), en les retournant de temps en temps. Versez ces ingrédients dans le faitout avec le bouquet garni, et procédez comme pour le fond de viande.

### Fond de volaille

POUR 2 LITRES

*2 kg de carcasses de poulet crues, cous et pattes*
*2 gros oignons, coupés en 2, pied fibreux supprimé*
*3 carottes, grattées et grossièrement coupées*
*1 branche de céleri, coupée idem*
*1 poireau, coupé idem*
*2 gousses d'ail, légèrement écrasées*
*1 gros bouquet garni*

Procédez comme pour le fond de viande, mais ne laissez mijoter que 2 heures.

### Fond de volaille brun

Faites brunir les morceaux de poulet dans une poêle à frire, car le passage au four risquerait de dessécher la viande. Versez les ingrédients dans le faitout avec le bouquet garni, et procédez comme pour le fond de volaille.

### Fond de gibier

Comme pour le fond de volaille, avec des carcasses de gibier, que vous faites brunir ou non.

## Fumet de poisson

POUR 2 LITRES
*900 g de têtes, arêtes, déchets de chair blanche*
*1 oignon, en fines rondelles*
*1 carotte, en fines rondelles*
*1 poireau, en fines rondelles*
*8 brins de persil*
*1/2 feuille de laurier*
*25 cl de vin blanc sec*
*1 cuillère à soupe de poivre noir en grains*

Versez tous les ingrédients dans une grande cocotte émaillée, et couvrez d'eau froide. Portez à ébullition à feu moyen, en ôtant à l'écumoire la mousse qui se forme à la surface. Laissez mijoter doucement 25 minutes ; passez à travers un chinois garni de mousseline. Laissez refroidir, puis placez au réfrigérateur. Ce fond peut s'utiliser tel quel, se réduire ou se congeler.

### LE CONSEIL DU CHEF

Pensez à mettre vos os, carcasses, abats, déchets et restes divers au congélateur. Ils vous serviront, quand vous en aurez assez, à préparer de délicieux fonds. Vous pouvez réduire votre fond de moitié, en le chauffant, puis le congeler dans des bacs à glaçons. Vous conserverez ces glaçons en sacs plastiques et les ajouterez à vos sauces et soupes sans même les décongeler. Ne jamais saler les fonds, car le sel se concentrerait pendant la réduction. Assaisonnez vos sauces après avoir ajouté le fond.

## QUELQUES SAUCES DE BASE

Beaucoup de sauces ne sont que des variations sur des compositions de base. Elles se classent selon la façon dont elles sont préparées.

### SAUCES PAR RÉDUCTION

Il s'agit simplement des jus de cuisson, parfois additionnés d'un liquide comme du vin, un fond, et/ou de la crème, que l'on fait bouillir à feu vif pour épaissir la texture et concentrer les saveurs par évaporation.

### SAUCES À BASE DE FARINE

Elles sont généralement épaissies au beurre et à la farine (le roux) et peuvent se préparer avec du lait, pour la béchamel, ou avec un fond de viande, pour la sauce veloutée, et parfois même s'enrichissent de crème. Elles peuvent également se parfumer avec d'autres ingrédients, comme champignons, fromage, épices, moutarde ou tomate.

Le liquide de cuisson des soupes ou des ragoûts s'épaissit à la farine, ou en farinant leurs ingrédients avant de les faire colorer ou encore, en les saupoudrant de farine pendant la cuisson. Autre solution, le beurre manié (pâte de beurre et de farine) qui s'incorpore en fin de cuisson pour épaissir le liquide. D'autres farines, comme la Maïzena ou la fécule de pommes de terre sont également de bons épaississants.

### LES SAUCES ÉMULSIFIÉES

Hollandaise, béarnaise et sauces au beurre sont rapides à préparer, mais se ratent tout aussi vite et sont délicates à conserver. Le surchauffage est la cause principale de leurs grumeaux ou de leur décomposition. La mayonnaise appartient à cette catégorie.

### LES BEURRES PARFUMÉS

Ce ne sont pas vraiment des sauces, mais des accompagnements de légumes sautés, de viandes grillées, de volailles ou de poisson. Le plus simple, le beurre noisette, se prépare en faisant chauffer le beurre dans une petite casserole jusqu'à ce qu'il prenne une jolie couleur brune. Il se verse directement sur la viande.

### LES SAUCES AUX LÉGUMES

Des purées de légumes peuvent densifier une sauce ou même servir de sauce. Servez-vous, par exemple, des légumes aromatiques qui ont accompagné votre ragoût.

## Béchamel

POUR 25 CL ENVIRON
*30 g de beurre*
*30 g de farine*
*25 cl de lait*
*1 feuille de laurier*
*Muscade en poudre*
*Sel et poivre noir au moulin*

Faites fondre le beurre dans une casserole à fond épais à feu moyen, incorporez la farine, et laissez dorer légèrement, en remuant de temps en temps. Versez la moitié du lait en remuant vigoureusement pour rendre le mélange onctueux, puis versez le reste de lait et ajoutez le laurier. Assaisonnez de poivre, sel et muscade. Passez à feu moyen-doux, couvrez et laissez mijoter 5 minutes, en remuant parfois.

## Sauce veloutée

Procédez comme pour la béchamel, en remplaçant le lait par un liquide de cuisson ou un fond.

## Sauce hollandaise

POUR 6 PERSONNES
*175 g de beurre, en morceaux*
*3 jaunes d'œufs*
*1 cuillère à soupe d'eau froide*
*2 cuillères à soupe de jus de citron*
*1/2 cuillère à café de sel*
*Poivre de Cayenne*

Clarifiez le beurre en le faisant fondre, sans bouillir, dans une petite casserole à feu doux. Écumez la mousse blanche.

Dans une autre petite casserole, mélangez l'eau et les jaunes d'œufs, 1 cuillerée de jus de citron, le sel, le poivre, et fouettez 1 minute. Placez la casserole à feu extrêmement doux et fouettez constamment jusqu'à ce que le mélange d'œufs commence à épaissir et que le fouet laisse des traces sur le fond de la casserole. Otez du feu.

Incorporez au fouet, dans cette casserole, le beurre clarifié, goutte à goutte, puis accélérez en attendant que le beurre soit bien absorbé avant d'en ajouter davantage. Arrêtez de verser lorsque vous découvrez les amas laiteux au fond de la casserole. Assaisonnez de sel et de Cayenne et d'un peu plus de jus de citron, si vous aimez.

## Sauce béarnaise

Mélangez 2 cuillères à soupe de vinaigre d'estragon et 2 de vin blanc avec 1 échalote finement hachée dans une petite casserole à fond épais à feu vif, et laissez réduire jusqu'à ce que le liquide soit presque évaporé. Otez du feu et laissez un peu refroidir. Procédez comme pour la sauce hollandaise, mais sans citron, et ajoutez les jaunes d'œufs au mélange à l'échalote. Tamisez éventuellement avant de servir.

## Beurre blanc

POUR 4 À 6 PERSONNES
*2 échalotes, hachées fin*
*6 cuillères à soupe de vinaigre de vin*
*1 cuillère à soupe de crème fraîche*
*175 g de beurre, en 12 morceaux*
*Sel et poivre blanc*

Placez les échalotes et le vinaigre dans une petite casserole à fond épais. Faites bouillir à feu vif jusqu'à ce qu'il ne reste plus qu'une cuillère à soupe de liquide. Incorporez la crème. Passez à feu moyen, et ajoutez le beurre, morceau par morceau, en fouettant constamment. Ne rajoutez le morceau suivant que lorsque le précédent est amalgamé (éloignez du feu s'il fond plus vite qu'il ne s'incorpore). Filtrez la sauce et rectifiez l'assaisonnement avant de servir.

### LE CONSEIL DU CHEF

Les sauces délicates comme la béarnaise, la hollandaise et le beurre blanc se conservent bien au chaud dans une bouteille Thermos.

## Mayonnaise

POUR 12 CL ENVIRON
*2 jaunes d'œufs*
*1 cuillère à soupe de moutarde de Dijon*
*25 cl d'huile d'olive extra vierge*
*Jus de citron ou vinaigre de vin blanc*
*Sel et poivre blanc*

Mélangez les jaunes d'œufs et la moutarde dans un petit bol. Battez 30 secondes, pour obtenir une crème. Incorporez l'huile d'olive, goutte à goutte, jusqu'à ce que le mélange commence à épaissir, puis ajoutez le reste d'huile en fin filet, jusqu'à épaississement. Vous pouvez détendre la mayonnaise avec du citron ou du vinaigre. Assaisonnez à votre goût. Se conserve 2 jours au réfrigérateur.

# LES SAUCES DES DESSERTS

## Crème anglaise

POUR 4 À 6 PERSONNES
*1 gousse de vanille*
*60 cl de lait*
*8 jaunes d'œufs*
*50 g de sucre semoule*

Fendez en 2 la vanille dans le sens de la longueur et grattez les petits grains au-dessus d'une casserole. Ajoutez le lait, et portez à ébullition en remuant fréquemment. Otez du feu, couvrez, et laissez reposer 15 à 20 minutes.

Fouettez les jaunes d'œufs et le sucre 2 à 3 minutes jusqu'à ce

qu'ils épaississent. Incorporez au fouet le lait chaud, et reversez ce mélange dans la casserole.

A la cuillère en bois, faites épaissir cette sauce à feu doux, jusqu'à ce qu'elle nappe le dos de la cuillère (ne jamais faire bouillir, pour éviter les grumeaux).

Filtrez au-dessus d'une coupe glacée, et laissez refroidir, en remuant à l'occasion. Réfrigérez.

## Coulis de fruit

POUR 30 CL
*450 g de fruits frais (fraises, framboises, mangues, pêches, kiwis...)*
*1 cuillère à soupe de jus de citron*
*2 à 3 cuillères à soupe de sucre semoule*
*2 à 3 cuillères à soupe d'alcool ou de liqueur de fruit (facultatif)*

Placez les fruits, le jus de citron et le sucre dans un mixer à lame en hélice. Mixez 1 minute en raclant une fois le parois du bol. Passez à travers un chinois fin au-dessus d'une coupe, incorporez l'alcool ou la liqueur (facultatif), et laissez 1 à 2 heures au réfrigérateur avant de servir.

## Sauce chocolat

POUR 15 CL
*75 g de chocolat noir râpé*
*6 cuillères à soupe de crème épaisse*
*1 ou 2 cuillères à soupe de cognac ou liqueur*

Dans une petite casserole, portez la crème à ébullition, puis ôtez du feu. Ajoutez d'un coup tout le chocolat et remuez doucement jusqu'à ce qu'il soit fondu et onctueux. Ajoutez le cognac ou la liqueur, versez le tout dans une saucière et conservez au chaud jusqu'au moment de servir.

## LES PÂTES

La qualité de la pâte est fondamentale, que ce soit pour une tarte, une génoise, ou un feuilleté aux fruits. Préférez les farines « spéciale pâtisserie », souvent prétamisées.

Le beurre donne un goût délicieux, mais en remplaçant 1/4 de la quantité indiquée par de la margarine, vous obtiendrez une pâte plus tendre, ce qui peut être intéressant dans le cas de la pâte brisée.

Les pâtes sucrées peuvent se parfumer à la vanille, à la cannelle, aux amandes ou au noisettes, au cognac et même à la liqueur de fruit.

Lorsque vous utilisez votre mixer, faites attention à ne pas travailler trop longtemps votre pâte.

## Pâte brisée

C'est certainement la pâte la plus facile à réussir et la plus utilisée. Les ingrédients son malaxés (« brisés ») ensemble. Après que l'élément liquide a été absorbé, elle est travaillée à la main, en particulier à la paume, pour obtenir une pâte très souple. Vous pouvez aussi la préparer au mixer.

Cette pâte convient aux quiches, aux tartes et tartelettes. En lui ajoutant un peu de sucre, vous lui donnez un peu plus de couleur et de craquant.

POUR UN TARTE DE 25 CM OU 10 TARTELETTES DE 7,5 CM DE DIAMÈTRE
*175 g de farine, voire plus*
*1/2 cuillère à café de sel*
*1 cuillère à café de sucre semoule (facultatif)*
*120 g de beurre, en petits morceaux*
*3 à 8 cuillères à soupe d'eau glacée*

Dans un grand saladier, pétrissez ensemble la farine, le sel et le sucre éventuel. Ajoutez le beurre et travaillez-le avec la farine jusqu'à obtenir une pâte formant de petites miettes. Vous pouvez utiliser un mixer.

Lentement, ajoutez l'eau, jusqu'à obtenir une pâte homogène et élastique. Ne pas trop la travailler pour éviter de la rendre dure. Ajoutez un peu d'eau si la pâte vous semble trop ferme. Si elle est humide et collante, saupoudrez-la de farine et repétrissez-la quelques secondes.

Déposez la boule de pâte obtenue sur un morceau de film transparent, travaillez-la quelques instants pour la détendre. Aplatissez la boule en rond épais, enveloppez-la du film transparent, et laissez-la reposer 2 heures au réfrigérateur, et même toute une nuit. Laissez-la ensuite

revenir à la température ambiante avant de l'utiliser.

Pour chemiser un moule : beurrez légèrement un moule à tarte à fond amovible de 25 cm. Sur un plan de travail fariné, étendez la pâte au rouleau pour obtenir une épaisseur de 3 mm. Faites glisser la pâte dans le moule dont elle dépassera de 2,5 cm environ.

Les doigts farinés, pressez sur la pâte pour qu'elle vienne bien recouvrir le fond et les bords. Passez le rouleau sur les bords pour couper l'excès de pâte. Pressez de nouveau l'intérieur des bords pour former une bordure légèrement plus haute que le moule. Vous pouvez festonner cette bordure. Piquez le fond avec une fourchette et placez au réfrigérateur pendant 1 heure minimum.

## Pâte demi-feuilletée

La pâte feuilletée est difficile à préparer soi-même. Cette recette se réussit facilement et donne presque d'aussi bons résultats.

POUR 500 G
*200 g de beurre*
*200 g de farine*
*1/4 de cuillère à café de sel*
*12,5 cl d'eau fraîche*

Détaillez le beurre en 14 morceaux et placez-le 30 minutes au congélateur. Versez la farine et le sel dans un mixer et mélangez-les par impulsions. Ajoutez le beurre que vous amalgamez en 3 ou 4 impulsions. Faites tourner l'appareil 5 secondes en versant l'eau par la cheminée. La pâte doit avoir l'air grumeleuse. Étalez le mélange sur un plan de travail froid et légèrement fariné, et faites-en une boule aplatie (de petits morceaux de beurre sont encore apparents). Si le beurre est

trop mou, passez la pâte au réfrigérateur 30 minutes ou plus.

Étalez la pâte en un rectangle de 40 x 15 cm environ. Pliez-la par 1/3, en repliant une extrémité sur le milieu, puis l'autre extrémité par-dessus, comme pour une lettre. Étalez de nouveau en long rectangle, et repliez de la même façon. Placez au réfrigérateur 30 minutes au moins.

Étalez et repliez 2 fois encore, emballez dans un film transparent et laissez au froid 30 minutes à 3 jours avant de vous en servir.

### LE CONSEIL DU CHEF

Plus la pâte est riche en beurre, plus elle est difficile à travailler. Si vous avez du mal à l'étaler, pressez-la dans le moule avec vos mains enduites de farine, et comblez les trous ou les fentes avec un reste de pâte.

## Pâte sablée

La pâte sablée est une pâte brisée sucrée enrichie de jaunes d'œufs et de sucre. Le sucre produit ces fins grumeaux sableux d'où elle tire son nom. Un peu délicate à réussir, elle est délicieuse en particulier pour les tartes.

POUR UNE TARTE DE 25 CM OU 10 TARTELETTES DE 7,5 CM DE DIAMÈTRE
*150 g de farine, voire un peu plus*
*1/2 cuillère à café de sel*
*3 ou 4 cuillères à soupe de sucre glace*
*120 g de beurre, en petits morceaux*
*2 jaunes d'œufs battus avec 3 cl d'eau glacée et 1/2 cuillère à café de vanille liquide (facultatif)*

Dans un mixer à lame en hélice, travaillez la farine, le sel, le sucre et le beurre pendant 15 à 20 secondes pour obtenir de fines miettes. Otez le couvercle et versez les jaunes d'œufs battus dans l'eau. Travaillez la pâte par impulsions jusqu'à ce qu'elle prenne, mais sans former une boule (elle deviendrait dure à la cuisson). Si la pâte vous semble sèche, ajoutez un peu d'eau. Étalez la pâte sur un film transparent, jusqu'à ce qu'elle soit bien souple. Aplatissez-la en rond et enveloppez-la dans le film. Laissez au réfrigérateur au moins 2 heures.

# Glossaire

*Comme tous les domaines, la cuisine possède son propre langage. Voici la liste des termes les plus couramment employés.*

ARROSER : recouvrir un aliment de sa graisse ou de son jus de cuisson pendant qu'il est en train de cuire.

BADIGEONNER : enduire d'huile ou de beurre fondu, ou de tout autre liquide de glaçage, une viande ou une pâtisserie, à l'aide d'un pinceau.

BAIN-MARIE : un plat creux ou moule à tarte placé dans un plat à four ou une casserole emplis d'eau. Cette technique de cuisson indirecte protège les ingrédients délicats.

BEURRE MANIÉ : mélange en parties égales de beurre et de farine qui, incorporé au fouet dans les liquides de cuisson permet de les épaissir, une fois la cuisson terminée.

BLANCHIR : opération consistant à immerger des légumes ou des fruits dans de l'eau bouillante pour en éliminer l'âcreté, l'excès de sel ou les éplucher plus facilement.

BOUILLIR À DEMI : précuisson partielle d'un aliment dans de l'eau bouillante.

BOUQUET GARNI : petit bouquet comprenant feuille de laurier, brins de thym et de persil, mis à infuser pendant la cuisson. Il est lié pour pouvoir le prélever plus facilement en fin de cuisson.

CHEMISER : garnir l'intérieur d'un moule ou d'une terrine de papier sulfurisé, d'aluminium, de biscuit, de pâte, etc.

CLARIFIER : rendre transparent un liquide opaque en le débarrassant de ses impuretés. Les bouillons se clarifient au blanc d'œuf, ou à l'écumoire.

COULIS : purée liquide de fruits ou de légumes, utilisée comme sauce.

DÉGLACER : verser dans un ustensile où vient de cuire un mets, un liquide que l'on fait bouillir en grattant à la cuillère en bois pour dissoudre les sucs caramélisés. Ce déglaçage sert souvent de fond à la sauce.

DÉGRAISSER : prélever la graisse d'un liquide de cuisson à l'écumoire ou en le plaçant un certain temps au froid pour que le gras se fige à la surface.

DÉTENDRE : rendre une sauce, une pâte, plus souple en incorporant un élément liquide.

ÉCUMER : prélever à l'écumoire la mousse ou des éléments figés à la surface d'un bouillon.

ÉMULSIFIER : combiner deux ingrédients généralement incompatibles en ajoutant lentement le premier au second et en tournant rapidement, jusqu'à ce qu'ils se trouvent en suspension.

ESCALOPER : manière de couper la viande et les légumes en biais et en tranches.

GLACER : recouvrir une préparation d'un mélange sucré ou épicé qui devient brillant en séchant.

INFUSER : extraire l'arôme d'herbes en les plongeant dans un liquide chaud.

JULIENNE : Manière de découper des légumes ou des fruits en fins bâtonnets.

MIJOTER : porter un liquide à un point juste en dessous de l'ébullition. Le mijotement se traduit par un tremblement du liquide.

MOULIN À LÉGUMES : un des ancêtres du mixer. Équipé de plusieurs lames, il permet d'obtenir des purées plus ou moins onctueuses.

PAPILLOTE : Technique de cuisson permettant de cuire à l'étuvée un poisson ou des légumes dans du papier d'aluminium ou sulfurisé.

PARER : préparer une viande en enlevant toutes les parties non comestibles ou inesthétiques.

POCHER : cuire des aliments plongés dans de l'eau frémissante.

RÉDUIRE : diminuer le volume d'un liquide par évaporation, pour concentrer les arômes.

ROUX : mélange de matière grasse et de farine servant à épaissir les soupes, les sauces, les ragoûts.

SAUTER : faire frire rapidement à feu vif dans très peu de matière grasse.

SUER (FAIRE) : cuire très doucement dans de la graisse, à couvert, pour que le liquide des ingrédients se transforme en vapeur.

# INDEX

# D

# E



# F

# T



# V